JN451325

8

백제학연구총서 쟁점백제사

개로왕의 꿈, 대국 백제

King Gaero's Dream toward the Great Baekje

백제학연구총서 쟁점백제사 8

개로왕의 꿈, 대국 백제

발행인 이인숙(한성백제박물관장)
총괄 이인숙(한성백제박물관장)
기획 · 진행 조영훈(백제학연구소장), 이장웅(학예연구사)
편집교정 이장웅(학예연구사), 전미정(연구원)
행정지원 이상진 · 이영경 · 정혜경(총무과)

한성백제박물관
05540 서울특별시 송파구 위례성대로 71
Tel. 02-2152-5800
http://baekjemuseum.seoul.go.kr

발행일 2016년 9월 2일

디자인 · 제작 홀리데이북스
Tel 02-2026-0545

ISBN 979-11-86012-12-3
© 한성백제박물관, 2016

이 책의 저작권과 출판권은 한성백제박물관에 있습니다.

8

백제학연구총서 쟁점백제사

개로왕의 꿈, 대국 백제

King Gaero's Dream toward the Great Baekje

한성백제박물관
SEOUL BAEKJE MUSEUM

발간사

한성백제 박물관은 백제학 연구총서 쟁점백제사 제 Ⅷ권, '개로왕의 꿈, 대국 백제'를 발간합니다. 한성백제 박물관이 2012년 개관 후부터 매년 봄, 가을 두 차례씩 개최해 오고 있는 '쟁점백제사'기획 시리즈의 여덟 번째 학술회의가 2016년 4월 29일 개최되었고, 여기서 발표된 여러 편의 논문들과 종합 토론에서 집중적으로 논의된 사항들을 정리하여 백제학 연구총서 쟁점백제사 제8권으로 간행하게 된 것입니다.

한성백제 시기의 마지막 왕인 개로왕(재위 455-475) 시대의 역사와 정치 상황에 대해서는 학계의 중요 연구 주제로서, 여러 가지 다양한 시각과 의문 속에 개로왕은 과연 어떤 왕이었는지에 대한 평가 또한 엇갈린 견해들이 존재하는 것도 사실입니다. 부족한 문헌 사료와 문물 자료로 말미암아 백제 학계의 풀기 어려운 숙제 중 하나라고 할 수 있는 개로왕 시대에 대해 집중적 연구와 토론의 필요성이 제기되었고, 이를 통해 전기 백제 역사의 온전한 복원과 정립에 한걸음 다가갈 수 있을 것으로 생각됩니다.

이번에 발간하는 백제학 연구총서 8권에서는 이러한 백제 개로왕 대代 대내외적 정국의 동향과 체제 및 한성 도읍 시기의 도성 정비와 묘제 등에 초점을 맞추어 지금까지 제기되어온 여러 가지 논점들을 모아 정리하면서 "개로왕의 꿈, 대국 백제"라는 주제로 종합, 조명해 보고자 하였습니다.

개로왕 대代는 백제사의 75%를 차지하는 500여년에 걸친 한성백제 시대를 마무리 하고 웅진시대로 이어지는 시기라는 점에서, 이 시기의 정국과 문물 상황에 대한 올바른 이해와 인식이 매우 중요하다고 합니다. 이번 연구총서 발간으로 이 방면에 대한 새로운 시각의 연구 성과와 유물 자료가 좀 더 보태지면서 조금이나마 그 실체에 가까운 백제사 복원에 이바지할 수 있게 되기를 바랍니다. 또한 앞으로의 백제학 연구 방향 설정과 연구 활성화에 기여하고, 더욱 완성된 연구를 위한 기초 자료로 널리 활용될 수 있기를 기대해 마지않습니다.

한성백제 박물관 쟁점백제사 학술회의 시리즈와 백제학 연구총서 간행이 해를 거듭하면서 더욱 의미가 더해지고 날로 발전할 수 있게 된 것은 학계와 일반의 열렬한 지원과 관심 덕분이라고 생각합니다. 매 회 논문을 발표해 주시고 장시간에 걸친 종합 토론에 진지하게 임해주시는 여러 학자님들께 이 자리를 빌려 머리 숙여 감사의 말씀을 드립니다.

2016년 8월

한성백제박물관 관장

李 仁 淑

목 차

종합토론 2부

기조발제

백제 개로왕대에 대한 역사적 평가

양 기 석 충북대학교 명예교수

Ⅰ. 들어가면서

E. H. Carr는 "역사란 단순히 객관적인 과거의 사실의 나열이 아니라 역사가의 주관적인 생각과 가치관이 개입된 과거의 사실"이라고 말했다. 이는 중요하게 인식된 사건이 역사가의 해석과 평가를 통해 재구성된다는 것을 뜻한다. 또한 시대가 변함에 따라 역사는 항상 새롭게 해석 · 평가될 수 있고, 역사를 보는 시각은 사람에 따라 다를 수 있다는 사실을 알려준다. 우리 역사에서 해석의 차이가 자주 엇갈리는 부분은 바로 역사적 인물의 업적에 대한 평가일 것이다. 어떤 인물을 역사적으로 평가하는 일은 제각기 기준이 다르고 갖가지 요소들을 종합적으로 보아야 하기 때문에 그리 쉽지만은 않다. 역사적 사실은 관점에 따라서 다양한 해석이 가능하기 때문에 어느 한 면만을 놓고 재단해 버리는 경우가 생겨나 종종 역사 왜곡의 빌미가 되기도 한다. 따라서 역사적 인물에 대한 평가는 객관적인 사실을 토대로 하여 다양한 관점에서 공功과 과過를 종합적이고 합리적으로 가려내는 방향에서 이루어져야 한다. 인물 평가의 기준은 먼저 그 인물이 당시 자신이 속한 사회의 보편적인 가치 기준에 어느 정도 충실하였으며, 보다 나은

가치의 창출을 위해 얼마나 주도적 역할을 하였는지를 살피는 것이다. 다음으로 그 인물의 삶이 시공을 초월하여 현재 생에 얼마나 기여했는가에 대해 살피는 것이다. 끝으로 그 인물이 주어진 여건 속에서 능력과 책임감을 얼마나 보여주었는가를 살피는 일이다.

여기서 언급하고자 하는 개로왕蓋鹵王(455~476)[1]의 치적에 대해서는 대체로 긍정적인 것보다는 부정적인 평가를 내리는 경향이 지배적이다. 즉 '고구려의 공격으로 왕도인 한성을 빼앗기고 사로잡혀 목숨을 잃은 왕,' '고구려의 첩자 도림의 간계에 속아 넘어가 치수 대토목공사를 대대적으로 벌여 민심을 이반시킨 왕', '정절이 높은 도미 부인을 겁탈하고자 했던 무도한 왕' 등 좋은 이미지보다는 백제를 일시적으로 패망에까지 몰고 간 폭군의 이미지를 먼저 떠올리게 한다. 이처럼 개로왕이 백제의 여느 왕과는 달리 좋지 않은 이미지를 가진 비운의 주인공으로 우리는 받아들이고 있는 것이다. 이러한 부정적인 평가는 개로왕이 475년 고구려에게 왕도 한성을 빼앗기고 자신의 목숨마저 잃어 일시적으로 국가 패망의 위기를 초래한 장본인이었다는 사실에 초점을 맞춰 내려진 것으로 생각된다.

반면에 최근 학계 일각에서는 개로왕을 475년 한성전투에서의 패사라는 측면에서의 부정적인 평가보다는 정치 개혁을 통해 왕권을 강화하고 다변적인 외교활동으로 고구려를 견제한 개혁적인 군주로 재평가하는 경향도 있다. 다만 쟁점이 되고 있는 것은 도림 이야기에 나오는 치수 대토목공사

1) 개로왕의 이름은 『삼국사기』에 의하면 '경사(慶司)' 또는 '근개루(近蓋婁)'라 하였고, 그밖에 '여경(餘慶)'(『위서』 권100 백제전과 『송서』 권6 효무제기 대명 원년)이나 '가수리(加須利)'(『일본서기』 권14 웅략기 5년)로 나온다.

부분과 475년 고구려가 한성을 불시에 공격할 때 향도 역할을 한 백제 장수 고이만년古爾萬年과 재증걸루再曾桀婁가 고구려에 망명한 시기 등에서 이견이 있다. 이들 기사들을 재구성하여 개로왕대 개혁이 집중적으로 이루어진 시기를 집권 전반기로 보는 견해[2]와 집권 후반기[3]로 보는 상반된 견해가 제시되고 있다. 예컨대 고이만년과 재증걸루가 고구려에 망명한 시기를 개로왕 즉위초에 일어난 정변과 관련시켜 올려보기도 하지만, 집권 후반기로 보는 입장에서는 도림이 백제로 건너온 시기 이후로 보고 475년 개로왕의 패사와 관련시켜 이해하고 있다. 이는 『삼국사기』 백제본기 개로왕대 기사가 너무 소략한데다가[4] 도림 이야기(21년)처럼 여러 사실이 설화 형식으로

---

2) 천관우, 1978,「삼한의 국가형성(하)」,『한국학보』 3, 139쪽; 이도학, 1985,「한성말 웅진시대 백제왕위계승과 왕권의 성격」,『한국사연구』, 7쪽; 1990,「한성 후기의 백제왕권과 지배체제의 정비」,『백제논총』 2, 197-301쪽; 2007,「『삼국사기』 도림 기사 검토를 통해 본 백제 개로왕대 정치 상황」,『선사와 고대』 27, 42쪽; 노중국, 1988,『백제정치사연구』, 일조각, 145-146쪽; 양기석, 1990,『백제전제왕권성립과정연구』, 단국대박사학위논문, 123-125쪽 쪽 및 1995,「한성시대 후기의 정치적 변화」,『한국사』 6, 52-54쪽; 1995,「한성시대 후기의 정치적 변화」,『한국사』 6, 52-54쪽.

3) 김수태, 2000,「백제 개로왕대의 대고구려전」,『백제사상의 전쟁』, 서경문화사, 237-238쪽; 노중국, 2004,「한성백제의 몰락과 수도 이전」,『향토서울』 64, 59-62쪽; 주보돈, 2007,「개로왕의 체제개혁과 한성함락」,『웅진도읍기의 백제』(백제문화사대계 연구총서3), 충청남도역사문화연구원, 364-365쪽; 문동석, 2007,『백제지배세력 연구』, 혜안, 117-129쪽; 양기석, 2008,「개로왕의 왕권강화 추진」,『한성백제사』 2, 서울시사편찬위원회, 281-292쪽.

4) 『삼국사기』 백제본기 개로왕대 기사는 13년까지 공백으로 남아있고, 14년 일식 기사, 15년 대고구려 관련 기사, 18년 북위에 보낸 표문 기사, 21년 개로왕 패사 기사로 되어 있을 정도로 너무 소략하다. 『송서』 백제전에는 458년 개로왕이 요청한 작호 제수 요청 기사, 『위서』 백제전은 백제가 북위에 보낸 표문이 실려져 있는데, 『삼국사기』 개로왕 18년 기사의 원전에 해당한다. 그리고 『일본서기』 권14 웅략기 20년 인용 『백제기』에는 한성 함락 기사가 실려져 있다.

구성되어 있기 때문에 사료 비판 여하에 따라 시기 설정이나 사료 해석에 있어서 차이가 생겨나기 때문이다.

개로왕대의 정치 상황을 올바르게 이해하기 위해서는 그의 재위기간 21년을 다소 차이는 있지만 그 정치적, 대외관계의 변화에 따라 세 시기로 나누어 볼 수 있다.[5] 제1기는 개로왕 즉위년부터 13년까지로서 개로왕이 장군제와 같은 중국식 관제 수용 등을 통해 왕족을 중심으로 한 지배세력의 개편을 도모한 시기이다. 제2기는 개로왕 14년부터 17년까지로서 고구려의 남진 위협에 대처하기 위해 신라, 왜, 송과 빈번한 우호 관계를 맺고 북위에 청병하는 등 고구려를 압박하는 전방위 외교책을 추진하던 시기이다. 제3기는 개로왕 18년 북위 교섭 이후부터 21년까지로서 개로왕의 실정과 475년 고구려의 한성 공격이 전격적으로 단행되어 개로왕이 패사하는 상황으로까지 몰고 가는 시기이다.

따라서 이 글에서는 개로왕대의 정치 개혁 추진 과정과 대외관계의 변화에 따라 세 시기로 나누어 그 전개 양상에 나타난 공과功過를 검토할 예정이다. 사실의 규명보다는 각 시기마다 추진된 여러 시책에 대한 숨은 의도와 성과를 비판적으로 검토하는 방향에서 작업이 이루어질 것이다. 평가의 관점은 개로왕이 당시 처해진 시대적 과제를 얼마나 올바르게 인식하고 있었으며 당면과제를 해결하는데에 얼마나 주도적 역할을 하였는지를 살펴

---

5) 김수태는 개로왕 15년을 기준으로 하여 전반기에 왕권의 전제화와 국력 신장이 이루어졌음을 밝혔고(앞의 논문, 224쪽), 노중국은 즉위~13년까지를 전반기, 14~17년을 후반기, 18~21년을 종말기로 나누었으며(앞의 논문, 2004, 32쪽), 주보돈은 즉위~460년을 1기, 461~468년을 2기, 469~475년을 3기로 시기 구분하였다(앞의 논문, 362-364쪽).

볼 것이다. 아울러 국왕이라는 직책이나 지위에 부여된 임무와 사명에 얼마나 잘 부응하였는지를 검토하겠다.

Ⅱ. 쇠미해진 왕권을 세우다

1. 정변을 통해 즉위하다

개로왕이 왕권 강화 작업에 착수하게 된 계기는 즉위초의 정변과 무관치 않다. 개로왕은 455년 비유왕毗有王(427-455)이 재위 29년만에 사망하자 비유왕의 장자로서 왕위를 계승하였지만 즉위과정이 결코 순탄치 않고 모종의 정변에 의해 이루어졌을 것으로 보는 견해가 일반적이다. 『삼국사기』의 기사에서 그의 아버지 비유왕의 사망을 흑룡의 출현과 관련시켜 서술해 놓은 점[6]이 주목된다. 흑룡의 출현이 변고를 동반하는 흉조의 조짐으로 볼 때 비유왕의 사망이 예사롭지 않았음을 시사해 주고 있다.[7] 비유왕은 자연사한 것이 아니라 정변에 의해 희생되었을 가능성을 예견하고 있는 것이다.

정변의 구체적인 내용은 관련 사료의 부족으로 알 수는 없다. 해씨세력

---

6) "가을 9월에 흑룡(黑龍)이 한강에 나타났는데 잠깐 동안에 구름과 안개가 끼어 캄캄해지더니 날아가 버렸다. 왕이 죽었다." 〈『삼국사기』 백제본기 비유왕 29년 추9월〉

7) 이도학, 앞의 논문, 1985, 3-4쪽; 노중국, 1988, 『백제정치사연구』, 일조각, 140쪽.

이 비유왕毗有王(427-455)대의 성세를 배경으로 비유왕의 아들인 개로보다도 해씨 소생을 차기 왕위계승자로 즉위시키려고 하지 않았을까 짐작된다.[8] 해씨세력은 이러한 의도가 관철될 경우 그 성세를 계속 이어나갈 수 있기 때문이다. 비유왕이 전지왕의 서자庶子일 경우[9] 비유왕의 모친은 해씨 출신의 왕비 팔수부인八須夫人의 아들이 아닐 수도 있다. 따라서 해씨세력은 전지왕의 서자인 비유왕의 직계가 왕위 계승하는 것을 달가워하지 않았을 것이다. 이러한 입장 차이로 왕위계승문제를 둘러싼 지배세력 사이의 대립이 생기자 개로는 그 지지 세력인 여기餘紀, 곤지昆支, 문주文周와 같은 왕족들과 목씨세력 등을 규합하여 정변을 일으켜 비유왕을 살해하고 정권을 장악한 것으로 추정된다. 458년 『송서』 백제전에 송나라로부터 왕호나 장군호를 수여받은 인물들은[10] 바로 개로왕을 옹립한 지지세력에 해당하며, 반면 수작자에서 배제된 해씨나 진씨세력은 개로의 즉위를 반대하는 세력으로 볼 수 있다. 일단 개로왕이 즉위에 성공함으로써 군주로서의 업무 수행능력과 역할을 시험하는 첫 관문을 통과한 셈이다.

이처럼 개로왕은 즉위 과정에서 귀족세력의 발호에 따른 여러 폐단과 쇠

---

8) 정재윤, 1999, 「웅진시대 백제 정치사의 전개와 그 특성」, 서강대 박사학위논문, 18-19쪽. 436년 북연의 풍발(馮跋)이 고구려로 망명한 사건 이후 발생한 대고구려전에서의 패배에서 기인한 것으로 보는 견해(문안식, 2006, 『백제의 흥망과 전쟁』, 혜안, 219-220쪽)가 있으나 비유왕대에는 백제와 고구려 간에 큰 전쟁이 벌어진 사례를 찾을 수 없기 때문에 이를 개로왕 즉위초의 정변으로 연결시키기는 어렵다. 주보돈은 상좌평직의 운용을 둘러싸고 비유왕과 해씨세력이 대립한 것으로 보았다(앞의 논문, 2007, 336-337쪽).

9) 『삼국사기』 백제본기 비유왕 즉위년조에는 비유왕을 구이신왕의 장자라 하였고 이설로 전지왕의 서자설을 함께 기록해 놓았다.

10) 『송서』 권97 열전57 만이 동이 백제국.

약해진 왕권의 위상을 직접 체득한 바 있었다. 이는 침류왕枕流王(384~385) 대 이후 왕권이 왕비족인 진씨나 해씨와의 세력연합에 의해 유지되는 가운데 빈번히 발생한 왕위계승전[11]으로 인해 쇠미해진 상태였다. 설상가상으로 개로왕이 즉위하자마자 바로 고구려의 공격을 받는 일이 생겼다. 두 번째 시련이 기다리고 있었다. 광개토왕의 남정 이후 고구려가 한동안 대내적 체제 정비와 대북위 관계의 경색으로 인하여 한동안 긴장 관계가 유지되어 왔었는데 455년 개로왕 즉위를 계기로 고구려가 본격적으로 군사 행동에 나섰다. 455년 9월에 비유왕이 정변에 의해 살해되고 개로왕이 즉위한 직후인 10월에 고구려로부터 공격을 받은 것이다. 이에 백제는 고구려의 침입을 단독으로 막지 못하고 곧바로 신라의 도움을 받아 물리칠 수 있었다.[12] 455년 고구려의 백제 침공은 바로 전해인 454년에 신라 침공[13]에 이어서 이루어졌다. 고구려의 신라 공격 의도는 450년 고구려 변장을 살해한 사건에 대한 응징 차원에서 행해진 것이지만, 백제의 경우 개로왕 즉위 초의 정변으로 야기된 정정 불안을 틈타 개로왕을 시험해 보려는 의도인 것으로 이해된다.[14] 433년 백제와 신라간의 동맹이 체결되었지만 이번 일은 두나라 간에 실질적인 군사협력관계를 보여준 첫 사례로서[15] 5세기 중

11) 침류왕의 단명, 진사왕의 왕위 찬탈, 전지왕 즉위를 둘러싼 왕위계승전쟁, 개로왕의 즉위에 따른 정변으로 이어진 바 있다.

12) 『삼국사기』 신라본기 눌지왕 39년 10월.

13) 『삼국사기』 신라본기 눌지왕 38년 8월.

14) 김수태, 앞의 논문, 2000, 224쪽; 정재윤, 2012, 「4~5세기 백제와 고구려의 관계」, 『고구려발해연구』 44, 79쪽.

15) 정운용, 1996, 「나제동맹기 신라와 백제 관계」, 『백산학보』 46, 104쪽.

반 이후 삼국간의 항쟁사에서 중요한 의미를 갖는 사건이었다.

이를 계기로 5세기 후반 고구려의 공격에 대해 백제와 신라 양국이 공동 대응하는 관계로 발전시켜 나가게 되었다.[16] 아울러 이는 후에 개로왕이 대고구려 강경노선으로 전환하는 계기가 되었다. 개로왕이 고구려의 공격을 막아내기 위해 신라의 군사적 지원을 처음으로 이끌어낸 것은 백제 외교의 큰 성과로서 개로왕의 뛰어난 외교역량을 발휘한 것으로 평가된다. 개로왕이 즉위초에 보여준 뛰어난 위기관리 능력을 엿볼 수 있다.

2. 왕족 중심의 친정체제를 구축하다

개로왕은 즉위초의 정변을 슬기롭게 극복하고 왕위에 올랐지만 내부 정정은 대내외적으로 심히 불안한 상태였다. 지배세력 간의 분열과 정치적 대립을 수습하고 왕권의 안정과 확립을 위해 해결해야 할 당면과제에 직면한 것이다. 대내적으로 왕권의 버팀목인 상좌평제를 어떻게 하면 안정적으로 정착시킬 수 있겠는가의 문제가 있었다. 그리고 왕족뿐만 아니라 비유왕대에 실권을 장악한 해씨세력, 그리고 세력 만회를 도모하기 위해 틈을 엿보는 진씨와 목씨세력을 어떻게 왕권하에 편제시켜 왕권 중심의 정치운영을 도모해 나가느냐의 문제도 남아 있었다. 대외적으로는 436년 북연의 풍발馮跋이 고구려로 망명한 사건 이후 야기된 고구려의 남진 위협에 어떻

16) 5세기 후반 백제와 신라 양국이 공동으로 고구려에 대항한 사례는 455년, 475년, 481년, 484년, 494년, 495년 모두 6회에 이른다.

게 대처해 나가느냐의 문제도 대두되었다. 이러한 당면과제들은 앞으로 개로왕이 추진해야 할 정치적인 향방을 결정짓는데 관건이 된다.

당시 백제는 고구려의 남진 위협에 직접적으로 노출되어 있었지만 개로왕은 가능한 한 고구려와의 직접적인 대결을 자제한 채 먼저 내부적으로 왕권의 안정과 강화책을 단계적으로 이루기 위한 여러 시책을 펴나갔다.

먼저 지배세력 개편에 착수하였다. 이를 위해 개로왕은 중국의 관작 임명 방식인 사가제私假制[17]를 적극 활용하여 왕권의 위상을 제고시키려 하였다. 백제의 사가제는 중국의 장군호에다가 왕·후·태수호를 덧붙여 임면任免하는 제도로서 백제 실정에 맞게 활용한 것으로 개로왕대에 적극 실시되었다.[18] 이를 뒷받침하는 사례가 『송서』백제전에 보이고 있다. 개로왕은 458년 자신의 신료 11명에게 "충성스럽고 부지런하다[忠勤]"는 점을 들어

---

17) 중국 주변 제국의 군왕이 남북조국가로부터 관작 제수를 전제로 자칭호를 사용하거나 또는 '행(行)'이나 '사가(私假)', '가수(假授)', '사서(私署)' 등의 형식을 가진 관작을 사사로이 혹은 임시적으로 임면하는 일을 말한다. 이러한 자칭호를 사용하는 사가제는 고구려나 신라에서 발견된 사례는 없지만, 송과 책봉 관계를 가진 백제, 왜, 청수저족(淸水氐族) 무도왕(武都王), 강족(羌族) 탕창왕(宕昌王) 등에서 간간히 나타나고 있다. 이에 대해서는 坂元義種, 1978.『古代東アジアの日本と朝鮮』, 吉川弘文館 277-283쪽; 노중국, 앞의 논문, 2004, 33-38쪽; 양기석, 2005,「5세기 백제와 왜의 관계」,『왜 5왕 문제와 한일관계』, 경인문화사, 107-108쪽을 참조할 것.

18) 근초고왕이 372년 동진으로부터 '진동장군영낙랑태수(鎭東將軍領樂浪太守)'를 받음으로써 장군호와 태수호가 백제사상 처음 등장한 이래 450년에는 서하태수 풍야부(馮野夫)의 존재에서 태수호가 등장한다. 백제에서 국왕을 제외하고 일반 신료들이 장군호를 수여받은 예는 기록상 개로왕 4년(458)이 첫 사례가 된다. 반면 백제의 장군호제는 진동대장군의 부관으로 장사, 사마, 참군 등이 보이는 것으로 보아 전지왕대에 성립한 것으로 보는 견해가 있으나(노중국, 2012,「백제의 왕·후호제 장군호제와 그 운영」,『백제연구』55), 그 부관들에게 장군호를 수여했는지 여부가 확인되지 않는다.

그의 즉위과정에서 공헌한 측근세력들을 대상으로 논공행상을 하였다. 개로왕이 먼저 자칭호인 송의 장군호와 왕 · 후호를 수여한 다음 이를 송에 보내 정식으로 승인을 받은 절차를 거쳤다. 수작자 총 11명 중 왕족이 8명으로 다수를 점하고 있고, 그밖에 목씨세력(목금) 1명, 중국계 출신(우서와 미귀)[19] 2명으로 되어 있다. 왕족이 대부분을 차지하고 나머지는 구이신왕대 실권귀족이었던 목씨세력, 그리고 중국계 출신의 신진세력으로 구성되어 있다.

개로왕이 단행한 458년 인사에서 나타난 특징적인 현상은 첫째, 왕족의 정치적 비중이 높아지고 대신 종전의 왕비족 출신인 진씨와 해씨세력의 정치적 역할이 축소되었다는 점이다. 그리고 개로왕이 왕족을 중용하고 있는 점이 찾아진다. 수작자 중 잘 알려진 인물은 행정로장군行征虜將軍 좌현왕左賢王 여곤餘昆과 행보국장군行輔國將軍 여도餘都인데 모두 개로왕의 동생으로서 곤지昆支와 문주文周로 각각 비정된다.[20] 특히 곤지는 458년 당시 신료들 중에서 정치적 위상이 제일 높았던 것으로 드러났다. 흉노에서 선우單于의 뒤를 이은 제2인자로서 차기 왕위계승권을 가진 태자의 위치에 있던 좌현왕[21]인데다 병권 장악을 뜻하는 '군군軍君'[22]이라는 칭호를 갖고 있었음이 확인된다. 이를 통해 곤지는 개로왕의 측근세력으로서 개로왕의 즉위와 그 집권 초기의 권력기반 형성에서 핵심적 역할을 한 인물이었음을 알 수 있다.

---

19) 이도학, 앞의 논문, 2007, 49쪽.
20) 이기동, 1974, 「중국사서에 보이는 백제왕 모도(牟都)에 대하여」, 『역사학보』 62, 21쪽.
21) 坂元義種, 1978. 『古代東アジアの日本と朝鮮』, 吉川弘文館, 69쪽.
22) 『일본서기』 권14 웅략기 5년 하4월 · 6월 · 추7월.

그런데 개로왕대에 운용하고 있는 장군제와 왕 · 후 · 태수제는 중국 제도를 수용한 것이지만 중국과는 다소 차이가 있었다. 임면 절차에서 사가제의 형식을 취한 것 이외에 흉노를 비롯한 북조 유목민족국가에서 실시하던 좌 · 우현왕제를 가미시켜[23] 백제의 실정에 맞도록 운영한 것이다. 장군호는 372년 근초고왕이 동진으로부터 '진동장군영낙랑태수鎭東將軍領樂浪太守'란 작호를 수여받은 이후 개로왕이 신료들에게 중국 송나라의 장군호를 수여한 것이다. 대중외교에서 활동한 중국계 출신에게 수여된 태수호[24]와는 달리 개로왕대의 장군호[25]와 왕 · 후제는 큰 공적을 세운 왕족이나 이성

23) 좌 · 우현왕제를 도입하게 된 것은 450년 대사 서하태수 풍야부(馮野夫)와 같은 북연 출신의 인물의 영향을 받은 것으로 이해된다. 그는 북연 멸망 이후 백제로 이주해 온 것으로 알려졌다(鈴木靖民, 2002, 「百濟の府官制」『倭國と東アジア』, 吉川弘文館, 42쪽).

24) 태수호는 백제에 유망해 온 중국계 관인 출신에게 공로가 고려되어 임명되는 작호적 성격을 가진 것으로서 백제가 중국계 유이민 집단의 군 단위 지역의식을 수용하여 이들을 군 단위 집단으로 편제하고 이들을 통제 · 관리하는 방식으로 보는 견해가 있다(백길남, 2015, 「4~5세기 백제의 중국계 유이민의 수용과 태수호」, 『동방학지』 172, 23-25쪽). 그렇지만 중국계 유이민들이 군단위로 편제할 정도로 백제에 대규모로 유입해 왔었는지에 대해서는 의문이 있다.

25) 백제는 주로 중국 남조의 장군호제를 수용 활용하였지만 차이는 있었다. 백제의 장군호는 국왕을 제외하고는 장군직 고유의 군사권 행사를 뜻하는 지절(持節)-도독(都督)과 같은 별도의 권한과 직책이 따로 주어지지 않았다. 그리고 왕족이나 중진들에게는 최고 3품 정로장군(征虜將軍)까지, 그리고 태수호를 받은 중국계 출신에게는 최고 3품 용양장군(龍驤將軍)까지만 승급을 허용하였다. 이러한 장군제는 고창 오호리 신지매유적에서 출토된 6세기 초의 '△의장군지인(△義將軍之印)'으로 보아 적어도 무령왕대까지는 운용이 되고 있었던 것이 확인된다(조윤제, 2009, 「고창출토 동인고(銅印考)」, 『한국고고학보』 71, 104-108쪽).
한편 백제에서 왕 · 후제의 실시 시기나 성격, 그리고 의미 등에 대해서는 논란이 많다. 그러나 458년 왕 · 후제 실시 단계와 472년 불사후(弗斯侯) 여례(餘禮)~동성왕대에 집중 나타나는 지명 왕 · 후제 단계와는 구분해서 보아야 할 것이다. 왕 · 후제의 성격에 대해서는

귀족들에게 공로에 대한 포상으로 수여한 일종의 작호로서 일정한 포상과 지배세력 내에서의 위상을 나타내는 의미를 가졌다. 개로왕은 공을 세운 왕족과 중신들에게 중국식 장군호와 왕 · 후의 관작을 수여함으로써 귀족 연합체제를 유지하려는 유력한 귀족세력들을 왕권에 결집시키려는 의도가 있었다. 특히 왕권에 협조하는 왕족들과 측근세력들을 결집시켜 왕권의 지

작호로 보거나 또는 대부분 지방통치체제와 관련하여 담로제 등과 관련시키고 있다. 이들 유공자들이 과연 전남해안지역 등과 같은 변경지역에 담로주와 같은 지방관으로 역할을 하였을까에 대해서는 의문이 생긴다. 이 제도는 궁극적으로 특별한 공훈이나 공로의 대가로 작호를 수여하는 것인 만큼 그 취지 안에서 검토하는 것이 순리일 것이다. 개로왕 이전에는 말갈을 격퇴한 공으로 30년 말 10필과 조 500석을 포상받은 흘우(屹于), 406년 전지왕을 옹립한 공으로 달솔 직과 한성조 1,000석을 포상받은 해충(解忠)의 사례에서 보듯이 공을 세워 말이나 관직 또는 곡식 등을 포상으로 받은 것이다. 개로왕은 기존의 포상 방법을 개선하여 새로이 중국식 장군호와 왕 · 후 · 태수호를 적극 수용한 것이다. 472년에는 지명 왕 · 후제로 고쳐 운영하였는데 이 전통이 동성왕대에까지 유지되었다. 왕 · 후제의 앞에 붙여진 지역 명칭은 아마 작호를 수여받은 중신들의 수조권 관할 지역을 표시하는 것이 아닐까 한다. 이 제도는 기존과 같이 곡물 등을 수여하는 방식을 유지한 채 특별한 경우에 한해서 6세기 초 무령왕대 이후 군호제(君號制)로 흡수 개편되는 대신 그 포상방식은 봉호수를 정하여 수여되는 식읍제(노중국, 2000, 「백제의 식읍제에 대한 고찰」, 『경북사학』 23, 65-97쪽)로 흡수 개편되었을 것으로 추정된다. 한편 관작이나 물질로 포상하는 기존의 방식은 말기까지 지속된 것으로 보인다. 642년 윤충이 대야성을 함락시킨 공으로 말 20필과 곡물 1,000석을 수여받은 일과 657년 의자왕이 왕서자 41명에게 좌평 신분과 식읍을 각각 수여한 일이 참고가 된다.

백제의 중국식 장군호 · 왕 · 후 · 태수호에 대한 성격과 의미에 대해서는 다소 견해의 차이가 있지만 다음의 연구가 참고된다. 양기석, 1984, 「5세기 백제의 「왕」 · 「후」 · 「태수」제에 대하여」 『사학연구』 38, 68-70쪽; 백길남, 2008, 「백제 개로왕대 중국식 관작의 활용과 그 정치적 의의」, 연세대석사논문, 26-43쪽; 노중국, 2012, 「백제의 왕 · 후호, 장군호제와 그 운영」, 『백제연구』 55, 234쪽; 박찬우, 2014, 「5~6세기 백제의 장군호 활용과 그 의미」, 고려대석사논문, 20쪽; 채민석, 2014, 「백제 왕 · 후제의 도입과 운영에 대한 시론」, 『한국사연구』 166, 42쪽.

지기반으로 삼아 국왕과 왕실의 권위를 높여 왕권을 보다 강화하기 위한 조치로 여겨진다.[26] 개로왕이 왕족 중심으로 세력 개편을 한 것이며, 그의 지향점은 왕권 중심의 정치 운영이었음을 보여준다.

또한 개로왕은 왕족들을 요직에 중용하는 것과 더불어 왕족들 간에 계보를 초월한 결속을 강조하였다. 개로왕은 '근개루近蓋婁'로 칭하며 개루왕蓋婁王의 후계자로 자처한 것은 초고계肖古系와 같은 방계 세력을 포용한다는 의도를 나타낸 것이다.[27] 해씨와 같은 유력한 귀족세력을 견제하기 위해서는 왕족들 간의 결속이 그 어느 때보다도 필요해진 것이다.

아울러 왕실의 혼인관계를 종전과 다르게 바꾸었다. 종래 근초고왕대 이래 유력한 세력인 진씨나 해씨세력 출신에서 왕비를 배출한 것과는 사뭇 다른 양상이다. 개로왕 18년(472) 북위에 청병사로 파견된 장사長史 여례餘禮의 직함이 부마도위駙馬都尉[28]인 점에서 왕족들 간의 근친혼의 사례가 찾아진다. 여례는 왕족 부여씨이면서도 왕실과 통혼관계를 맺고 있었던 것이다. 이 점은 기존의 왕비족 운영 방식에 변화를 시사해 준다. 이는 새로운 통혼 관계의 설정을 통해 지금까지 권력의 한 축으로 국정 운영에 큰 역할을 해왔던 진씨와 해씨세력의 영향력에서 벗어나서 개로왕이 정국 운영의 주도권을 잡고 왕권 강화를 추진해 나갈 수 있게 된 것을 의미한다.

이처럼 개로왕이 즉위초에 신료들에게 중국의 장군호와 왕 · 후호를 수

26) 반면 개로왕대 사가제 실시 의도에 대하여 백제 왕권이 쇠약한 상황에서 실권귀족에게 권력을 위임하여 왕실의 위상을 유지하려고 보는 견해도 있다(노중국, 2004, 「한성백제의 몰락과 수도 이전」, 『향토서울』 66, 36-38쪽).

27) 정재윤, 앞의 논문, 1999, 17쪽.

28) 『위서』 권100 열전88 백제국.

여함으로써 왕 자신은 왕중왕에 해당하는 대왕의 위상에 자리매김하게 된 것이다. 이는 개로왕대에 대왕제가 확립된 것을 뜻한다.[29] 이제 개로왕은 단순히 귀족연합체제의 수장으로서가 아니라 여러 정치세력 위에 군림하는 초월적인 지위로 그 위상이 격상된 것이다. 따라서 개로왕은 스스로 대왕이라 자처하고 그 신료들을 왕 · 후로 분봉하여 백제식의 천하질서를 갖추면서 왕권의 전제화를 모색해 나간 것으로 볼 수 있다.[30]

그러나 위와 같이 개로왕이 집권 1기에 추진한 왕족 중심의 친정체제 확립, 왕비족 세력의 배제와 그 운용 방식의 변화, 대왕제 확립 등을 통해 왕권의 권력 기반을 강화하였으나 아직 충분치 못한 것으로 드러났다. 권력에서 배제된 구귀족세력인 진씨 · 해씨가 아직 건재하여 세력 만회를 엿보고 있고, 그동안 개로왕의 권력 기반에 중추적인 역할을 해왔던 왕족과 일부 측근세력들 사이에 권력 장악을 놓고 암투가 벌어졌다. 458년 수작자 중에서 대표격에 있던 여기餘紀와 좌현왕으로 병권을 장악하고 있던 곤지, 그리고 문주 등 여러 왕족들 간에 태자 책봉이나 또는 상좌평 임명을 둘러싸고 암투를 벌인 것으로 짐작된다. 특히 병권을 장악하고 차기 왕위계승권자로서 지위를 갖춘 좌현왕 곤지에게 권력이 점차 집중되는 현상이 나타난 것이다. 이에 개로왕은 권력이 비대해진 곤지를 잠재적인 위협세력으로 간주하고 일정한 선에서 견제할 필요가 생겼다.

이와 관련하여 곤지가 개로왕 7년(461)에 왜에 건너간 일이 주목된다.

---

29) 坂元義種, 1978, 앞의 책, 99-102쪽.
30) 양기석, 1984, 앞의 논문, 64-65쪽; 이도학, 1985, 앞의 논문, 4쪽.

곤지의 도왜 목적은 『일본서기』 웅략기 2년 기사[31]대로 왜와 우호관계를 돈독히 하여 '선왕의 우호를 닦기 위한 것'이었다. 곤지는 왜와 우호관계를 공고히 하고 왜의 친백제노선을 견지하기 위해 왜에 건너간 것이었다. 그렇지만 그 이면에는 개로왕이 곤지를 왕권의 핵심부에서 배제시키기 위한 의도가 개재된 것이 아닐까 한다. 곤지는 당시 병권을 장악한 제2인자의 위치에 있는 상태에서 왕자의 신분으로 거의 16년 동안 왜에 장기 체류하는 것은 단순히 수신사 역할만으로 설명되기 어렵다. 이런 측면에서 볼 때 곤지의 왜 파견은 정략적 추방의 성격을 가진 것으로도 볼 수 있다.[32] 곤지가 왜에 파견됨으로써 형 문주文周가 상좌평에 임명되어 개로왕을 측근에서 보좌하게 된 것으로 보인다. 문주의 성품이 "우유부단하였으나 백성을 사랑하였으므로 백성들도 왕을 사랑하였다"는 점[33]으로 보아 개로왕은 세력이 있고 결단성도 갖춘 곤지보다도 우유부단한 문주를 더 선호하였을 것이다. 개로왕은 곤지의 축출을 계기로 왕권의 권력기반을 더욱 공고히 하려는데 더욱 박차를 가하게 되었다.

이와같이 개로왕 집권 1기는 즉위 초의 왕위계승 분쟁을 수습하고 왕권의 지배기반을 공고히 하기 위해 왕족 중심의 왕권 강화책을 추진해 나갔음을 알 수 있다. 지배세력의 개편과 왕족 중심의 친정체제의 확립, 왕비족

---

31) 『일본서기』 권14 웅략기 2년 추7월의 분주의 『百濟新撰』.

32) 연민수, 1988, 앞의 책, 414-417쪽. 반면 곤지가 왜와의 공조를 강화하기 위해 파견된 것으로 보고 곤지의 정략 추방설을 부정하는 견해가 있다(정재윤, 1999, 앞의 논문, 27-30쪽 및 이재석, 2001, 「5세기 말 곤지의 도왜 시점과 동기에 대한 재검토」, 『백제문화』 30, 24-29쪽).

33) 『삼국사기』 백제본기 문주왕 즉위년.

운영 방식의 변화, 기존의 상좌평체제에다가 새로이 사가제를 실시하여 왕권 중심의 지배체제를 구축하고자 하였다. 이를 통해 기존의 귀족 중심의 연합 체제를 고수하려는 진씨 · 해씨세력과 같은 유력한 귀족세력들의 정치적 영향력을 배제하였다. 그리고 개로왕은 스스로 대왕이라 자처하고 그 신료들을 왕 · 후로 분봉하여 왕권의 전제화를 도모하기 위한 준비기로 볼 수 있다.

Ⅲ. 외교의 다변화를 통해 고구려를 견제하다

개로왕 집권 2기는 집권 1기에 공고히 구축해 놓은 왕권 중심 체제를 토대로 하여 대외관계를 주도적으로 추진해 나간 시기이다. 이때는 개로왕이 고구려의 군사적 압력에 대처하기 위해 다각적인 외교책을 주도적으로 전개한 것이다. 이 시기에 발생한 중요한 사건은 개로왕 15년(469)에 단행된 고구려에 대한 선제공격과 고구려를 견제하기 위한 다변외교의 전개이다.

먼저 개로왕이 고구려에 대해 공세를 전개하였다는 점이다. 469년에 백제가 먼저 고구려를 선제공격한 다음 예상되는 고구려의 역습에 대비하기 위해 국경지대의 요충인 쌍현성과 청목령에 관방 시설을 설치하거나 수축하는 공사를 벌인 것[34]으로 나타났다. 이 전투는 아신왕阿莘王(392~405)대 이후 한동안 소강상태에 있었던 고구려와의 전쟁이 개로왕때 다시 나타난 것이다. 455년 개로왕이 즉위때 불시에 고구려의 공격을 받은 이래 고구려

34) 『삼국사기』 백제본기 개로왕 8월 및 10월.

와 두 번째 전투를 벌인 것이다. 그동안 수세에 있던 백제가 선제공격을 가한 일이 매우 이례적이다. 이는 해씨세력의 실각과 대고구려의 유화정책에 대한 반발일 가능성이 있다.[35] 그렇지만 백제가 광개토왕대의 남정으로 상실한 예성강 일대의 고토를 수복하려는 개로왕의 의지와 염원이 반영된 것으로 이해된다. 이 전투는 바로 전해에 고구려와 말갈이 연합하여 실직성悉直城,삼척)을 공격한 직후에 일어난 것으로 보아[36] 신라에 침공한 고구려를 견제하기 위한 것으로도 볼 수 있다. 469년 전투는 그동안 추진해 온 왕권 강화시책이 어느 정도 성과를 나타내어 자신감의 발로에서 나온 것이다.[37] 고구려의 침공에 대비하여 쌓은 성들은 평양-황주-사리원-신원-해주-개성으로 연결되는 고구려의 남진 루트상의 예성강 하류에 위치하는데 관방상 중요한 고개를 차단하는 방식으로 축조되었다.[38] 개로왕의 예성강 이북 고토회복 의지와 용의주도한 대비책을 엿볼 수 있는 부분이다.

한편 개로왕대에는 고구려의 남진에 대비하기 위해 왜와의 전통적인 우호관계를 강화하였다. 5세기 전반 백제와 왜 양국은 한동안 우호관계가 지속되었지만 중국 남조에 대한 외교적 대처에는 차이가 있었다. 왜는 중국 남조 외교에 적극적으로 매달리는 데에 반해 백제는 고구려의 남진에 대항하기 위해 계속적으로 왜를 동맹세력의 일원으로 묶어두려 하였다. 백제는 왜에 대해 태자 전지의 파견 이후 왕녀를 대신 파견하는 방식으로 전환한

35) 정재윤, 2012, 앞의 논문, 80쪽.
36) 『삼국사기』 신라본기 자비마립간 11년 춘.
37) 김수태, 앞의 논문, 2000, 226쪽.
38) 서영일, 2000, 「중원고구려비에 나타난 고구려 성과 관방체계 -우벌성과 고모루성을 중심으로-」, 『고구려연구』 10, 491-520쪽.

바 있다.[39] 이는 백제가 왜와의 통혼관계를 통해 두나라 관계를 보다 진전시키려는 의도에서였다. 그러나 이 방식에 문제가 생기자[40] 다시 외교의 비중을 높여 461년 왕제 곤지를 파견하게 된 것이다. 백제는 397년 태자 전지가 왜에 파견된 이후 주로 왕족들을 왜에 보내 체류케 하는 방식으로 왜와 신뢰관계를 구축한 것이 5세기 백제의 대왜외교의 기본 틀이었다. 이러한 인적 관계 교류를 통한 백제외교는 6세기에 들어가면서 백제는 왜에 선진문물을 제공하고 왜는 백제에 군사적 관계를 제공하는 방식[41]으로 제도화되어 나가는 한 과정으로 볼 수 있다.

곤지는 왜에 16년간 수도인 야마토에서 다소 떨어진 가와치[河內] 지역에 장기간 체류하면서[42] 단순히 청병사 역할뿐 아니라 백제계 이주민들을

---

39) 428년 비유왕의 누이동생 신제도원(新齊都媛)이 7명의 부녀들을 거느리고 왜에 파견되었다(『일본서기』 권10 응신기 39년 춘2월).

40) 개로왕대에는 왜가 왕녀를 요청함에 따라 백제는 모니부인의 딸 적계여랑(適稽女郎)을 왜에 보냈다. 왜에 건너간 부인들 중에 하나인 지진원(池津媛)이 어떤 음행 사건에 연루되어 화형을 당하는 일이 생겼다(『일본서기』 권14 웅략기 2년 추7월에 인용된 『百濟新撰』).

41) 김현구는 계체기(繼體期, 503~529) 이후 백제와 왜 사이에 형성된 관계를 용병관계로 규정짓고 있다(1985, 『大和政權の對外關係硏究』, 吉川弘文館, 14-65쪽).

42) 일본 가와치 지방을 개척한 도왜인들의 중심 세력은 백제계였다. 大阪과 奈良 사이에 山畑古墳群 · 高安千塚 · 平尾山千塚 · 飛鳥千塚 · 一須賀古墳群 등이 분포하고 있는데 출토품이나 전승으로 보아 그 조영세력은 백제에서 건너온 이주민들이었다(이진희, 1982, 「고대한일관계사 연구와 무령왕릉」, 『백제연구』 특집호, 지식산업사, 69-74쪽). 그들은 새로운 농업 기술로 개척 사업을 했을 뿐 아니라 철생산[大縣유적], 須惠器와 무기 제조, 말의 사육[蔀屋北유적] 분야에서 크게 활약하였다. 곤지와 관련이 있는 유적으로는 大阪 남동부의 羽曳野市에 곤지를 모신 飛鳥戸神社가 있고, 그 주변의 구릉에는 飛鳥千塚 고분군이 존재한다. 그리고 하비키노시의 외곽을 흐르는 개천을 건너면 기내지역에서 가장 오래된 高井田山 횡혈식고분이 있다. 여기서 출토된 청동다리미는 무령왕릉에서 출토된 것과 비교하면 그 크기나 형태 등에서 놀랄 만큼 유사하여 그 피장자를 인근 오아가타유적에 거주한 백제계 기

조직화하여 왜 정권에 협력하고 이들의 힘을 이용하여 백제를 구원하려는 임무를 수행한 것으로 여겨진다.[43] 그러나 곤지는 475년 고구려의 공격으로 한성이 함락되었을 때에는 왜의 원병을 백제에 파견시키려는 일을 성공적으로 수행하지 못하였다. 곤지가 일본열도에 구축한 세력 기반은 후에 동성왕과 무령왕이 정치적으로 진출하는데 중요한 세력기반이 되었다.

다음으로 개로왕이 고구려의 남진에 대항하기 위해 중시한 것은 대중관계였다. 개로왕이 즉위한 이후에는 비유왕대에 이어 남조 송과 긴밀한 외교 관계를 유지하면서 선진 문물을 수용하고 관작을 요청하는 등 그 권위를 빌어 왕권의 정통성 확립과 위상을 높이고자 하였다. 457년 10월 개로왕은 송으로부터 2품관인 진동대장군鎭東大將軍에 책봉된 이래[44] 이듬해인 458년에는 개로왕이 요구한 여기餘紀 등 11인의 관작제수를 요청하여 이를 승인받았다. 463년, 467년에도 송과의 교섭이 이어지면서[45] 471년까지 모두 5차례 교섭이 행해졌다. 471년에는 명제 즉위에 반발하여 반란이 전국적으로 확대되어 혼란이 계속됨에 따라 송과의 교섭을 더 이상 진행할 수 없었다.

백제는 420-479년까지 18회에 달할 정도로 송과 빈번히 교섭을 가졌다. 개로왕대에만 5회의 교섭이 있었다. 그럼에도 불구하고 송은 백제보다 고

술자 이주민들을 통할한 백제 왕족급 인물로 보고 있다.

43) 정재윤, 1999, 앞의 논문, 28-30쪽 및 2008, 「백제 왕족의 왜 파견과 그 성격」, 『백제연구』 47, 23쪽; 이재석, 2001, 「5세기 말 곤지의 도왜 시점과 동기에 대한 재검토」, 『백제문화』 30, 24-29쪽.

44) 『송서』 권6 본기6 孝武帝.

45) 『册府元龜』 권968 外臣部13 朝貢1 大明 7년.

구려를 보다 중시하였다. 그것은 북위를 공동으로 견제한다는 두 나라의 이해관계가 합치되었기 때문이다. 당시 고구려는 439~462년까지 북위와는 공식적인 교섭을 중단한 채 오직 송과 교섭을 했다. 백제는 송을 대상으로 고구려와 치열한 외교전을 벌이고 있었다. 462년 고구려는 북위와 교섭을 재개하면서 북위와 송을 동시에 교섭하는 양면외교를 전개하였다. 그러나 송은 북위에 대적할 전략적 가치가 높은 상대국임을 인식하고 장수왕을 1품 개부의동삼사차기대장군開府儀同三司車騎大將軍으로 승진하여 우대하였다. 이에 맞서 백제는 467년과 471년 두차례 송에 사신을 파견하였을 뿐이었다. 따라서 백제의 대송외교는 대고구려 견제 전략의 일환으로 유지되었다. 백제가 부차적으로 송과의 교섭을 중시한 것은 선진문물의 수용에 있었다.[46] 『송서』 백제전에 나오는 역림易林, 식점式占, 쇠뇌[腰弩][47] 등이었다. 특히 백제가 수입한 쇠뇌[腰弩]는 여러 개의 화살을 한꺼번에 나가게 하는 활의 일종으로 전통적인 활에 비해 정확성이 우위에 있고 동시에 활보다 더 무거운 화살을 발사할 수 있는 신무기였다.[48] 쇠뇌는 고구려와의 전쟁에서 승리로 이끌어가는데 더할나위없는 신무기였다.

이와같이 집권 2기는 개로왕이 고구려의 동향을 적시하여 화전양면책으로 기민하고 용의주도하게 대처하고 있음을 살펴보았다. 469년 백제가 먼저 고구려를 선제공격한 것은 예성강 일대의 고토를 수복하려는 개로왕의

46) 박윤선은 고구려 견제보다 선진문물 수용에 있는 것으로 보았다(2006, 「5세기 중반~7세기 백제의 대외관계」, 숙명여대박사학위논문, 41-45쪽).
47) 『송서』 권97 열전 57 백제국 원가 27년(450).
48) 김기웅, 1994, 『한국무기발달사』, 국방군사연구소, 281쪽.

의지와 염원이 반영된 것으로 이해하였다. 또한 고구려의 군사적 압력에 대처하기 위한 다각적인 외교책을 강구한 외교적 노력은 높이 평가된다. 신라와는 433에 맺은 제·라동맹체제를 기본 축으로 하여 고구려의 남진에 대처하였고, 왕제 곤지를 일본 가와치[河內]에 파견하여 일본 열도내의 백제계 이주민들을 조직화하고 배후 기지로서의 역할을 수행케 하였다. 그리고 남조인 송과도 긴밀하게 외교 관계를 통해 고구려를 견제하면서 국가 발전에 필요한 선진문물을 수용한 것으로 보았다. 이로서 개로왕이 구상한 외교정책은 신라-가야-왜-남조를 연결하는 반고구려 연합전선의 결성으로 나타났다.

Ⅳ. 지나친 교만과 자만이 화를 자초하다

1. 북위에 고구려 공격을 요청하다

개로왕대 대중국 관계에 있어서 주목할 만한 사건이 생겼다. 472년 개로왕이 북위에 사신을 보내 고구려를 공격하기 위해 원병을 요청한 것이다. 그동안 남조 국가 일변도로 외교 관계를 유지해 온 백제로서는 매우 이례적인 일이었다. 비유왕때인 경진년庚辰年 즉 440년에 백제가 북위와 교섭을 추진한 일이 472년 개로왕이 북위에 보낸 국서에 나타나 있다.[49] 교섭의 구체상은 알 수 없지만 북위 사신이 백제로 오던 중 고구려의 방해로 인해 중도에 난파되어 일이 성사가 되지 못하였다. 비유왕이 북위와 교섭을 시도한 것은 개로왕이 보낸 국서에 나타났듯이 436년 북연의 멸망과 풍홍의 신병 인도에 따른 고구려, 북위, 송 사이의 국제적인 대립과 분쟁 여파가 바로 백제에 미칠 것으로 판단한 것 같다. 풍홍의 소환을 요구해 온 북위는 고구

49) 『위서』 권100 열전88 백제국; 『삼국사기』 백제본기 개로왕 18년.

려를 견제하기 위해 백제의 사신 파견을 곧바로 받아들였던 것이다.

백제가 개로왕대에 들어와서 실제적으로 북위와 교섭을 벌인 것은 472년의 일이다.[50] 당시 백제의 송과의 교섭은 송의 내부적 혼란으로 인하여 471년을 끝으로 한동안 중단을 하게 되었다. 당시 고구려는 462년 북위와 교섭을 재개한 이래 465년 이후 매년 북위와 사신을 교환할 정도로 두나라 관계가 급속히 개선되었다.[51] 개로왕이 북위에 사신을 파견한 472년 8월 직전에는 고구려가 2월과 7월 2차례에 걸쳐 사신을 파견하면서 종전보다 2배나 많은 공물을 북위에 보냈다.[52] 개로왕은 466년 고구려와 북위 사이에 혼사 문제로 틈이 벌어지고 있을 때[53] 과감히 북위에 사신을 보내 고구려

50) 472년 백제의 북위 교섭을 440년 이후 재개된 것으로 보는 견해가 있다(노중국, 앞의 논문, 2004, 53쪽). 그런데 연흥 2년 표문 서두에 "그 왕 여경이 처음으로 사신을 보내 표문을 올려 다음과 같이 아뢰었다."고 한 것을 보면 백제와 북위의 공식적인 교섭인 472년이 처음이었음을 알 수 있다. 다만 개로왕대에 국한한 것인지 백제가 북위와 교섭을 벌인 것이 처음인지의 여부는 확실치 않다.

51) 고구려가 북위에 빈번히 접근하게 된 배경은 개로왕 국서에 나타난 장수왕대 귀족세력이 숙청사건, 북위의 풍태후 집권, 471년 고구려의 백성들의 북위 망명 등과 관련이 있는 것으로 이해된다(김수태, 앞의 논문, 2000, 231-236쪽; 최일례, 2013, 「장수왕대 고구려의 대중외교와 그 동인」『한국고대사연구』 71, 264쪽).

52) 『삼국사기』 고구려본기 장수왕 60년. 백제 공격으로 발생할 수 있는 외교적 문제를 사전에 없애기 위한 외교적 노력으로 파악한 견해가 있다(김수태, 앞의 논문, 231-236쪽).

53) 북위의 문명태후가 현조(顯祖)의 후궁을 맞이하기 위해 고구려에 청혼을 하였으나, 장수왕은 이를 거부함에 따라 두나라 사이는 긴장이 고조된 일을 말한다. 발생 시기에 대해서는 『삼국사기』 고구려본기 장수왕 54년 3월조에는 466년으로 되어 있고, 『위서』 권60 정준(程駿)전에는 470년대 전반으로 되어 있다. 여기서는 『삼국사기』에 따라 466년을 취하겠다. 이 사건에 대해서는 김성희, 2001, 「북위 문명태후의 시대 -정치세력간의 대립양상을 중심으로-」, 『중국고대사연구』 7, 33-58쪽; 서영교, 2004, 「북위 풍태후의 집권과 대고구려 정책」, 『중국고중세사연구』 11, 216-227쪽을 참조할 것.

공격을 위해 원병을 보내줄 것을 요청한 것이다. 개로왕은 북위에 보낸 국서에서 고구려가 남으로 송과 통하고 북으로 유목민족인 유유蠕蠕와 통하고 있으며, 또 고구려가 북위의 사신을 고의로 물에 빠뜨려 죽였으므로 마땅히 응징해야 한다고 주장하였다. 개로왕은 고구려가 예상을 하지 못하게 허를 찔러 북위에 접근한 것이다. 개로왕이 북위와 교섭을 한 목적은 북위와 고구려 사이의 외교 관계를 차단하는 것과 북위와 백제가 연합하여 고구려를 공격하자는 것이었다. 이러한 백제의 요청에 대하여 북위는 고구려와의 전통적 우호 관계를 갖고 있다는 점과, 그리고 백제와 고구려 두나라가 사이좋게 지내야 한다는 당위론을 내세워 끝내 응하지 않았다. 결국 개로왕의 북위를 통한 고구려 견제책은 성공하지 못하였다.

이처럼 개로왕이 고구려와 긴밀한 외교교섭을 하고 있는 북위에 국서를 보내 고구려 정벌을 요청한 일은 대내적 왕권 안정을 통해 얻어진 자신감에서 비롯된 것으로 볼 수 있다. 개로왕은 신라와 동맹체제를 통해 고구려에 대항할 수 있게 되었고, 배후 세력으로 곤지를 통해 왜와 우호 관계를 유지할 수 있게 되었다. 그리고 대중국 외교에서 송과 북위에까지 아우르는 전방위 외교 전략을 구사하여 고구려를 외교적으로 봉쇄하고자 하였다.

이와같이 개로왕은 대외적으로 고구려의 군사적 압력에 대처하기 위한 다각적인 외교책을 강구하였다. 그리고 이례적으로 남조 일변도의 외교책에서 벗어나 고구려와 긴밀한 외교교섭을 하고 있는 북위에 국서를 보내 고구려 정벌을 요청하기도 하였다. 이러한 외교적 성과는 왕권의 안정화를 기반으로 백제의 외교가 보다 다변화되고 폭넓게 전개되어 동아시아 속에서의 백제의 존립과 위상을 정립하게 된 것으로 볼 수 있다.

2. 고구려의 백제 공격

집권 2기에 왕족을 중용하여 왕권의 전제화 기반을 공고히 하려는 개로왕은 고구려에 대한 선제공격과 고구려를 견제하기 위한 반고구려 연합전선을 구축하기 위해 다각적으로 대처해 왔다. 그런데 472년 북위 교섭을 통해 대고구려 봉쇄망을 형성하려는 백제의 전략은 도리어 고구려를 자극시켜 그 침입을 초래하는 결과가 되었다.

472년 백제의 북위 교섭은 466년 혼인 문제에 이어 고구려를 크게 긴장시킨 사건이었다. 그 동안 고구려는 462년 이후 북위와의 관계 개선을 통해 사신을 빈번히 교환할 정도의 우호관계를 유지해 왔으나, 466년 혼인 문제에서 드러났듯이 두 나라 관계는 순탄치만은 않았다. 이 시기 고구려는 남조의 송과 몽골고원의 유연과 연결하면서 외교적으로 북위를 견제하고 있었다. 북위는 472년 백제의 청병 요구에도 불구하고 고구려의 전략적 가치를 인정하면서 백제의 요구를 거절하였다. 그러면서도 북위는 지금까지 보여준 고구려의 비우호적인 태도에 대해 경종을 울려줄 필요가 있었다. 이에 북위는 백제 사신이 귀국할 때 북위 사신을 동행시켜 육로로 고구려를 거쳐 백제에 가려고 하였다. 이에 대해 고구려는 북위와 백제 사신의 국경 통과를 단호히 거부함으로써 북위의 위협에 맞섰던 것이다. 고구려로서는 이로 인해 발생할런지도 모르는 이후의 사태 전개가 큰 부담이 되었을 것이다. 고구려는 만약 북위가 백제와 연합하여 남쪽과 서쪽에서 동시에 공격해 오거나 또는 북위가 단독으로 고구려에 침공해 올 경우 매우 어려운 형편에 놓이게 된다는 것을 잘 알고 있었다.

더구나 고구려는 470년대 송화강 유역 아성阿城 일대의 물길勿吉과 여러 차례 분쟁을 일으키고 있었다. 물길은 고구려에 대해 군사적 공세와 함께 북위에 사신을 파견하여 고구려를 압박하고 있었다. 연흥延興 연간(471~476)에 물길이 사신 을력지乙力支를 보내 물길이 백제와 수로를 통해 연합하여 고구려를 협공하려고 한다면서 북위의 지원을 요청한 사실이 있었다.[54] 이러한 물길의 고구려 협공 계획은 실제 이루어지지는 않았지만, 이는 고구려에게는 심각한 위협이 되지 않을 수 없었다. 따라서 고구려는 북위와 주변의 여러 세력이 연대하여 고구려에 압박해 오기 전에 먼저 백제를 공격하는 것이 유리하다고 판단하였던 것 같다.

고구려 장수왕은 백제를 공격하기에 앞서 백제의 내부 사정을 정확히 탐지하는 것이 필요하였다. 이에 장수왕은 자원하고 나선 승려 도림道琳에게 백제의 내정을 정탐하는 중대한 임무를 맡겼다. 망명을 가장하여 백제로 건너온 도림은 바둑을 통해 개로왕에게 쉽게 접근하여 개로왕의 마음을 사로잡았다. 도림은 개로왕의 두터운 신임을 바탕으로 그 개혁 방안의 하나로 개로왕에게 대토목공사를 벌일 것을 건의하였다. 도림이 대토목공사를

54) 『위서』 권100 열전88 물길. 470년대에 고구려와 북위, 그리고 물길에 대한 동향은 노태돈, 2005, 「고구려의 한성 지역 병탄과 그 지배양태」, 『향토서울』 66, 177-180쪽을 참조할 것. 이 기사는 『위서』 권100 열전88 물길전에 연흥(延興) 연간(471~476)의 사실로 되어 있으나, 『북사』 권94 열전 82 물길전에는 太和(477~499)초의 일로 되어 있어 차이가 있다. 노태돈은 486년으로 보았으나(1984, 「5~6세기 동아시아의 국제정세와 고구려의 대외관계」, 『동방학지』 44, 16쪽), 『북사』보다도 『위서』의 기록이 사료 가치가 높다는 점, 또 『책부원귀(册府元龜)』 권969, 외신부 조공조에 의하면 을력지(乙力支)가 북위에 파견된 시기는 연흥 5년 즉 475년이었음을 알 수 있다. 이 사실이 백제 관련 기사에는 전혀 보이지 않는다. 다만 물길과 백제 사이의 연합은 성사되지는 못했지만, 475년 한성 함락 이전에 양자간에 어떤 형태로든 연합에 관한 의사 타진 정도는 있었을 것 같다. 이 사례에서 개로왕은 반고구려 연합전선에 물길을 끌어들일 정도의 폭넓고 탁월한 외교적 안목이 있었음을 보여준다.

건의하기 위해 내세운 명분은 궁궐이나 능묘, 성곽의 수리['蒸土築城'], 수재로 인해 파괴된 민가의 복구를 통해 궁실과 성곽을 장엄히 하여 왕실의 권위와 위엄을 내세워야 한다는 것이다. 그런데 그의 숨은 의도는 대토목 공사를 벌여 백제의 재정을 고갈시키고 민력을 피폐케 하여 혼란에 빠지게 한 다음에 고구려가 용이하게 백제를 공격할 수 있도록 하는 데에 있었다. 이에 개로왕은 도림의 건의를 받아들여 대대적인 토목공사를 추진하였다.

먼저 백성들을 징발하여 흙을 쪄서 단단하게 성을 쌓았는데[蒸土築城][55] 당시 도성인 풍납토성을 대대적으로 증수한 것으로 보인다. 이어 개로왕은 도성 안에 있는 왕궁과 그 부속시설인 궁궐 · 누각 · 대사臺榭를 장려하게 만들었다. 그리고 한강의 수재로 인해[56] 유골이 드러날 정도로 크게 훼손된 선왕의 능묘를 대대적으로 수리하였다. 이를 위해 욱리하郁里河(한강)에서 큰 돌을 캐다가 곽을 만들어 부왕의 뼈를 묻어 개장하였다고 한다. 이때 개장한 부왕의 무덤이 석실분인지 또는 적석총인지는 여부는 분명치 않다. 또한 개로왕은 한강을 따라 제방을 축조하여 한강의 범람을 방지하려 하였다. 한강변의 제방은 숭산崇山(하남 검단산)과 사성蛇城(서울 삼성동토성)에 이르는 지역[57]에 걸친 대규모 사업으로서 여기에 많은 백성들이 징발되었

55) '증토축성(蒸土築城)'한 성은 백제의 왕성인 서울 풍납토성을 말한다. 『진서(晉書)』권130 혁련발발전(赫連勃勃傳)에 "阿利性尤工巧 然殘忍刻暴 乃蒸土築城 錐入一寸 卽殺作者 而并築之"라고 한 기사가 참고가 된다. '증토축성(蒸土築城)'에 대한 고고학적 연구로는 愛宕元, 1991. 『中國の城郭都市』, 中公新書1014, 97-100쪽과 門田誠一, 2002. 「『三國史記』百濟本紀所在の築城用語に對する釋義 -「蒸土」をめぐつて-」, 『鷹陵史學』 28, 155쪽을 참고할 것.

56) 박성희, 2008, 「백제 개로왕대 제방 축조와 기후 변동」, 『한강고고』 2, 138-143쪽.

57) 이도학, 1995, 『백제고대국가연구』, 일지사, 280-285쪽;

다. 한강변의 치수와 대토목공사를 통해 강력한 왕권의 힘을 과시하려 하였다.[58] 이러한 대토목공사는 대규모로 진행되었고 그 과정에 많은 노동력과 비용이 소요되었다. 이는 왕권의 전제화에 대한 지나친 자신감 내지는 무모함에서 나온 시책[59]으로 여겨진다.

다음으로 개로왕 집권 후반기에 주목할 만한 조치는 지방통치조직을 개편하는 일이다. 이와 관련하여 "처음으로 나라의 강역을 나누고, 그 땅에서 나는 산물을 모두 기록하였다"는 『일본서기』 인덕기 기사[60]가 참고가 된다. 인덕기 41년은 2주갑을 내려서 기년을 조정하면 개로왕 19년(473)에 해당한다.[61] 여기서 '국國'과 '군郡'은 8세기 일본에서 존재한 행정 단위를 표현하였기 때문에 기사 그대로 믿기에는 한계가 있다. 다만 인덕기 41년 기사

58) 대규모 역사를 전제권력의 과시와 관련시킨 다음의 기사를 들 수 있다. "임금이란 백성들이 우러러 보는 바로서 궁전이 장엄하고 화려하지 않으면 무엇으로 위엄을 보이겠는가" 〈『삼국사기』 열전49, 창조리(倉助利)〉

59) 김수태, 2000, 앞의 논문, 238쪽.

60) "始分國郡疆場 俱錄鄕土所出" 〈『일본서기』 권11 인덕기 41년 춘3월〉

61) 이 기사를 근초고왕 8년이나(노중국, 앞의 책(1988), 110-111쪽) 또는 개로왕대의 사실로 보는 견해가 있다(김영심, 1990, 「5~6세기 백제의 지방통치체제」, 『한국사론』, 73-90쪽; 김기섭, 1997, 「백제 한성시대 통치체제연구」, 한국정신문화연구원 한국학대학원박사학위논문, 201쪽; 문안식, 2005, 「개로왕의 왕권 강화와 국정운영의 변화에 대하여」, 『사학연구』78, 57쪽). 개로왕대에 지방통치조직을 어떻게 개편하였는지에 대해서는 알 수는 없다. 이와 관련하여 필자와는 다른 견해지만 개로왕대 왕 · 후제 실시를 지방통치조직의 개편과 관련시켜 보는 견해가 있다. 즉 왕 · 후호제가 지방지배와 관련이 있다는 전제하에 담로제와는 별개로 보는 견해(坂元義種, 앞의 책, 99-102쪽)와 무령왕대의 담로제 실시와 관련시켜 보는 견해(김영심, 1997. 「백제 지방통치체제 연구 -5~7세기를 중심으로-」, 서울대박사학위논문, 109-110쪽), 그리고 왕 · 후제에서 담로제로 계기적으로 변화했다는 견해(정재윤, 1992, 「웅진 · 사비시대 백제의 지방통치체제」, 『한국상고사학보』 10, 507-514쪽) 등 세부적인 면에서 입장의 차이가 있다.

는 사실 그대로가 아닐지라도 개로왕대에 백제의 지방통치 조직이 어떤 형태로든지 개편된 사실을 시사해 주는 것이 아닐까 한다. 그렇다면 개로왕은 지방통치조직을 체계화하여 각 지역의 소출을 일률적으로 파악하고 실정에 맞게 일정한 기준을 마련하여 편호민들의 수취부담을 합리적으로 하려는 의도를 가진 것으로 볼 수 있다. 이를 통해 중앙의 귀족세력과 지방의 토호세력에 의한 자의적인 수탈을 억제하고 편호민의 성장을 촉진시키려 한 것이다.

또한 개로왕이 지금까지 추진한 왕권의 전제화를 이념적으로 뒷받침해 주기 위해 불교를 적극 장려하였다. 개로왕이 도림과 같은 승려를 '상객上客'으로 대우할 정도로 신임하였다는 점에서 이러한 추측이 가능하다. 동명묘 제사와 제천행사는 국가의 이데올로기 정비와 함께 왕권 및 사회 통합력을 강화하기 위한 것이었다. 백제 왕실의 중요한 대제전인 동명묘 제사와 제천행사가 전지왕 2년(406) 이후 한동안 나타나지 않고 있다는 점이 주목된다. 따라서 개로왕은 이를 대체할 수 있는 불교를 이념적 기반으로 삼아 왕권의 전제화 수단으로 활용하였을 것으로 추측된다.[62]

그런데 이 과정에서 개로왕의 무리한 체제 개혁에 불만을 품고 반발하는 귀족세력들이 대두하였다. 고구려에 망명한 고이만년과 재증걸루가 그러한 부류에 속하는 세력이었다. 그들은 475년 한성 공격때 백제 내부의 사정을 고구려에 전하고 또한 백제 공격에 선봉에 나서 개로왕을 사로잡아 죽이는데 앞장을 서기도 하였다.

62) 문동석, 2006, 「백제 전지왕 · 개로왕대 왕족의 대두와 왕권강화」, 『경희사학』 24, 226-227쪽.

한편 475년 도림이 고구려로 도망치고 곧이어 고구려의 한성 침공이 시작되자 개로왕은 뒤늦게 후회하며 동생 문주에게, "내가 어리석고 밝지 못하여 간사한 사람의 말을 믿고 썼다가 이 지경에 이르렀다. 백성은 쇠잔하고 군사는 약하니 비록 위태로운 일이 있다고 하다더라도 누가 기꺼이 나를 위하여 힘써 싸우겠는가? 지금 고구려 군대를 막기가 어렵다. 나는 마땅히 적과 싸우다가 죽어야겠지만, 너는 우선 난리를 피하였다가, 다시 백제를 일으켜 주길 바란다." 라고 하였다. 이에 문주는 몇몇 신하들과 함께 남쪽으로 도망을 갔다. 하지만, 개로왕은 수도를 함락시킨 고구려군에게 붙잡혀 아단성 아래로 끌려가 죽임을 당하고 말았다. 그뿐만 아니라 대후, 왕자 등이 모두 고구려군에게 사로잡혀 몰살당하고 말았다. 왕제 문주가 신라로 가서 구원병 1만을 데려왔지만 소용이 없었다. 백제는 이때 한강하류 유역을 완전히 상실하고, 부득이 수도를 웅진으로 옮기게 되었다.

V. 맺음말 - 개로왕 업적에 대한 평가 -

개로왕은 21년이란 그리 짧지않은 기간 동안 재위하였지만 그 시간의 길이에 비해 행적에 대한 남은 기록은 적은 편이다. 따라서 단편적인 기사를 토대로 개로왕이 추진한 업적에 대해 시기 구분을 하고 긍정적이거나 또는 부정적인 평가를 내리고 있다. 종전에는 개로왕이 475년 고구려에게 왕도 한성을 빼앗기고 자신의 목숨마저 잃어 일시적으로 국가 패망의 위기를 초래한 장본인이란 점에 주목한 부정적인 평가가 단연 지배적이었다. 그렇지만 당시 개로왕대에 처해진 대내외적 상황과 그가 역점을 두어 추진했던 여러 시책에 대한 진정한 의도와 성과 등을 놓고 보면 업적에 대한 재평가의 여지는 충분히 있다고 생각된다. 즉 개로왕이 중국식 관작의 도입과 활용, 왕족 중심의 지배체제 확립, 고구려에 대한 선제공격, 다변화된 외교활동의 전개, 왕권의 전제화를 상징적으로 과시해 주는 대규모 치수대토목공사의 실시, 그리고 지방통치체제의 정비 등을 통해 폭군의 이미지보다는 개혁적인 군주로서의 면모를 여실히 보여준다고 하겠다. 이런 측면에서 개로왕을 475년 한성전투에서의 패사라는 측면에서의 부정적인 평가보다는 정치 개혁을 통해 왕권을 강화하고 다변화된 외교활동 등으로 고구려를 견제한 개혁적인 군주로 재평가하려는 학계 일각의 움직임도 있다.

그러면 개로왕이 이루어 놓은 개별적인 업적들을 시기별로 검토하고 그 성과와 한계를 파악하여 개로왕 업적에 대한 평가에 가늠해 보기로 한다.

개로왕 집권 1기는 즉위 초의 왕위계승 분쟁을 수습하고 왕권의 지배기반을 넓히기 위해 왕족 중심의 왕권 강화책을 추진해 나간 시기라 할 수 있다. 개로왕이 즉위 후 시급히 해결해야 할 당면과제는 그동안 쇠미해진 왕권을 바로 세우는 일이었다. 침류왕 이후 백제 왕권은 유력한 실권귀족인 진씨세력과 해씨세력이 왕비족이 되어 귀족연합체제 운영해 나가면서 실권 장악과 빈번한 왕위계승문제로 인해 쇠미해진 상태였다. 왕권 안정의 버팀목으로 설치된 상좌평제가 의도와는 달리 실권귀족들의 이해를 담보하는 방향으로 잘못 운영되어 왔다. 개로왕 자신도 즉위과정에서 유력한 실권귀족의 발호에 따른 여러 폐단과 쇠약해진 왕권의 위상을 몸소 체득한 바 있었다.

따라서 개로왕이 먼저 시급히 해야 할 과제는 유력한 실권귀족들의 과도한 권력 행사를 제어하는 일이었다. 이런 취지에서 나온 첫 내정 개혁 조치가 지배세력의 개편이었다. 그 목표는 유력한 실권귀족인 진씨와 해씨세력을 배제시켜 쇠미해진 왕권을 바로 세우는 일이었다. 이것이 458년 인사조치에 반영되었다. 개로왕 즉위에 공로가 많은 왕족과 이성귀족들에게 새로운 임면 방식인 사가제를 활용한 것이다. 사가제는 중국식 장군호에다가 왕·후호를 가미한 작호로서 이를 백제식으로 실정에 맞게 개편한 제도이다. 그의 측근세력에게 명예도 보장해 주고 또 왕권을 중심으로 지배세력 내의 위상을 나타내주는 일석이조의 효과를 가진 전혀 새로운 인사 방식이었다. 이 방식이 적용되면서 실권귀족인 진씨와 해씨세력이 배제되었다. 그 의도는 왕족 중심의 세력 개편이었고 그 지향점은 왕권 중심의 정치 운영이었다. 이 제도는 기존의 상좌평제를 보완하는 역할을 하였지만 관료제로 지향하기에는 한계가 있었다.

458년의 인사조치에 따라 지배세력 내에서의 왕족의 위상과 역할이 높아졌다. 그러나 왕족이 초고왕계와 고이왕계 등으로 분립되어 있는 상태에서 왕족들간의 분열과 대립이 예상되기 때문에 개로왕은 왕족들간의 계파를 초월한 결속과 단합을 도모하였다. 반면 실권귀족인 진씨와 해씨세력이 권력의 중추에서 배제됨에 따라 기존의 왕비족 운영에 변화가 초래하게 되었다. 이로서 개로왕이 정국운영의 주도권을 쥐고 왕권강화를 추진해 나갈 수 있는 토대를 마련하게 된 것이다. 이런 배경에서 개로왕은 스스로 대왕이라 자처하고 그 신료들을 왕 · 후로 분봉하여 왕권의 위상을 확보하는 계기가 되었다. 이처럼 개로왕은 해결해야 할 당면과제를 잘 숙지하고 있었으며, 폭넓은 통찰력과 용의주도한 대책 마련으로 즉위초의 시련과 위기를 잘 극복해 나갈 수 있었던 것으로 평가된다.

집권 2기는 1기의 개로왕이 고구려의 동향을 적시하여 전쟁과 외교의 화전양면책을 구사하면서 기민하고 용의주도하게 대외관계를 대처해 나가는 시기라 할 수 있다. 개로왕은 재위 기간 455년 전투, 469년 전투, 그리고 475년 전투에서 보는 바와 같이 이전과는 달리 대고구려 강경노선을 유지하였다. 그 중 469년 대고구려 전투는 선제공격의 양상을 보여 종전의 수세적인 것과는 달랐다. 해씨세력이 권력을 장악하면서 진씨와는 달리 대고구려 유화정책을 추진했던 것과는 다른 양상을 보인다. 개로왕이 집권 1기에 이루어놓은 왕권 강화의 기반 구축을 토대로 과거 근초고왕대의 영광을 회복하려는 의지와 염원이 반영된 것으로 이해된다.

또한 고구려의 군사적 압력에 대처하기 위해 전쟁 수단과 함께 다각적인 외교책을 모색한 점이 주목된다. 5~6세기는 동아시아 각국이 몇 개의 세력권을 형성하여 국내의 정치세력과 연동되면서 대외관계를 형성해 나가는 새로운 국면이 전개된 시기였다. 개로왕은 이러한 추세를 깊이 통찰하고 마련한 대고구려 견제책이 바로 반고구려 연합세력을 구축하는 문제였다. 433년 제 · 라동맹을 기본 축으로 하여 신라와 동맹관계를 맺고 고구려의 남진에 공동 대처하였고, 왕제 곤지를 일본 가와치[河內]에 파견하여 일본 열도내의 백제계 이주민들을 조직화하고 배후 기지로서의 역할을 수행케 하였다. 그리고 중국 남조인 송과 긴밀하게 외교 관계를 통해 고구려를 견제하면서 국가 발전에 필요한 선진문물을 수용하였다. 이로서 개로왕이 구상한 신라-가야-왜-남조를 연결하는 반고구려 연합전선이 결성되는 외교적 성과를 보였다. 특히 개로왕이 455년 고구려의 공격에 대응하여 신라의 군사적 지원을 처음으로 이끌어낸 것은 백제 외교의 큰 성과로서 평가된다.

개로왕 집권 3기에 주목되는 일은 472년 개로왕은 돌연 북위에 국서를 보내 고구려 정벌을 요청한 사건이다. 이는 남조 중심의 대중관계를 유지하고 있었던 백제가 462년 이후 고구려와 긴밀한 외교교섭을 맺고 있던 북위에 대해 벌인 매우 이례적인 외교행각이었다. 이 교섭은 엄청난 후폭풍을 초래하여 475년 고구려의 한성 공격의 빌미를 제공한 일대사건이 되었다.

또한 지방통치조직의 개편과 불교이념의 장려 등 내정 개혁이 장기간에 걸쳐 이루어지는 양상이 계속되었다. 472년 북위에의 청병으로 긴박해진 고구려가 백제를 응징할 준비태세를 갖추는 동안 고구려의 간첩 도림의 꾐에 빠진 개로왕이 치수대토목공사를 대규모로 시행하면서 백제의 경제는 피폐해지는 등 파탄과 재앙에 직면하였다. 결국 475년 고구려의 불시 한성 공격으로 개로왕은 패사하고 한성시대의 막을 내리게 되었다. 이로서 그동안 지속되어 온 왕권 강화를 지향해 온 개로왕의 내정 개혁의 성과가 무위로 돌아가는 순간이었다.

그러면 이 시기 개로왕이 추진한 여러 시책의 성과를 검토해 보자. 왕궁과 그 부속 시설인 궁궐·누각·대사臺榭를 장려하게 짓는 일이나 선왕의 무덤을 새로 조영한 일, '증토축성'하는 방법으로 도성을 축조한 일, 그리고 불교를 장려한 일 등은 모두 외형상으로 실추된 왕권의 회복 차원에서 왕권 전제화의 표징으로 이해된다.[63] 그렇지만 지방통치조직의 정비나 '편호소민'에 나타난 호등제 실시, 그리고 한강변의 제방 축조는 민생과 관련이 있는 시책이다. 지방통치조직의 정비는 중앙의 귀족세력과 지방의 토호세력에 의한 자의적인 수탈을 억제하고 편호민의 성장을 촉진시키려는 것이다. 그리고 한강변에 대한 치수사업은 도성의 도시계획 차원 뿐 아니라 도성 안에 거주하고 있는 왕실과 귀족들, 그리고 일반 백성들의 생명과 재산을 보호하기 위한 시급한 과제였을 것이다. 또한 개로왕은 도미부인 이야기 등을 통해 다소 폭군의 이미지를 보여주기는 하지만[64] 패망기의 군주들이 흔히 그렇듯이 무능하고 사치를 일삼으며 귀족들이 무모한 정쟁을 일삼았던 사례와는 다른 모습을 보이기 때문에 그의 업적에 대한 진정한 의도를 분명 재평가해야 필요성이 제기된다.

---

63) 이도학, 1985, 앞의 논문, 6-7쪽; 노중국, 1988, 앞의 책, 145쪽; 문동석, 앞의 논문, 224쪽.
64) 양기석, 1986, 「『삼국사기』 도미열전 소고」, 『이원순교수화갑기념사학논총』, 3-19쪽; 2009, 「도미 설화의 역사성」, 『위례문화』 11-12합, 241-254쪽.

그러나 개로왕 집권 3기 말기에 실시된 대규모의 치수 대토목공사는 오히려 역기능 차원에서 왕권의 쇠약과 개로왕의 실정으로 이어졌다는 점에 보다 유의할 필요가 있다. 치수대토목공사가 개로왕의 왕권 확립기에 계획적으로 이루어진 것이 아니라 집권 후반기에 고구려의 첩자 도림의 건의에 의해 단기간에 집중적으로 이루어진 점, 그리고 그것이 바로 고구려의 공격과 개로왕의 패사로 이어진 점 등에서 개로왕의 실정과 관련 있는 것으로 이해된다. 장기간의 개혁 추진에서 오는 피로도를 고려해 볼 때 오히려 성과보다는 역기능을 초래할 위험성도 내포하는 것이다. 그리고 472년 북위와의 교섭 성과에 급급한 나머지 성급하게 교섭을 단절한 것은 백제 외교의 큰 실수로 판단된다. 북위가 당시 고구려에 기울어져 있다 하더라도 고구려를 견제하는 수단으로 활용할 가치는 여전히 남아 있었기 때문이다. 또한 개로왕이 그동안 구축해 놓은 반고구려 연합전선 결성으로 얻어진 일정한 외교적 성과에 도취되어 472년 직후 고구려에 대한 동향 파악에 소홀히 한 결과 패사를 자초한 책임을 면키 어렵다. 이는 개로왕의 왕권 전제화에 대한 지나친 교만과 자만에서 비롯된 것이었다.

개로왕에 의한 강력한 왕권의 확립은 백제 정치사의 오랜 숙원 과제지만 무리한 왕권 강화는 그 뒷면에 귀족들의 반발이라는 어두운 그림자를 가져오게 하였다. 게다가 개로왕은 백성들의 아내를 빼앗으려는 군주로서의 도덕성 결여, 잦은 부역 동원 등으로 도미부부와 같은 편호소민編戶小民인 자영농민의 몰락을 촉진시켜 급기야 개로왕의 죽음을 초래하였고, 나아가 국가의 패망 위기에까지 몰리게 된 것이다. 이런 면에서 개로왕의 업적은 미완의 개혁으로 평가할 수 있다.

그렇지만 개로왕이 추진한 일련의 개혁정치는 결코 무의미한 일이 아니었다. 개로왕의 패사로 백제사에서 일단 한성시대의 종막을 고하게 되었지만 그 성과가 다음에 이어지는 웅진시대와 사비시대에 걸쳐 일정한 영향을 준 것만은 틀림이 없다. 개로왕대는 백제 한성기의 마지막으로서 웅진기로 넘어가는데 하나의 계기를 만든 시기이다. 웅진 천도를 계기로 하여 백제의 왕위 계승이 개로왕에서 문주왕계를 거쳐 곤지계昆支系로 옮겨지면서 사비기 왕실 계보의 연원을 이루게 된다. 또한 금강유역에 기반을 둔 사씨沙氏·연씨燕氏·백씨苩氏 등 신진세력들이 중앙 정계에 진출하면서 한성에서 내려온 구귀족 진씨眞氏·해씨解氏·목씨木氏 등과 함께 대성귀족으로 성장하는 이른바 '금강시대'를 연 것이다. 개로왕이 대고구려 강경노선을 지향하여 예성강 이북 고토를 수복하려는 의지는 근초고왕대의 영광을 찾으려 한 북진정책의 일환이었는데 후에 무령왕과 성왕·무왕대의 한강유역 수복이라는 염원을 낳게 한 것이다. 그리고 중국식 관제의 수용과 지방통치 조직의 정비는 후에 성왕과 무왕대 관제개혁에서 그 성과가 반영되었다. 이와같이 개로왕대의 새로운 도전과 개혁은 후에 웅진·사비시대 개혁의 밑거름이 된 것이다.

주제발표 1

백제 개로왕대의 대외관계

김 수 태 충남대학교

Ⅰ. 머리말

필자는 2000년대에 들어와서 「백제 개로왕대의 대고구려전」을 쓴 적이 있다.[1] 한성시대의 백제사에 다시 도전해본 것이었다. 개로왕대의 새로운 이해를 위해서 시기구분을 먼저 시도해 보았다. 21년이라는 개로왕의 재위 기간을 정치적으로 보면 13년(467)이, 외교적으로는 15년(469)이 하나의 분기점임을 알아보았다. 개로왕 15년에 들어오면 그동안 수세에 몰려 있었던 백제가 고구려에 대한 선제공격을 단행하고 있기 때문이다.

이와 함께 개로왕대의 변화가 어떠한 요인에서 일어나게 되었는가를 파악해보려고 하였다. 현재 개로왕대의 국가발전단계에 대해서는 논란이 있지만, 개로왕대 백제가 중앙집권적 귀족정치에서 전제정치로 나아가는 정치적 변화가 커다란 영향을 주었음을 지적하였다. 그리고 대북위 외교 등과 같이 당시 동아시아의 국제관계를 새롭게 변화시키려고 한 백제의 외교적 노력이 또 다른 중요한 요인으로 작용하였음을 살펴보았다. 이를 통해

1) 김수태, 2000, 「백제 개로왕대의 대고구려전」, 『백제사상의 전쟁』, 서경문화사.

서 한국고대사에서 외교와 전쟁이 어떻게 서로 맞물리면서 전개되었는가를 확인해볼 수 있었다.

2011년에서야 필자는 개로왕대의 대외관계에 대해서 다시 관심을 가져볼 수 있었다. 그것이 바로 「5세기 후반 백제의 대왜 관계와 남조」이다.[2] 노중국 선생 등과 함께 충남대학교에서 『일본서기』 윤독회를 계속하였는데, 그 공부를 바탕으로 한성시대 및 웅진시대 백제의 대왜 관계에 접근해본 것이었다. 「웅진시대의 대남조 외교」에서[3] 백제의 대외 관계를 살피면서 중국이라는 요소에만 머문 소박했던 관점을 조금은 극복할 수 있는 계기가 되었다. 그 결과 백제와 남조와 왜의 대외관계가 서로 맞물려서 어떻게 유기적으로 작용하였는가를 깨닫게 되었다. 그러나 고구려와 왜로까지는 그러한 관점을 더욱 확대시켜 보지 못한 부족함은 여전히 남아 있다.

이러한 가운데 백제 개로왕의 대외관계를 새로운 관점에서 종합적으로 정리한 글이 나왔다. 노중국의 『백제의 대외교섭과 교류』(2012)를 통해서이다. 이 책은 여러 가지 측면에서 백제의 외교사연구가 가지고 있던 기존의 문제점들을 극복하는 모습을 보여주고 있다. 최근까지 계속적으로 나오는 백제의 외교사 논문들을 살펴보면 아직도 혼란스러운 모습을 보여주고 있기 때문이다. 무엇보다도 연구자가 외교사를 왜, 어떻게 해야 하는가에 대한 고민이 부족한 것이 아닌가 싶은 느낌을 주곤 한다. 관계의 현상이나 내용을 다루는 것에서도 그러하지만, 그것이 가지는 역사적 의미를 다양하게 추구하지 못하고 있다는 점에서 아쉬움을 준다. 여러 형태의 접촉이나

2) 김수태, 2011, 「5세기 후반 백제의 대왜 관계와 백제」, 『백제학보』 6.
3) 김수태, 2008, 「웅진시대의 대남조 외교」, 『백제문화해외조사보고서』 6.

교섭 등까지 국가와 국가 사이에 이루어진 외교로 모두 동일하게 파악할 수 없다는 점도 들 수 있을 것이다. 이러한 까닭에 『백제의 대외교섭과 교류』는 아마도 한국고대사, 특히 백제의 외교사연구가 현 단계에서 보여줄 수 있는 가장 높은 수준이 아닐까 생각한다.

『백제의 대외교섭과 교류』에서 개로왕대의 대외관계를 설명할 때 가장 주목되는 부분은 백제의 대북위 외교 부분이라고 할 수 있다. 웅진시대 백제의 대북위 외교를 살핀 노중국은 개로왕이 북위에 보낸 국서에 대해서 새롭게 검토하였던 것이다. 한성시대 백제의 대북위 외교는 기존의 연구에서 설명되었던 것처럼 단 한 차례가 아니라, 여러 차례라고 분석한다. 그리고 백제의 대고구려 및 대왜 관계, 그리고 대물길 관계에 대해서도 새로운 설명을 덧붙여주고 있다. 이러한 새로운 해석들에 대한 본격적인 검토가 이제는 필요하지 않을까 하는 생각을 가지게 되었다.

한편 2015년에는 홍성화, 「4세기 말~5세기 초 백제와 왜의 관계」와 정재윤, 「5세기 백제계 도왜인 -곤지계를 중심으로」가 나왔는데, 개로왕대를 전후한 시기 백제의 대왜 관계를 새롭게 정리한 글들이라고 할 수 있다.[4] 그러나 왜의 대외관계를 다루는 기존의 연구에서 드러나는 한계를 어느 정도로 제대로 해결하였는가에 대해서는 여전히 의문이 든다. 왜의 사정을 구체적으로 이해하려는 노력은 나름대로 의미가 있겠지만,[5] 보다 바람직한 접근이란 백제의 외교사를 주체적으로 인식하는 가운데 이루어질 것이라

4) 홍성화 외, 2015, 『한국사 속의 백제와 왜』(백제학 연구총서 쟁점 백제사 6, 한성백제박물관)에 모두 실려 있다.

5) 주보돈, 2005, 「5세기 고구려 · 신라와 왜의 관계」, 『왜 5왕 문제와 한일관계』, 경인문화사.

는 점에서이다. 백제가 외교관계를 맺은 중국이나, 왜 등을 다룰 경우 더욱 그러해야 할 것이다. 간혹 백제사, 더 나아가 한국사의 관점에서 그러한 시도를 한 연구들을 찾아볼 수 있기는 하다.[6] 그러나 그러한 노력은 더욱 의식적으로 기울여져야 할 것이며, 그때 백제사의 올바른 이해가 가능해질 것이다.

이 글에서는 필자의 글을 중심으로 개로왕대의 대외관계에 대한 최근의 연구를 검토하는 방식으로 나아가고자 한다. 즉 개로왕대의 대외관계에서 드러내는 논쟁점을 부각시켜보고자 한다. 이를 위해서 개로왕대 백제가 맺은 개별국가와의 외교관계를 시간 축을 따라서 구체적인 분석을 진행시켜 살펴볼 것이다. 이때 개로왕대 백제의 대외관계가 보다 풍부하게 설명될 수 있게 되기를 바란다.

---

6) 양기석, 「5세기 백제와 왜의 관계」, 『왜 5왕 문제와 한일관계』, 경인문화사를 들 수 있을 것이다.

Ⅱ. 백제와 고구려의 공방

개로왕대 백제의 대외관계를 이해하는데 가장 중요한 요소는 고구려와의 관계라고 할 수 있다.

A-① 고구려가 백제를 침범하자 왕이 군사를 보내어 구원하였다.
〈『삼국사기』 권3 눌지왕 39년 10월〉
② 장수를 보내어 고구려의 남쪽 변경을 침범하였다.
〈『삼국사기』 권25 개로왕 15년 8월〉

A-①의 기록은 『삼국사기』 백제본기가 아니라 신라본기에서만 찾아볼 수 있다. 고구려가 비유왕이 죽고 개로왕이 즉위한 바로 다음 달인 455년 10월에 백제를 공격했다는 것이다.[7] 이와 달리 개로왕 14년까지 일식기사

7) 여기에 대해 여호규는 종합토론에서 신라본기에만 나온다는 점에서 사료의 신빙성 문제를 제기하였다. 그러나 이에 대해서 양기석은 개로왕 13년까지의 기사가 공백인 점을 고려해야 할 것이라는 입장을 제기해주었다. 그렇다면 일단 기존의 연구처럼 받아들여 검토해야

를 제외하면 거의 기록을 전해주고 있지 않는 백제본기에서는 469년에 들어와서 백제가 고구려를 공격한 A-②의 사실을 가장 먼저 전해주고 있다. 개로왕대 백제의 대고구려 관계가 그만큼 중요한 사건이었음을 알려주는 것이라고 할 수 있다.[8] 그리고 누구나 잘 알고 있듯이 475년에는 고구려가 다시 백제를 공격함으로써 한성시대 백제가 막을 내리게 되었다. 즉 개로왕대는 고구려와의 전쟁으로 시작해서, 전쟁으로 끝이 나고 말았던 것이다. 이것은 개로왕대의 대고구려전이 당시 백제의 대외관계에 결정적인 영향을 미쳤을 것임을 의미한다.

필자는 「백제의 대고구려전」에서 비유왕대 이후 백제와 고구려의 관계를 언급한 바가 있다.[9] 이때 개로왕이 북위에 보낸 국서에서 언급된 아래의 내용을 그대로 받아들이지 않았다.

> B- 풍씨의 운수가 다하고 그 남은 무리가 도망해온 이래로 추한 무리(고구려)가 점차 성해져서 드디어 백제를 업신여기고 핍박하였다. 원한을 맺고 화를 연속한 것이 30여년 백제는 재물이 다하고 힘이 다하여 점차 저절로 쇠약해졌다. 〈『삼국사기』 권25 개로왕 18년〉

할 것으로 생각한다.

8) 이 기사에 대해서도 여호규는 웅진시대 백제의 한성 회복 기사와 관련해서 사료의 신빙성 여부를 제기한다(「5세기 후반~6세기 중엽 고구려와 백제의 국경변천」, 『백제문화』 48, 134쪽). 그러나 그와 같이 파악할 수 있을는지 역시 의문이다. 백제의 예성강 진출 여부는 또 다른 각도에서 검토할 문제로 생각한다. 육로만이 아니라 해로 또한 백제의 공격로로 상정할 수 있다는 점에서이다(김수태, 2006, 「백제 성왕대의 변경」, 『백제연구』 44를 참고할 것).

9) 김수태, 2000, 「백제의 대고구려전」, 223-224쪽.

북연의 풍씨정권이 고구려로 넘어간 436년 이래 고구려가 백제를 30여 년 동안 계속적으로 업신여기고 핍박했다는 개로왕의 언급을 따르지 않았던 것이다. 『삼국사기』 백제본기에서 비유왕대에 백제와 고구려의 충돌을 찾아볼 수 없다는 점에서였다. 이에 백제와 고구려의 대립은 개로왕대에 들어와서야 본격적으로 확인할 수 있다고 이해하였다. 그리고 이후 백제가 고구려를 공격하는 469년에 이르기까지 백제와 고구려는 별다른 충돌을 보여주고 있지 않다고 설명하였다.

그러나 노중국은 개로왕이 북위에 보낸 국서에 언급된 사실을 그대로 받아들이면서 다른 분석을 시도하였다.[10] 고구려가 427년에 평양으로 천도하면서 전제왕권을 수립하고, 435년에는 북위에 밀린 북연왕 풍홍의 망명을 받아들여 국제적인 위세를 높이게 되자 평양 천도 때문에 일시적으로 자제하였던 백제에 대한 압박을 재개하였다는 것이다. 백제의 형편은 고구려로부터 강력한 압박을 30여 년 동안 계속적으로 받음으로써, 재물과 힘이 다해지는 등 어려운 상황에 처하게 되었다는 것이다. 국서의 말이 그러한 사실을 반영해준다는 것이다.

노중국은 433년에 제라동맹이 맺어진 이후 백제와 고구려 사이에 벌어진 충돌을 보여주는 자료의 하나로 『송서』 왜전에 실려 있는 왜왕 무의 상표문을 또한 들고 있다.[11] 이 상표문에서 "고구려가 무도하여 집어삼키려고 변예邊隷를 초략하고 죽이기를 그치지 않았다."라고 한 기사에 주목하였다.

10) 노중국, 2012, 「고구려의 남진재개와 제라동맹의 결성」, 『백제의 대외교섭과 교류』, 지식산업사, 128-130쪽.

11) 노중국, 위의 논문, 130-131쪽.

이 변예를 백제로 파악한 다음, 이것은 백제와 고구려의 두 나라 사이에 군사적 충돌이 있었음을 보여주는 사료로써 이해하였던 것이다. 그리고 그 충돌 시기는 왜왕 무의 아버지인 제가 고구려를 공격하려고 한 사실과 연관시켜 그 재위기간인 442년 전후에서 462년 이전에 일어난 일로 보았다. 이 기간 동안 고구려가 번예로 표현된 백제를 초략하고 죽이는 것을 그치지 않았는데, 이는 제라동맹이 맺어진 이후 고구려의 백제에 대한 공격이 여러 차례 있었음을 말해준다는 것이다. 이제 여러 차례로까지 고구려의 백제공격을 구체적으로 언급하고 있다.

이것은 개로왕이 북위에 보낸 국서에서 언급된 경진년(440), 비유왕 14년에 주목한 결과이기도 하다.[12] 국서를 보낸 472년을 기준으로 국서에서 언급된 30여년이란 말을 역산해보면 440년이 된다는 것이다. 이를 고구려에 망명한 북연의 풍홍의 처리문제와 연관시켜서, 436년부터 440년까지 북위와 고구려 사이, 송과 고구려 사이에 갈등이 일어난 내용을 반영해주는 것으로 이해하였다.[13] 그리고 왜와의 우호관계를 유지하면서 433년에는 제라동맹을 맺은 백제가 440년에 송나라에 사신을 파견하고, 이와 동시에 북위와의 교섭을 새로이 시도하였다고 설명한다. 이제 비유왕대 백제의 대북위 교섭 가능성까지 새로이 상정하고 있다.

결국 이러한 비유왕의 외교정책이 고구려를 자극시켰다는 것이다. 이에 고구려는 북위가 백제와 연결되는 것을 사전에 차단하기 위해서 백제에 대

---

12) 노중국, 2012, 「전진과 북위 및 물길과의 관계」, 앞의 책, 164-165쪽.

13) 당시의 정세에 대한 설명으로는 노태돈, 1984, 「5~6세기 동아시아 국제정세와 고구려의 대외관계」; 1999, 『고구려사연구』, 209-304쪽이 참고가 된다.

한 압력을 강화하였으며, 이리하여 두 나라 사이의 긴장관계가 더욱 고조되었으며, 이후에도 지속되었다는 것이다. 여기에서는 고조된 긴장관계가 지속되고 있는 것으로 강조하고 있지만, 결국 그것은 고구려의 백제에 대한 여러 차례 공격으로 이어졌다는 것과 통하는 의미로 사용한 것이었다.

그러나 개로왕 즉위 이전이나 이후 고구려의 백제 침공을 여러 차례 기록으로 확인할 수 있을지는 의문이다. 여전히 그것은 가능성에 지나지 않기 때문이다. 노중국도 지적하고 있듯이,[14] 『삼국사기』에서는 전지왕 즉위 이후 430년까지 백제와 고구려 사이에 충돌기사가 없다는 점에서이다. 더욱이 제라동맹이 맺어진 이후 개로왕 즉위년 사이에도 고구려와 백제사이에 충돌기사가 없다는 점에서도 마찬가지이다. 또한 제라동맹을 맺음으로써 백제가 한반도 내에서 고구려와 어느 정도 세력균형을 이룰 수 있었다고 언급하고 있다는 점에서 더욱 그러하다.[15] 그와 같이 세력균형을 이루고 있는 상황에서 고구려가 백제를 여러 차례 공격할 수 있을지는 알 수 없다. 서로 모순되는 내용이라고 할 수 있는 것이다.

B에 기록되고 있는 개로왕의 언급에 대해서 어느 정도로까지 역사적 의미를 부여할 수 있는가의 문제가 있다. 30여년이란 표현에 지나치게 매달려 고구려와 백제의 충돌시기를 파악하려고 한 것이 아닐까 싶다. 더욱이 풍홍의 망명시기가 430년대 중반임을 고려한다면 오히려 그때부터 472년까지는 30년보다 40년에 가까운 기간으로 조금 차이가 나게 된다. 그렇다면 그것을 430년대 중반에서 더 뒤의 시기인 442년부터 462년까지로 확대

14) 노중국, 위의 논문, 164쪽.
15) 노중국, 2012, 「고구려의 남진재개와 제라동맹의 결성」, 129-130쪽.

시켜 고구려의 백제 공격을 굳이 상정할 필요는 없을 것으로 생각한다. 435년 이후 동아시아의 국제관계가 변화하면서 백제의 외교관계에 상당한 영향을 주었다는 정도로 이해해도 되지 않았을까 싶다. 그렇기 때문에 472년에 들어와서 백제가 북위의 협조를 구하게 되었다는 것이다.

국서에서 언급하는 "백제의 형편이 재물이 다하고 힘이 다하여 점차 저절로 쇠약해졌다"는 표현 역시 그대로 따르기 어렵지 않을까 싶다. 백제가 대북위 교섭을 시도한 472년의 사정은 그와 전혀 다른 것이었기 때문이다. 개로왕대 백제는 내부적으로는 국가적 성장과 함께, 대외적으로는 신라와, 왜와, 그리고 남조의 송과 밀접한 관계를 맺고서 북위와의 교섭을 시도하고 있는 시기였다. 당시 동아시아의 국제관계 속에서 자신의 지위를 크게 부각시키려고 노력하고 있던 중이었던 것이다. 백제본기가 잘 표현주고 있듯이 백제의 형편이 그렇게 된 것은 개로왕의 전제정치로 말미암아 472년이 아니라 475년에 이르러서 "창고가 비고 인민이 곤궁하니 나라의 위태로움이 알을 쌓아 놓음보다 더해졌던 것이다."[16] 따라서 이러한 표현 역시 백제가 고구려의 압박을 과장하면서 북위의 협조를 바란다는 의미에서의 외교적인 표현으로 이해해야 할 것으로 생각한다.

왜왕 무의 상표문에 대한 이해에서도 그러한 측면을 찾아볼 수 있다. 인용한 그 바로 앞에는 "가는 길이 백제를 거쳐야 하므로 큰 배를 준비하였는데"라는 말이 나오고 있다.[17] 백제를 변예와 구별하고 있는 것이다. 그러면 왜 백제라고 언급하다가 왜 변예로 고쳐서 표현했는가의 문제가 뒤따르게

---

16) 『삼국사기』 권25 백제본기 개로왕 21년.
17) 『송서』 왜전.

된다. 그렇다면 굳이 변예를 백제로 한정시켜서 고구려가 백제를 초략했다고 이해할 필요는 없을 것 같다.[18] 거기에서 언급되는 '해북海北 95개국'에도 백제를 포함시킬 수 없다는 점에서도 그러하다.[19]

무의 상표문은 다름 아니라 백제만이 아니라, 왜에 대한 고구려의 움직임을 비난하고 있는 글이라고 할 수 있다. 그가 아버지인 왜왕 제의 재위시절 고구려가 왜의 대송 외교를 방해한 사실을 언급하면서 고구려 공격까지를 외치고 있기 때문이다.[20] 이를 위해서 왜는 송나라의 외교적 협조를 바란다는 것이다. 당시 고구려와 왜의 관계를 정확하게 파악하기는 현재 여러 어려움이 따른다. 왜가 고구려 정토를 언급한 사실 역시 현실적인 것인지에 대해서도 논란이 있다.[21] 그렇다면 변예 관련 기사를 바탕으로 고구려의 백제 공격 시기를 파악할 수 있는 단서로 보기는 역시 어렵지 않을까 싶다.

더욱이 무의 상표문이 송나라에 보내진 시기가 478년이라는 점을 고려할 때 그것은 비유왕대 이후 개로왕 전반기에 행해진 고구려의 백제 공격보다는, 오히려 475년에 있었던 고구려의 한성공격을 지칭하고 있는 것으로 이해하는 것이 보다 바람직할 것으로 생각한다. 최근 지적되고 있듯이, 왜왕 무의 상표문과 백제의 대북위 국서 사이에 공통점이 찾아진다는 점에서도 그 시기를 더욱 소급시키기는 어려울 것이다.[22] 뿐만 아니라 이 상표

18) 서보경, 2006, 「5세기의 고구려와 왜국-송서 왜국전의 왜왕 무 상표문에 나타난 '고구려 정토' 문제를 중심으로-」, 『백제연구』 43, 14-16쪽.

19) 노중국, 2012, 「왜 오왕의 자칭호와 '도평해북'의 실체」, 앞의 책, 202-209쪽.

20) 『송서』 왜전.

21) 서보경, 앞의 논문, 11-14쪽에서는 부정적으로 보고 있다.

22) 정재윤, 앞의 논문, 106쪽.

문이 왜가 고구려의 한성함락 이후 변화된 국제관계 속에서 자신의 지위를 백제 보다 우위에 놓기 위한 외교정책에서 나온 외교적 문서라는 사실도 충분히 고려해야 할 것이다.[23] 다름 아니라 이전까지 고구려와 대립적이던 백제의 국제적 지위를 왜가 대신하거나, 이제는 그것을 이어 받겠다는 의사를 표현한 것이라고 볼 수 있기 때문이다.

당시 고구려를 둘러싸고 전개된 국제정세 또한 고구려가 백제공격을 단행하기에 적절하지 않았던 상황으로 여겨진다. 북위와 고구려 사이, 송과 고구려 사이에 충돌이 일어났던 440년 이후에 고구려와 백제의 긴장관계가 조성되었을 것이라는 사실을 강조되고 있다. 그렇다면 더더욱 고구려가 442년 전후에 백제를 공격할 수 있는 상황은 아니었을 것이다. 440년과 443년에 백제가 송나라에 사신을 계속해서 보내고 있기 때문이다.[24] 이때 고구려가 백제를 공격한다면 고구려와 송나라와의 외교관계를 다시 악화시킬 수도 있다는 점에서이다. 고구려가 왜의 대송외교를 차단하려고 한 시기가 분명하지는 않지만, 고구려가 왜의 대송 외교루트를 차단하려고 시도한 점은 이러한 이해에 도움을 주고 있다. 당시 고구려가 백제에 대해서 선택할 수 있는 현실적인 수단 역시 그 정도를 넘는 것이 아니었을 것이라는 점에서이다. 그럼에도 불구하고 왜왕 제는 443년에 송나라와 외교관계를 맺고 있다.[25]

---

23) 김수태, 2007, 「5세기 후반 백제의 대왜 관계와 왜」, 174-176쪽 및 이영식, 「4~6세기 백제와 왜의 교류사」, 『백제의 대외교섭』, 304-306쪽.

24) 『삼국사기』 권25 비유왕 14년 및 『송서』 권5 문제기 원가 2년 조.

25) 『송서』 왜전.

450년대에 들어와서도 그것은 마찬가지였다. 송나라를 중심으로 유연-토욕혼-고구려 등과의 결속이 이루어지고 있었던 것이다.[26] 백제 역시 450년에 송나라에 사신을 보내고 있는데,[27] 이것은 송나라 중심의 국제질서에 백제도 참여하고 있음을 보여주는 것으로 생각된다. 또한 443년에 이어 451년에도 계속적으로 사신을 보낸 왜도 포함되고 있음을 알려준다.[28] 더욱이 고구려는 439년을 마지막으로 북위와는 관계를 단절하고 이후 462년에 재개될 때까지 20여 년간은 송나라와만 외교관계를 맺었던 것도 고려해야 할 것이다.[29] 그러므로 460년대 초반까지 당시 동아시아 개별 국가들의 관계는 충돌 보다는 소강상태에 놓여 있었던 것으로 파악된다.

이러한 상황 속에서 고구려가 비유왕대인 442년 이후부터 개로왕 8년(462)까지 백제를 여러 차례 침공하였다고 보기는 어려울 것이다. 물론 고구려의 평양천도 이후 백제에 미친 고구려의 압박이 주는 부담은 만만치 않았을 것이다. 그러나 고구려로부터 압박 혹은 압력을 받고 있더라도 고구려가 직접적으로 군사공격을 감행한다는 것은 서로 다른 차원의, 상당한 차이가 있는 것이라고 말할 수 있기 때문이다. 따라서 『삼국사기』의 기록처럼 개로왕대 백제와 고구려의 공방은 455년, 469년, 475년에 일어났던 것으로 보아도 좋을 것이다.

---

26) 노태돈, 1995, 앞의 논문, 304-309쪽 및 김종완, 1995, 「중외간의 사행」, 『중국남북조사연구』, 일조각, 79-91쪽.

27) 『송서』 백제전.

28) 『송서』 왜전.

29) 노태돈, 앞의 논문, 21-39쪽과 김종완, 앞의 논문, 85-91쪽.

Ⅲ. 신라 및 왜와의 관계

1. 대신라 관계

고구려의 남진정책에 대한 백제의 반응은 비유왕대인 433년 백제와 신라의 동맹이라는 이른바 '제라동맹'의 형성으로 나타났다. 그러나 고구려는 이러한 새로운 변화에 대해서 곧바로 별다른 대응책을 보여주지 못하였던 것으로 보인다. 앞서 언급한 것처럼 440년대 이후부터, 450년대에 들어와서도 송나라를 중심으로 고구려까지 포함되는 대북위 연합전선이 형성되고 있었기 때문이다.

그런 가운데 신라와 고구려의 군사적인 충돌이 일어났다. 450년의 일이었다.

> 고구려의 변장邊將이 실직의 원야原野에 와서 사냥할 때 아슬라 성주인 삼직이 군사를 이끌고 기습하여 그를 살해하였다. 고구려왕이 노하여 사신을 보내어 말하기를 "내가 대왕과 화호를 닦아 매우 즐거워하는 바인데, 지금 군사를 내어 우리의 변장을 죽이니 무슨 까닭이냐"고 하면

서 군사를 일으켜 서변西邊을 침입하였다. 왕이 이 말을 듣고 공손히 사과하자 고구려인이 곧 물러갔다.

〈『삼국사기』 권3 눌지마립간 34년〉

고구려의 신라 공격이 아니라, 고구려의 장수가 신라 영내로 들어오자 신라가 고구려 장수를 기습적으로 공격한 것이다. 당시 신라가 고구려의 변장을 살해할 수 있었던 것은 제라동맹의 형성이 상당한 영향을 주었을 것이다. 이제 상황이 크게 달라진 것이다. 신라가 이전과 달리 백제와 마찬가지로 고구려와 군사적으로 대립할 수 있다는 것을 드러내준 것이다. 이러한 사건이 발생하자 고구려는 무력시위와 함께 신라와의 화호를 계속 강조하면서 기존의 관계를 유지할 것을 촉구하였던 듯하다. 이에 대해서 신라도 고구려에게 사과함으로써 양국의 군사적 충돌은 일단락되었다.

그러나 몇 년 뒤인 454년에 가서 고구려가 신라의 북변北邊을 침범하였다고 한다.[30] 고구려가 다시 신라를 공격한 이유에 대해서는 알 수 없다. 그러나 그 다음 해에 고구려가 백제를 공격한 사실에서 미루어볼 때 고구려가 제라동맹의 와해를 의도한 데에서 나온 것으로 볼 수 있을 것이다. 두 해에 걸쳐서 고구려가 연이어 제라동맹의 당사국인 신라와 백제 양국 모두를 공격하고 있기 때문이다. 제라동맹의 와해를 위한 고구려의 공격은 신라로부터 시작하여, 백제로 이어졌다. 이것은 고구려가 신라로 하여금 계속적으로 고구려의 영향권 아래에 놓아두는 한편, 백제로 하여금 신라와 분

30) 『삼국사기』 권3 신라본기 눌지마립간 38년.

리시키려는 의도에서 군사적인 공격을 단행한 것이었다.

특히 고구려의 백제 공격은 비유왕이 죽고, 개로왕이 즉위한 다음 달에 이루어졌다는 점에 주목해야 할 것이다.[31] 개로왕의 즉위가 정변을 통해서 이루어졌다는 점에서 고구려가 백제 내부의 불안정한 정치정세를 틈탄 것이었다. 그동안 백제에 대한 공격을 실제적으로 추진하지 못하던 고구려가 개로왕의 즉위라는 시점을 고려해서 백제공격을 단행한 것이다. 즉 제라동맹을 맺고 신라와 함께 대고구려 공동전선을 구축하고 있던 백제에 대한 고구려의 경고가 포함된 것으로 이해된다.

제라동맹의 와해를 시도한 고구려의 의도는 성공을 거두지 못하였다. 고구려의 대신라 및 대백제 공격이 계속적으로 이어지지 못하였기 때문이다. 제라동맹이 효과를 발휘하였던 것이다. 제라동맹은 고구려가 두 나라 가운데 한 나라를 공격하면 공격을 받지 않는 쪽에서 구원군을 파견한다고 하는 '공수共守'동맹의 성격을 가지고 있었기 때문이다.[32] 그것을 구체적으로 보여주는 것이 바로 A-① 사료이다. 고구려가 백제를 공격하자 신라는 백제에 구원병을 보내고 있는 것이다. 그것은 475년 고구려가 백제를 공격하여 한성을 함락시켰을 때 문주왕으로 하여금 신라의 구원병을 요청하게 한 개로왕의 언급 또한[33] 그것을 잘 알려주고 있다. 실제로 신라로 간 문주왕은 구원군 1만 명과 함께 백제의 한성으로 다시 돌아왔던 것이다.

이러한 제라동맹이 처음부터 공수동맹의 성격을 띠고 있었는지는 구체

---

31) 김수태, 2000, 「백제 개로왕대의 대고구려전」, 224쪽.
32) 노중국, 2012, 「고구려의 남진재개와 제라동맹의 결성」, 129-130쪽.
33) 『삼국사기』 권26 백제본기 문주왕 즉위조.

적으로 파악할 수 없다. 왜냐하면 454년 고구려의 신라에 대한 첫 공격이 나타났을 때 백제의 움직임을 전혀 찾아볼 수 없기 때문이다. 그러나 개로왕대인 455년 백제와 신라의 관계는 제라동맹이 공수동맹의 성격을 지니고 있음을 구체적으로 확인할 수 있게 해준다. 그것은 468년에 들어와서 고구려가 말갈과 함께 신라의 북변인 실직성을 공격하였을 때에도[34] 제라동맹이 기능하였기 때문이다. 이에 대해서 일반적으로 신라가 450년에 고구려의 변장을 살해한 데 대한 보복공격으로 생각해왔다. 그러나 그보다는 이 역시 454년과 마찬가지로 고구려가 제라동맹을 와해시키려는 의도에서 비롯된 것으로 보는 것이 타당할 듯하다.[35]

기존의 연구에 의하면 455년 고구려의 백제공격에 대한 신라의 구원병 파견은 신라와 고구려와의 관계를 확실하게 달라지게 만든 계기가 되었다고 한다.[36] 개로왕대 신라가 노골적으로 백제를 구원하는 단계에까지 이르렀다는 것이다. 그것은 이후 신라와 고구려의 관계변화를 통해서도 엿볼 수 있다. 그 시기에 대해서는 상당한 논란의 여지가 있지만,[37] 『일본서기』 웅략기 8년 기사에서 언급되고 있는 사건은 464년에 들어와서 신라의 대고구려 관계를 짐작하게 해주는 내용이라고 말할 수 있다. "고구려 장수가 휴가를 받아 귀국하던 길에 신라인 종자에게 너희 땅을 고구려 땅으로 만

---

34) 『삼국사기』 권3 신라본기 자비마립간 11년.

35) 김수태, 2000, 「백제의 대고구려전」, 224쪽.

36) 이하의 설명은 우선정, 2011, 「마립간시대의 대외관계」, 『신라 마립간 시대의 성립과 전개』, 경북대 박사학위논문, 155-158쪽을 참고할 것.

37) 장창은, 2014, 「4세기 후반~5세기 후반 고구려의 남진과 백제·신라의 대응」, 『고구려의 남방진출사』, 87-89쪽. 그러나 그렇게만 보기는 어려울 것 같다.

들어버리겠다는 점을 이야기했다. 이에 종자는 배가 아프다는 핑계를 대고 신라로 돌아와 전하였고, 신라는 464년에 신라 왕경에 주둔하던 백 여 명의 고구려 군을 몰살하였다."는 기사가 그것이다.

464년까지도 신라의 왕경에 고구려의 군대가 주둔하였는지의 여부가 남아 있다. 그러나 이것은 여전히 고구려 군대가 일부나마 상징적으로 신라의 영토 내에 잔존해 있었음을 알려주는 것이 아닌가 생각한다. 그렇다면 이 사건이 일어난 시기를 그대로 받아들여서 신라와 고구려의 관계변화를 생각해볼 필요가 있을 것이다. 이때 신라가 고구려 군대를 모두 죽였다는 사실은 제라동맹의 형성 이후 변화된 국제관계 속에서 고구려에 대항할 수 있다는 신라의 자신감을 드러내준 것으로 이해되고 있다.

그 결과 신라와 고구려의 관계는 파국으로 치닫게 되었으며, 그동안 형식적으로나마 유지되고 있던 외교관계는 깨어지고 말았다는 것이다. 이러한 까닭에 고구려가 신라를 대대적으로 침공할 계획을 세웠을지 모른다고까지 말한다. 그러나 그것까지는 분명하게 파악할 수는 없다. 그러나 그 4년 뒤인 468년에 고구려가 단독으로가 아니라 말갈과 연합하여 신라에 대한 침공을 단행하고 있다. 백제와 달리 고구려의 신라에 대한 연이은 공격이라고 할 수 있다.

이제 개로왕대 백제 역시 신라와 마찬가지로 제라동맹을 다시 작동하는 모습을 보여주게 된다.[38] 백제가 신라를 후원하는 군사작전을 전개하기에 이르렀던 것이다. A-②에 보이듯이 469년에 백제가 고구려의 남변南邊을

38) 이하의 설명은 김수태, 앞의 논문, 224-225쪽을 참고할 것.

침범한 것이었다. 이것은 개로왕 원년(455) 신라의 백제구원과는 다른 양상을 보여주고 있어 주목된다. 455년에는 신라가 백제로 구원병을 파견하였던 것과는 달리, 468년에 백제는 신라로 구원병을 파견하지 않았던 것이다. 바로 그 다음 해인 469년에 이르러서야 백제가 고구려에 대해서 직접적인, 선제공격을 단행하는 새로운 형태를 보여주었다는 점에서 커다란 차이를 보여주고 있다.

백제는 신라에 대한 직접적인 후원 보다는 고구려에 대한 공격을 단행함으로써 신라를 간접적으로 후원하는 효과를 얻으려고 하였던 것으로 생각된다. 이는 백제가 대고구려전을 위해서 나름대로 상당한 준비과정을 거쳤음을 알려주는 것이라고 말할 수 있다. 그동안 고구려와의 관계에서 방어적이거나 수세적인 상태로 몰려왔던 백제가 대고구려 정책을 크게 수정하여 적극적인 공세로 전환하는 것을 대내외적으로 선언한 것이 아닐까 한다. 이것은 개로왕 원년의 상황과는 크게 다르다. 개로왕이 즉위한 이후 15년 동안 일어난 백제의 국가적 변화를 상징적으로 말해주고 있기 때문이다. 다름 아니라 백제가 전제정치의 확립이라는 국가적 성장을 바탕으로 이제 고구려와의 직접 대결을 보여준 것이다.

468년에 있은 고구려의 신라공격과, 469년에 있은 백제의 고구려 공격이 단행된 이후 신라와 백제는 고구려의 침공에 대비하는 모습에서 공통적인 모습을 보여주고 있다. 고구려의 공격이 끝난 같은 해 9월에 이르러 신라는 하슬라 사람으로 15세 이상을 징발하여 니하에 성을 쌓았다.[39] 469년

39) 『삼국사기』 권3 신라본기 자비마립간 11년.

8월에 고구려를 공격한 백제는 10월에 들어와서 아신왕대 대고구려 공격을 위해서 만들었던 쌍현성을 수리하며, 역시 고구려 공격의 중요한 군사거점인 청목령에 대책大柵을 새로이 설치하여 북한산성의 사졸을 나누어 지키게 하였다.[40] 이 점에서도 백제가 신라보다 대고구려전에 더욱 적극적인 양상을 보여주고 있는 것으로 여겨진다.

개로왕 즉위 이후에 이루어진 고구려의 대백제 공격은 개로왕대 백제와 신라의 공수동맹을 더욱 공고하게 해주는 역할을 하였던 것은 분명한 사실이다. 이에 대한 고구려의 반응 역시 자세히 살피기 어렵다. 468년부터 481년 사이 고구려의 신라 공격기사가 보이지 않는 점에서 단서를 찾아볼 수 있을 것이다. 이를 고구려가 백제와의 전쟁에 주력하고 있었기 때문에 신라에 관심을 둘 여유가 없었기 때문으로 해석하고 있다.[41] 사실 고구려 역시 신라보다 백제와의 대결에 더 치중했을 것으로 생각된다. 고구려와 백제의 관계가 앞으로 고구려와 신라의 관계를 결정짓는 가장 중요한 변수였기 때문이다. 이에 고구려는 국제관계의 변화 속에서 백제와의 관계를 재정립시킬 필요가 있었을 것이다.

2. 대왜 관계

개로왕대 백제는 제라동맹을 맺은 대신라 관계에 못지않게 중요한 국가

40) 『삼국사기』 권25 백제본기 개로왕 15년.
41) 우선정, 앞의 논문, 158쪽.

는 다름 아니라 왜였다. 왜 역시 백제가 고구려의 움직임을 견제할 수 있는 중요한 수단의 하나였기 때문이다.[42] 이에 백제는 개로왕대에 들어와서 왜와의 관계를 더욱 긴밀하게 할 필요가 있었다. 이른바 백제의 대고구려 고립화 정책에서 나온 것이라고 할 수 있을 것이다.

비유왕대 이후 개로왕대에 이르기까지 백제와 왜의 관계에 대해서는 『삼국사기』에서는 비유왕 2년(428)에 보이는 왜국의 사신이 왔는데, 종자從者가 50인이었다는 기록만을 전하고 있을 뿐이다. 이에 대해서 비유왕은 왜와의 우호관계를 그대로 유지하였다고 설명한다.[43] 그러나 이후 사료 자체가 보이지 않는다. 이에 대해서 어쩌면 두 나라가 국제외교에서 경쟁관계에 돌입하였음을 방증하는 것인지도 모른다고 이해하기도 한다.[44] 그러나 그렇게 보기만은 어렵지 않을까 한다. 왜냐하면 『삼국사기』 백제본기에서 의자왕대에 가서야 백제의 대왜 교섭을 다시 확인할 수 있을 정도로 거의 기록을 전해주고 있지 않기 때문이다.[45]

그러나 『송서』 왜전에 보이듯이 한성시대 말기에 들어와서 왜 5왕의 한 사람인 진이 백제를 포함시킨 자칭호를 송나라에게 제수해줄 것을 요청함으로써 상황이 크게 달라진 것은 분명하다. 이를 단순하게 왜의 독자적인 대송외교로 파악하기는 어렵다. 왜냐하면 그것은 왜의 대백제 외교와 맞물려서 전개되었기 때문이다. 왜 자신이 당시 동아시아의 국제관계 속에서

---

42) 노중국, 2012, 「고구려의 한성함락과 제라동맹의 작동」, 앞의 책, 132쪽.
43) 노중국, 2012, 「전진과 북위 및 물길과의 관계」, 앞의 책, 105쪽.
44) 주보돈, 2005, 앞의 논문, 161쪽.
45) 김수태, 2011, 「5세기 후반 백제의 대왜 관계와 남조」, 170-172쪽.

백제보다는 우위에 있음을 내세우려 하였다는 점에서이다. 이에 대해서 왜의 대백제 외교가 이중성을 드러낸 것으로, 한편으로는 백제와 우호관계를 여전히 가지면서도, 다른 한편으로는 그보다 우위에 서려고 끊임없이 노력을 경주하였음을 말해주는 것으로 이해한다.[46]

이 역시 그렇게 파악할 수 있을지는 의문이다. 우호적이면서 우위의 지위에 서려고 했던 것은 왜가 아니라 백제였기 때문이다. 왜의 그러한 주장이란 백제의 사정이 변화될 때마다 백제와의 관계에서 열세에 놓여 있었던 기존의 지위를 새롭게 바꾸어보려는 시도에서 나온 것임은 틀림이 없다. 왜가 그러한 시도를 할 경우 백제와 왜의 우호관계는 그대로 유지될 수 없다는 점에서이다. 그러나 잘 알려지고 있듯이 왜의 이러한 의도는 비유왕대 송나라에 의해서 받아들여지지 않았다. 백제가 동아시아세계에서 차지하는 위상이란 여전히 왜보다 한 단계 높았기 때문이다.[47]

왜의 이러한 노력은 개로왕대에도 다시 추구되었다. 개로왕의 즉위 직후 백제와 왜의 사이에 하나의 사건이 발생하였던 것이다.[48] 이에 개로왕은 왜와의 기존 관계를 확고하게 하려는 새로운 노력을 기울일 필요가 있었다.

> C-① 가을 7월 백제의 지진원은 천황이 장차 부르려는 것을 거역하고 석천순과 음란한 짓을 저질렀다.(옛 본에는 석하고합수의 선조 순이라고 한다.) 천황은 크게 노하여 대반실옥대련에게 조서를 내려서 내목

46) 주보돈, 앞의 논문, 161-164쪽.
47) 노중국, 2012, 「왜 오왕의 자칭호와 '도평해북'의 실체」, 200쪽
48) 이하의 서술은 김수태, 「5세기 후반 백제의 대남조 외교와 왜」, 172-179쪽을 참고하라.

부에게 부부의 수족을 나무에 묶어서 임시로 만든 단 위에서 불태워 죽이도록 하였다.(『백제신찬』에서 말하기를 "기사년에 개로왕이 즉위하였다. 천황은 아례노궤를 보내어 여랑女郎을 청하였다. 백제는 모니부인의 딸인 적계여랑을 단장시켜 천황에게 바쳤다."고 하였다)

〈『일본서기』 권14 웅략천황 2년 : 458년〉

② 여름 4월 백제의 가수리군(개로왕이다)은 지진원이 화형당해 죽었다는 소식을 듣고 (적계여랑이다) 논의하여 말하기를 "예전에 여인을 바쳐서 채녀采女로 삼았다. 그런데 무례를 범하여 우리나라의 이름을 실추시켰다. 이제부터 여자를 바치지 말라"고 하였다. 이에 아우 군군(곤지이다)에게 "너는 마땅히 일본에 가서 천황을 모셔라"라고 하니, 군군은 "상군의 명령에 어긋나지 않도록 하겠습니다. 바라건대 군의 부인을 저에게 주시고 그러한 후에 보내주십시오"라고 대답하였다.

〈『일본서기』 권14 웅략천황 5년 : 461년〉

③ 가을 7월 군군郡君은 서울로 들어왔다. 이미 다섯 명의 자식이 있었다. (『백제신찬』에서 말하기를 "신축년(필자 주 : 461년)에 개로왕은 아우 곤지군을 보내 대왜에 가서 천황을 섬기면서 형왕兄王의 우호를 다지도록 하였다."고 한다.)

〈『일본서기』 권14 웅략천황 5년〉

C-①과 ②의 기록에 대해서 역사적 의미를 두느냐의 여부에 대해서 논란이 있다. 채녀 살해 사건이 너무도 황당하여 그대로 받아들이기 어렵다는 것이다. 아마도 백제 내부의 어떠한 내밀한 사정을 숨기기 위하여 전혀 엉뚱한 실례를 끌어들여 그렇게 의도적으로 호도하려 한 것으로 생각한다

는 것이다.[49]

그러나 백제가 태자 전지의 파견 이후 왕녀를 대신 파견하는 방식으로 전환한 사실을 보여주는 것이라는 해석을 따른다면[50] 나름대로 일정한 역사적 의미를 찾을 수 있는 것이 아닌가 한다. 백제가 왜와의 통혼관계를 통해 두 나라의 관계를 보다 진전시키는 의도에서 나온 것이라고 한다. 이에 왕녀를 보내던 기존의 방식에 문제가 생기자 다시 격을 높여 왕제인 곤지를 파견하게 된 것으로 파악한 것이다. 이와 같이 왕족을 보냄으로써 백제가 왜와의 신뢰관계를 구축하려고 한 것이 5세기대 백제의 대왜 외교의 기본 틀이라는 것이다.

사실 C의 기록 가운데에서 곤지와 관련된 내용은 이미 많이 논의되고 있는 부분이다. 이때 채녀 관련 기사는 개로왕이 곤지를 왜에 파견한 동기를 파악하는데 매우 중요한 내용이라고 할 수 있다. 더욱이 C의 ③ 기사에서 곤지의 역할이 백제와 왜의 우호관계를 다지도록 한 것이라는 부분 역시 곤지의 대왜 파견 동기를 알려주고 있기 때문이다. 곤지의 대왜 파견 동기에 대해서 여러 논란이 있지만[51] 역시 왜 보다 우위인 백제의 기존 위치를 왜에게 받아들이는 한편, 개로왕대 백제가 추구하는 국제질서에 왜 역시 참여하여 따라줄 것을 요구하는데 있었던 것임은 틀림없는 사실이다.

백제가 왕녀 지진원을 언제 파견했느냐에 대해서도 논란이 있다. 필자의

49) 주보돈, 2007,「개로왕의 체제개혁과 그 한계」,『한성도읍기의 백제』, 345쪽.

50) 양기석, 앞의 논문, 77-78쪽.

51) 정재윤, 앞의 논문, 121-122쪽. 그러나 왜에 머물고 있는 백제계 주민을 관리하기 위해서 파악했다는 설명은 받아들이기 어렵다. 곤지의 대왜 파견이란 백제를 둘러싼 동아시아의 외교정세와 깊은 관련이 있기 때문이다.

경우 비유왕대로 상정했지만, 개로왕이 즉위와 함께 파견한 것으로 파악하는 견해가 현재 우세하다.[52] 파견 동기에 대해서는 왜국 스스로가 먼저 적극적으로 나서서 일종의 소외불안감을 타개하고 백제와의 관계강화의 징표로서 요구해왔을 가능성을 제기하고 있다.[53] 그보다는 왕녀 파견을 통해서 백제와 왜 사이의 신뢰관계를 구축하려고 한 설명이 보다 설득력 있게 받아들여진다.

그런데 문제는 458년에 백제가 보낸 왕녀가 왜에 의해서 화형을 당하였다는 것이다. 그 이유에 대해서 필자는 백제의 왕녀가 왜왕과 통혼한 것이 아니라 왜왕의 채녀가 되었다는 데에서 찾아보았다.[54] 채녀가 당시 왜에서 차지하고 있는 정치적 의미과 관련해서이다. 왜에 파견된 백제의 왕녀가 채녀가 되었다는 사실은 백제 역시 왜의 다른 지방호족과 마찬가지로 왜에 종속되는 것을 말해주기 때문이다. 이에 백제의 왕녀인 지진원이 반발하자 그녀를 화형시켰다는 것이 된다. 그렇다면 왜가 개로왕대에 들어서와도 비유왕대와 마찬가지로 백제와의 관계를 새롭게 변화시키려고 노력을 하고 있음을 보여주는 것이다. 개로왕의 즉위 초반에 왜가 이러한 변화를 시도한 것이다.

그러나 백제 개로왕은 이를 받아들일 수 없었다. 지진원에 대한 화형 소식이 백제 조정에 전달된 시기는 3년 뒤인 개로왕 7년(461)이었다. 이에 개

---

52) 이재석, 2014, 「5~6세기 백제의 대왜국 외교의 추이」, 『백제문화』 50, 40-43쪽. 한편 양기석은 지진원을 적계여랑과 동일한 인물로 파악하고 있지 않는데, 아례노궤를 458년 이전에 파견한 것으로 이해하고 있다(앞의 논문, 73쪽).

53) 이재석, 앞의 논문, 42-43쪽.

54) 김수태, 앞의 논문, 173-174쪽.

로왕은 곤지의 대왜 파견을 결정하고 있다. 당시 왕제인 곤지는 백제가 458년 송나라에 요청한 작호 청구의 수작 대상자 11명 가운데 두 번째의 위치를 차지하고 있었다. 이것은 백제는 곤지와 같은 정치적 비중을 가진 인물을 왜에 파견함으로써 C의 ③기사에 언급된 것처럼 우선적으로 왜와의 우호관계를 공고히 하는 한편, 왜로 하여금 친백제 노선을 계속적으로 취하도록 하는데 목적을 두었다고 하겠다.

개로왕대 곤지의 대왜 파견은 백제와 왜의 관계 정립에 성공적으로 작용하였던 것 같다. 비유왕대에 들어와서 왜가 백제에 대한 군사지배권을 주장하기 이전의 단계로까지 백제와 왜의 복원되었던 것으로 이해되고 있다.[55] 『송서』 효무제기나 왜전을 통해서 볼 때 개로왕대에 들어와서 왜가 그와 같은 주장을 다시 펼치고 있지 않기 때문이다. 개로왕대 왜의 대송 외교는 460년과 462년에 모두 두 차례나 전개되고 있다.[56] 그러나 그 내용을 살펴보면 왜국이 사신을 보내 방물을 바쳤다거나, 제가 죽자 세자인 흥을 안동장군 왜국왕으로 책봉한다는 기사만이 전해지고 있을 뿐이다. 이는 461년 곤지의 대왜 파견과 함께 개로왕이 왜와의 우호관계를 유지하는 한편, 대고구려 공격이라는 백제의 목적을 추구하기 위한 국제질서의 개편에 왜를 다시 참여시켰음을 말해준다.

여기에는 신라의 대왜 관계도 어느 정도 작용하였던 것이 아닐까 싶다.[57] 459년 이후 왜의 공격을 받았던 신라가 462년을 거쳐서 463년에 들어오면

---

55) 김수태, 앞의 논문, 178-179쪽.
56) 양기석, 앞의 논문, 91쪽.
57) 우선정, 앞의 논문, 156쪽.

서 왜와의 관계에서도 그 위치가 바뀌는 양상을 보여주고 있다. 왜의 거듭되는 공격에 대해 신라가 마침내 큰 승리를 거두었기 때문이다. 467년에 들어가면 신라의 수군력이 더욱 강화되었다. 이러한 신라의 왜에 대한 관계 변화에는 신라 자체의 국가적 성장도 작용하였겠지만, 개로왕대 더욱 강화된 백제와의 동맹형성이란 요소도 크게 작용하였을 것으로 생각된다.

물론 백제의 대왜 관계에는 한계는 있었던 것 같다. 한성이 함락했음에도 불구하고 신라와 달리 왜의 군사적인 움직임은 찾아볼 수 없다는 점에서이다. 더욱이 고구려가 한성을 함락시키고, 백제가 웅진으로 천도하자 왜왕 무는 478년에 다시 백제의 군사호를 송나라에 요청하고 있다는 점에서이다. 438년 최초의 요청에서 거부되었고, 451년 제에게 더해진 군사호에서도 인정되지 않았음에 불구하고, 왜왕 무는 백제를 포함하는 도독제군사호와 함께, 이번에는 주변제국의 왕에게 제수된 경우가 거의 없는 '개부의동삼사開府儀同三司'라는 고위의 칭호까지를 요청하였기 때문이다. 이는 왜가 백제의 혼란을 다시 송나라로부터 자칭호를 인정받을 수 있는 외교적인 기회로 활용했음을 보여주고 있다. 왜왕 무는 고구려를 공격하겠다는 말만을 던지고 있을 뿐이었기 때문이다.

이는 백제와 왜의 관계가 가지고 있는 불안정한 모습을 보여주는 것이다. 그러나 개로왕대에 왜가 더 이상 백제와 왜의 관계를 더 이상 변화시키려는 움직임을 보여주지 않았던 것만은 분명하다. 따라서 곤지를 왜에 파견한 461년이 개로왕대의 대외관계에 또 하나의 중요한 분기점이었음을 말해준다고 하겠다. 이제 신라와 동맹을 유지한 백제는 왜의 협조까지를 받으면서 대고구려 공격에 한걸음 더 다가갈 수 있게 되었다고 하겠다. 그것이 469년의 대고구려 공격으로 나타났던 것으로 보인다.

Ⅳ. 송 및 북위와의 관계

백제의 대고구려 공격을 위한 외교적 노력은 대신라, 대왜 관계의 형성에만 매달리지 않았다. 남조의 송나라 및 북조의 북위와의 대외관계도 상당한 영향을 주었다.

1. 대송 관계

백제의 대송외교는 구이신왕대에는 매년 조공을 보낼 정도로 밀접한 관계를 유지하고 있었다. 그것은 비유왕대나 개로왕대에도 백제의 대외 관계에서 송나라가 차지하는 비중이 높았던 점에서도 파악할 수 있다. 당시 백제의 대중국 외교는 대송 일변도 정책이었다고 불릴 정도였다.

비유왕대 백제는 모두 네 차례에 걸쳐 송나라에 사신을 파견하였다. 비유왕은 3년(429)에 들어와서 송나라에 사신을 보내어 조공하였다. 이에 430년에 송나라는 비유왕에게 작호를 주었다. 이후 비유왕은 440년과, 443년, 그리고 450년에 계속해서 송나라에 사신을 보냈다.

백제의 대송외교는 크게 두 가지 목적을 두고 전개되었던 것으로 보인다. 우선 송나라를 통한 고구려에 대한 견제를 들 수 있다. 때문에 440년 백제의 대송 외교에 대해서 당시 고구려와 송나라 사이에 일어난 군사적 충돌을 파악한 백제가 고구려를 견제하기 위해 사신을 파견한 것으로 이해하고 있는 것이다.[58] 443년에 들어와서 백제가 신라와 제라동맹을 맺었다는 점에서 당시 백제의 대외정책을 살필 수 있는 단서가 된다는 것이다.

한편 기존의 연구에서는 송나라가 고구려로 기울어지지 않도록 하기 위해서 백제의 대송 외교가 전개된 것으로 설명하고 있다.[59] 아마도 여기에는 고구려가 북위만이 아니라 송나라와도 긴밀한 외교 관계를 맺고 있었다는 사실을 고려했을 것이다.[60] 439년 고구려가 북위와 외교를 단절하고서 462년 다시 재개할 때까지는 송나라에만 사신을 보냈기 때문이다. 그 횟수에서도 커다란 차이가 나고 있는 것이다. 비유왕대 고구려의 대송외교와 백제의 대송외교를 그대로 비교할 수는 없을 정도였던 것이다. 따라서 백제 역시 대송 외교에 상당한 노력을 기울일 수밖에 없었을 것이다.

그것은 송나라의 입장에서도 마찬가지였을 것이다. 백제를 통해서 자신과 충돌한 적이 있는 고구려를 견제할 수 있을 것이기 때문이다. 이에 백제는 송나라로부터 외교적으로뿐만 아니라 문화적으로도, 더 나아가서 군사적으로도 협조를 받는 단계에 이르렀다. 450년에 들어와서 백제가 『역림』,

58) 노중국, 2012, 「전진과 북위 및 물길과의 관계」, 164쪽.

59) 노중국, 2012, 「진 · 송과의 교섭」, 155쪽.

60) 김종완, 2013, 「중외간의 사행」, 79-92쪽. 그리고 최일례, 2013, 「장수왕대 고구려의 대중외교와 그 동인」, 『한국고대사연구』 71.

『식점』과 요노腰弩를 요청하여 받은 사실에 대해서도 의미를 찾을 수 있기 때문이다.[61] 술수서나, 점술과 관련된 학문의 도입이나, 신무기인 요노까지 송나라가 백제가 보내주었다는 사실은 백제와 송나라의 긴밀한 관계를 말해주고 있는 것이다. 특히 요노의 도입으로 백제는 무기 및 군사체계를 개선할 수 있었을 것에 주목할 필요가 있다. 이는 백제의 군사력을 증강시키는데 커다란 도움을 주었을 것이기 때문이다. 이를 바탕으로 백제는 고구려로부터의 압박에 나름대로 군사적인 대응책을 마련할 수 있었을 것이다.

백제의 대송 외교의 또 다른 목적은 왜의 대송외교를 견제하는데 있었다고 하겠다.[62] 왜왕이 계속해서 백제까지 포함된 자칭호를 송나라로부터 계속적으로 인정받으려고 하였기 때문이다. 430년 백제의 도움을 받아서 대송 외교를 추진할 수 있었던 왜가 438년에 들어와서 백제에 대한 군사지배권을 자칭하면서 송나라에 대해서 그것을 승인해주기를 요청하였다.

이에 비유왕대 백제의 대송 외교가 활발히 추진되었다. 440년 이후 450년에 이르기까지 세 차례에 걸쳐 송나라에 사신을 파견하였다. 443년의 경우에는 백제가 왜와 함께 대송 외교를 추진한 것이어서 주목된다. 또한『송서』본기 기사에 의하면 하서국, 고구려, 백제, 왜의 순서로 대송외교가 기록되고 있다. 이에 451년 송나라는 왜의 백제에 대한 군사지배권 주장을 공식적으로 받아들여주지 않는 것으로 정리하였다. 한참 시간이 경과한 뒤에 송나라가 이러한 결정을 내린 배경에는 450년까지 추진된 백제의 집중

---

61) 박윤선, 2006,『5세기 중반~7세기 백제의 대외관계』, 숙명여대박사학위논문, 41-45쪽 및 노중국,「진과 송 및 북위와의 문물 교류」, 앞의 책, 177-178쪽.

62) 김수태, 2011,「5세기 후반 백제의 대왜 관계와 남조」, 174-179쪽.

적인 대송외교가 크게 작용했을 것이다. 그렇다면 백제와 왜가 대남조 외교를 통해서 당시 동아시아 국제사회에서 누가 우위에 있는 국가인가를 확인하는 외교전을 벌인 결과 백제의 외교적 승리로 정리되었음을 알려준다.

개로왕대 백제의 대송외교는 모두 5차례 추진되었다. 개로왕 3년(457), 4년(458)에 개로왕은 송에 사신을 파견하여 자신과 신하의 책봉을 요구하였으며, 9년(463)과 13년(467) 및 17년(471)에도 계속해서 사신을 보내는 등 활발한 대송외교를 펼쳤다.[63] 여기에서도 백제와 왜가 송나라를 상대로 해서 비유왕대와 마찬가지로 대립한 측면을 살펴볼 수 있다.[64] 왜냐하면 458년은 개로왕이 즉위한 후 계속적으로 추진한 대송외교는 백제가 왜보다 더 우위의 국가임을 확인하기 위한 것이었기 때문이었다. 이에 대해서 왜는 458년 백제 왕녀인 지진원에 대한 처형을 통해서 왜의 대남조 외교가 실패로 끝난 것에 대한 불만과 함께, 비유왕대에 이어 개로왕대에 백제와 왜의 관계를 다시 새롭게 변화시켜보려고 하였다.

그것은 송나라에서나 백제에 의해서도 받아들여지지 않았다. 462년에 왜는 송나라로부터 안동장군 왜국왕을 작호로 받았는데, 451년의 상황과도 크게 달라졌다. 451년에 제에게 준 사지절 · 도독왜 · 신라 · 임나 · 가라 · 진한 · 모한육국제군사를 이번에는 받지 못한 것이다. 이제는 신라와 왜의 관계에서도 커다란 변화가 일어났다. 이것은 개로왕대 제라동맹이 더욱 강화된 사실이 백제를 통해서 송나라에 알려지게 되었기 때문으로 생각

63) 김수태, 2000,「백제 개로왕대의 대고구려전」, 27쪽에서는 4회로 파악하였다. 그러나 박윤선, 앞의 논문, 38쪽에서는 『책부원구』의 개로왕 9년의 사신파견 기록을 추가로 언급하고 있다.
64) 김수태, 앞의 논문, 177쪽.

된다. 그리고 개로왕대 송나로라부터 백제의 왕족들 역시 장군호를 받았다는 점을 고려할 때 당시 왜의 지위 역시 비슷한 상태로 받아들여진다는 점에서도 그러하다.

여기에는 개로왕 즉위 이후 457년과 458년에 연이어서 추진된 백제의 대송외교가 작용한 결과였다. 그리고 463년에 백제는 다시 송나라에 사신을 보내고 있는데, 이것은 461년 이후 송나라와 백제와 왜 사이에 형성된 국제관계를 다시 확인하는 것이라고 말할 수 있다. 이 점에서 461년 곤지 파견이라는 백제의 대왜 외교, 462년 송나라의 왜왕 책봉, 그리고 463년 백제의 대송 외교는 서로 맞물려 있다고 하겠다. 이에 비유왕대인 450년대에 이어 개로왕대인 460년대에도 백제는 대송 외교를 통해서 왜에게 외교적 승리를 거듭 거둘 수 있었던 것이다.

한편 460년대에 들어와서 변화된 동아시아의 국제정세 역시 커다란 영향을 주었던 것으로 생각된다.[65] 새로운 국제관계가 형성된 것이다. 462년에 들어와서 고구려가 북위와의 관계를 재개하였던 것이다. 그 이유에 대해서 기존의 연구에서는 대체적으로 고구려를 둘러싼 주변 국가들의 위협이 점증되는 상황에서 선택한 것으로 이해하고 있다.[66] 개로왕 즉위 이후 더욱 강화된 백제와 신라의 동맹, 그리고 백제와 송나라의 긴밀한 관계 형성, 그리고 송나라를 통한 백제와 왜의 관계 재정립 등의 여러 요소들이 포함되어 있을 것으로 생각한다. 그러므로 462년 백제와 왜의 관계, 고구려의 대북위 외교에서 보이듯이 당시 동아시아의 국제관계 속에서 462년이란

65) 김종완, 앞의 논문에 실린 표를 참고할 것.
66) 최일례, 앞의 논문, 261쪽.

매우 중요한 분기점이라고 말할 수 있다.

여기에는 북위와 송나라의 관계 변화라는 요소도 작용하였을 것이다.[67] 양국 간에 전면전이 있은 직후인 452년부터 459년까지 8년 동안은 교빙기사가 전혀 찾아지지 않는다. 그러다가 460년에 북위가 먼저 송나라에 사신을 보내고, 송나라가 응하면서 교섭이 재개되었던 것이다. 464년 이후 다시 교빙이 수년간 중단되다가, 467년과 468년에 연속적으로 하였다. 이후 송에서 남제로 교체될 때까지 매우 정연한 관계를 맺고 있었다고 한다. 그러므로 북위와 송나라 사이의 관계변화 또한 고구려로 하여금 북위와의 관계 개선에 나아가도록 만들었을 것이다. 이것은 450년대 이후 남조의 송나라가 고구려 및 백제, 신라, 왜 등에게 책봉을 통해서 대북위 포위망을 구축하던 외교정책에서 고구려가 이탈하게 됨을 의미한다.

고구려가 북위와의 외교를 재개한 460년대에 들어와서 개로왕은 대송외교를 강화해나갔다. 세 차례가 더 진행되었다. 백제가 대북위 외교를 벌이는 472년 이전 고구려와 백제의 대송외교를 비교해보면 그것을 쉽게 알 수 있다. 고구려가 2차례, 백제는 세 차례 사신을 파견한다. 숫자로 보면 고구려의 대송외교가 비슷한 비중을 차지고 있는 듯하지만, 이 무렵 고구려의 대북위 외교와 비교하면 커다란 차이가 난다. 고구려는 매년 한 차례씩, 467년에는 두 차례나 북위에 사신을 계속해서 보내고 있는 것이다. 그만큼 고구려와 북위와의 관계가 긴밀한 관계가 되었다.

이와 달리 백제 개로왕대의 대중국 외교란 북위와의 교섭이 이루어지지

67) 김종완, 위의 논문, 183-184쪽.

않는 가운데, 오로지 대송일변도의 외교정책을 추구하였다. 여기에는 북위의 송나라로의 진출도 커다란 영향을 주었을 것이다. 467년 5월 이후 북위가 송나라를 공격하여 산동반도와 회수 이북지역을 장악하였기 때문이다.[68] 이는 송나라의 입장에서 보면 백제의 대송 외교가 고구려의 대송 외교보다 실질적인 의미를 가지는 것으로 받아들여졌을 것이다. 이제 송나라로서도 북위와의 관계나 고구려와의 관계를 고려할 때 백제를 더욱 필요로 하게 되었음을 알려준다고 하겠다. 이것은 백제가 개로왕대에 들어와서 신라, 그리고 왜에 이어 송나라까지를 포함시켜 고구려를 포위해가는 국제관계를 형성시키려는 노력을, 그리고 그것이 서서히 이루어지고 있음을 보여주는 것이라고 말할 수 있다. 즉 개로왕은 대송 외교를 통해서 송나라가 고구려로 기울어지지 않도록 하는 것만이 아니라, 송나라가 고구려와의 외교관계를 단절시키고 백제와의 관계를 더욱 강화시키려는 목표까지 두었다고 이해할 수 있을 것이다.

여기에서 468년 고구려의 신라공격, 469년 백제의 고구려 공격을 새롭게 이해할 수 있을 것이다. 462년 이후 대북위 외교를 새로이 전개한 고구려는 467년에 들어와서 대북위 외교를 강화하는데, 여기에는 같은 해 5월에 있은 북위의 산동반도와 회수 지역 장악에 새로운 움직임을 보여주었던 것이다. 왜냐하면 고구려를 이러한 변화를 바탕으로 나제동맹의 와해를 시도하는 의미에서 신라에 대한 공격을 두 번째로 시도하였기 때문이다. 다시 신라를 고구려로 끌어들이려는 시도였다고 하겠다. 그러나 왜 및 송나

68) 여호규 선생의 교시에 따른 것임.

라와의 외교관계를 강화한 백제는 이러한 고구려의 의도를 받아들이지 않고 맞받아쳤던 것이다. 신라와의 동맹을 더욱 공고히 하기 위해서 백제는 이제 고구려에 대해 선제적인 공격을 감행한 것이었다. 이것은 당시 변화된 동아사이의 국제관계가 커다란 영향을 주었음을 의미한다.

2. 대북위 관계

개로왕대 백제의 대외관계에서 가장 극적인 부분은 472년에 들어와서 백제가 대송일변도의정책을 포기하고 대북위 외교까지로 확대시켜 전환한 사실일 것이다. 이것은 이후 동아시아의 국제관계를 크게 흔든 사건이었다. 백제가 당시 동아시아의 국제관계 속에서 고구려를 외교적으로 완전히 고립시키려고까지 했기 때문이다. 결국 백제의 이러한 외교정책은 고구려가 백제를 침공하게도록 만든 결정적인 요인으로 작용하였다. 이에 대한 필자의 견해는 이미 자세히 언급한 바가 있다.[69] 여기에서는 비유왕대와 개로왕대 백제의 대북위 외교에 대한 최근의 견해를 검토하고자 한다.

필자 역시 비유왕대 백제가 북위의 외교활동을 인식하고 있었던 것으로 보았다. 그러나 비유왕은 대송외교만을 전개하였을 뿐 북위와 교섭을 가지지 않았다는 것이다.[70] 개로왕이 보낸 국서의 내용을 본다면 백제가 비유왕 이래로 복잡하게 전개되는 당시 국제관계의 변화를 잘 파악하고 있음을 쉽

69) 김수태, 앞의 논문, 227-236쪽.
70) 김수태, 위의 글, 228쪽.

게 확인할 수 있기 때문이다.[71] 그렇다고 해서 백제가 국서에서 언급된 여러 국가들과 외교관계를 맺고 있었다고 쉽게 단정할 수 없는 일이라고 생각한다.

그러나 노중국은 이와 달리 비유왕대 백제와 북위의 교섭 가능성을 적극적으로 상정한다.[72] 한국측이나 중국측 기록과 달리 472년 이전에도 백제와 북위 사이에 이루어진 교섭과 교류의 흔적을 찾아낼 수 있다는 것이다.

> 지난 경진년 이후에 신의 서쪽 경계인 소석산 북국의 바다 가운데에서 10여구의 시체와 의복과 그릇과 안장을 얻었다. 살펴보니 고구려 물건이 아니었다. 뒤에 들으니 북위가 보낸 사신이 신의 나라로 왔는데, 큰 뱀이 막아 바다에 빠졌다는 것을 들었다. … 조서를 내려 말하기를, … 전에 보낸 왕의 사신이 배를 타고 황외의 나라[荒外之國]를 위무하러 간지 여러 해가 되었는데, 가서 돌아오지 않았다. 살았는지 죽었는지 도달했는지 못했는지 살필 수가 없다. 경이 보낸 안장은 옛 것과 비교하니 중국의 물건이 아니다.
>
> 〈『송서』 백제전〉

여기에 언급된 북위가 위무하고자 한 '황외의 나라'를 백제로 상정한다. 이에 북위가 백제에 사신을 보낸 것이 된다. 그리고 440년 이후의 어느 시기로 상정한다. 그리고 더 나아가 백제가 북위에도 사신을 보내지 않았을

71) 노중국, 2012, 「전진과 북위 및 물길과의 관계」, 164쪽.
72) 노중국, 위의 논문, 162-165쪽.

까 생각한다. 그 시기는 440년으로 언급한다. 그렇다면 백제가 북위에 먼저 사신을 보내고, 이후 북위가 백제에 사신을 보낸 것으로 정리된다.

그러나 이러한 견해를 받아들이기에는 상당한 무리가 따른다고 하겠다. 위의 국서를 통해서는 비유왕대 백제의 대북위 외교를 전혀 언급하고 있지 않기 때문이다. 어디까지나 가능성일 뿐이다. 440년이라고 그 시기를 확정짓는 것 역시 그러하다. 앞에서 상세히 다루었지만, 440년의 상황이란 백제가 대송 외교를 넘어서 대북위 외교로까지 외교범위를 확대시킬 수 있는 그러한 형편도 아니었으며, 국제정세 또한 그러하였다.

송나라에 의해서 대북위 연합전선이 형성되는 시점에서 백제가 송나라는 물론 북위까지 다면외교를 벌일 상황은 아니었던 것이다. 이 점은 기존의 연구에서 잘 지적되고 있다.[73] 중국의 제 왕조는 주변제국이 자국의 영토를 통과하여 적대국에 사행하는 것을 결코 허락하지 않았다고 한다. 당시 주변제국이 남조와 북조의 어느 한쪽에만 사신을 보냈던 것은 이들이 남북조와 지나치게 멀리 떨어져 있어서 사행 자체가 불가능하였던 것이 주된 원인이었겠으나, 설사 사행하려고 해도 위와 같은 이유 때문에 어려움이 많았다. 비유왕대 백제의 상황 역시 그러하지 않았을까 싶다.

또한 북위가 대백제 외교를 전개하였다는 사실조차도 찾아보기 어렵다. 어디에서도 북위가 백제로 사신을 보냈다는 사실을 파악할 수 없는 것이다. 북위가 백제에 사신을 보냈다는 사실을 뒤에 들었다고 말하고 있을 뿐이다. 여기에 대해서 북위가 그것을 사실로 확인해주고 있지도 않다.

---

73) 김종완, 앞의 논문, 78쪽.

북위가 지칭한 '황외지국'이 곧바로 백제와 연결되는지도 의문이다. 왜 백제라고 말하지 않았을까 싶다. 비유왕대 백제가 북위를 알고 있을 정도였다면 북위 역시 백제의 존재를 알고 있었던 것이 아닐까 생각한다. 북위 세조와 고구려 사신인 예실불 사이에 있었던 대화내용에는 분명히 백제라고 언급되고 있기 때문이다. 472년과 정시 연간(504~508)의 시간적인 차이 속에서 북위의 백제에 대한 인식이 바로 달라졌다고 보기는 어려울 것 같다.

내용상으로 보아도 그러하다. 백제가 북위의 것이라고 보낸 안장을 고구려의 것이라고 부인한 사실에서도 그러하다. 백제가 440년 이후 바다에서 수습한 안장 등이 북위의 것이 아니라고 한다면 북위가 당시 백제에 사신을 파견하지 않은 것이 된다는 점에서이다. 백제는 440년 이후란 시기를 못 박고 있지만, 북위가 그 시기를 분명히 밝히고 있지 않고 있는 점도 지적하지 않을 수 없다.

더욱이 개로왕이 472년 북위에 사신을 보내면서 고구려의 안장을 북위의 그것이라고 주장한 점에서도 의문이 든다. 5세기 중엽 이후 북위와의 교류 가능성을 뚝섬 출토 금동불좌상과 풍납토성 출토 연화문 와당을 통해 상정하기도 한다.[74] 그렇다면 백제가 북위가 곧바로 파악한 고구려의 유물을 북위의 유물로 이해한 과정 역시 문제가 있다. 이것은 472년까지도 백제가 북위에 대해서 깊은 이해를 가지고 있지 못함을 보여주는 것이라고 할 수 있다. 때문에 472년에 들어와서 백제가 북위와의 관련성을 강조하기

---

74) 노중국, 2012, 「진과 송 및 북위와의 문물교류」, 193-195쪽.

위해서 억지로 내세운 것이 아닌가 하는 생각까지 들게 한다. 그렇다면 비유왕대 북위의 대백제 외교가능성을 바로 설정하기는 어렵다고 하겠다.

설혹 북위가 백제에 사신을 파견했다고 하더라도 이것은 백제외교사의 문제에서 조금 벗어나는 주제가 될 수 있다. 물론 북위의 사신이 도착했다면 백제와 북위의 교섭사실로 받아들일 수는 있겠지만, 그렇지 않다면 북위가 일방적으로 대백제 외교를 추진한 것이 되기 때문이다. 그것까지 백제사의 외교사에서 포함시킬 필요는 없지 않을까 한다.[75] 백제가 주체가 되어 전개한 외교의 경우가 더욱 관심의 대상이 되어야 할 것이라는 점에서이다. 이러한 점에서 비유왕대 백제가 북위에 사신을 보냈다는 구체적인 사료가 뒷받침되지 않는 한 새로운 검토를 필요로 한다고 하겠다.

한편 최근의 연구는 국서에서 "경의 사신이 비로소 통교해왔다[卿使命始通]"를 백제가 "처음으로 북위와 통했다"는 종래의 연구를 비판하고 있다.[76] 이것은 개로왕이 즉위 후 비로소 사신을 보낸 것으로 해석해야 한다는 것이다. 그래서 이 구절은 백제가 처음으로 사신을 보낸 것이 아니라, 개로왕이 즉위 후 오랫동안 사신을 보내지 않다가 472년에 비로소 보냈다고 이해한다.

---

75) 이러한 점은 개로왕대 백제와 물길과의 관계에도 지적될 수 있을 것이다. 그 시기에 대해서는 477년~499년(양기석) 혹은 486년(노태돈 및 김종완) 등의 의견이 있는데, 최근의 연구에서는 472년 이후 475년의 사이에서 찾고 있다(노중국, 2012, 「전진과 북위 및 물길과의 관계」, 169-171쪽). 이 경우에도 물길은 백제와 힘을 합쳐 고구려를 공격하려고 하였다. 물길의 작전에 도상의 계획으로 그친 일방적인 움직임이었던 것이다. 이를 백제와 물길 사이에 교섭시도가 있었다고 말하기는 어렵지 않을까 한다. 북위를 매개로 이루어졌다고 추정해볼 수는 있겠지만, 이 또한 하나의 가능성을 상정하는 것 뿐이라고 할 수 있다.

76) 노중국, 위의 논문, 162쪽.

이에 안장 다음 기사에 나오는 "현조顯祖는 멀고 궁벽한 곳에서 위험을 무릅쓰고 조공한 것을 생각하여 예우를 정중히 하고, 사신 소안을 파견하여 그 사신과 함께 돌아가게 하면서 조서를 내려 다음과 같이 말하였다."는 기사에 다시 주목하였다.[77] 이때 현조의 재위기간을 안장 파견시기로 설정하였다. 현조가 466~471까지 재위하였기 때문에, 이 기사를 통해 466년에서 471년 사이에 개로왕이 북위에 사신을 보낸 것을 확인할 수 있다는 것이다. 이것을 개로왕의 제 1차 대북위 사신 파견으로 부르고자 한다는 것이다.

그런데 안장 파견시기를 466~471년 사이로 설정하기는 어려울 것 같다. 472년에 보낸 국서에서 '지금 수습한 안장을 올린다.'고 표현하고 있다는 점 때문이다. 안장을 올린 시기와 국서를 올린 시기가 동일한 것이다. 그리고 국서에서 경진년 이후의 기사가 고구려의 정세를 설명하는 기사 다음에 나오고 있다는 점에서도 살필 수 있다. 백제가 대북위 외교를 추진하기 위해서 북위가 백제에 대한 외교를 시도하였다는 사실을 억지로 강조하기 위해서 언급한 내용에서 나오고 있다는 점에서 그와 같이 이해할 수 있다.

무엇보다 이러한 견해는 현조의 정치적 활동을 잘못 파악한 것이다. 왜냐하면 그는 황제에서 물러난 뒤에도 섭정을 하였기 때문이다.[78] 그는 471년 8월 스스로 물러나 태상황제가 되고 5세에 불과한 굉(효문제)에게 선위를 하였다. 그리고 그는 23세가 되던 476년 죽을 때까지 어린 효문제를 대신하여 섭정을 하였다. 그렇다면 472년 백제 개로왕이 북위에 보낸 국서를 철한 북위의 황제는 효문제였으며, 효문제를 대신하여 현조가 조서를 내린

77) 노중국, 위의 논문, 166쪽.

78) 충남역사문화원, 2008, 「『삼국사기』의 개로왕 본기」, 『백제사자료역주집』(한국편 1), 131쪽.

것이 된다.

이러한 사실은 국서의 내용을 정확히 살펴보면 쉽게 정리가 된다. 현조는 조서를 내릴 때 여례 등의 백제 사신을 직접 만난 사실을 언급하고 있는데, 그것은 472년의 국서에서 여례를 비롯해서 사신의 명단이 구체적으로 나오고 있기 때문이다. 또한 여기에서 백제가 보낸 안장을 북위의 것이 아니라고 주장하고 있는 것이다. 그것은 서로 다른 시기가 아니라 같은 시기로서, 현조가 472년에 섭정을 하고 있음을 구체적으로 확인을 시켜주는 사실이기도 하다.

물론 두 번째로 언급된 조서[又詔曰]에서 '왕년往年에 여례 등이 평양에 도달한' 사실에 주목할 수도 있다. 그러나 이 역시 첫 번째 조서의 내용인 '조왈詔曰'의 기사와 분리되는 것으로 472년에 왔던 여례가 당시 북위의 사신과 함께 고구려의 평양으로 갔던 사실을 의미하는 것일 뿐이다. 466~471년 사이에 백제 사신이 북위에 왔다는 사실을 말해주는 것이 아니다. 그리고 이들은 고구려가 통과를 거절하자 돌아올 수밖에 없었다고 말하고 있다는 점에서 역시 이를 뒷받침해주고 있다. 이와 함께 여기에서 백제가 북위에 사신을 처음 보내서 통했다는 언급 역시 472년 이전 백제의 대북위 외교를 상정할 수 없을 것 같다. 이러한 점에서 '시始'의 의미도 그와 같이 두 번째의 사신 파견과 연관시켜 새롭게 새기기는 어려울 것으로 생각한다. 다름 아니라 국서의 내용조차 472년 이후에 백제가 북위에 사신을 보낸 것을 오히려 확인해주는 것이라 할 수 있다.

더욱이 472년에 북위에 사신을 보낸 백제가 그 몇 해 전인 빨라도 466년에 북위에 사신을 보냈을 가능성 역시 현실적으로 어려웠을 것이다. 그 시기는 백제가 대송 외교를 한층 강화하고 있는 시기였다. 앞서 언급한 것처럼 송나라와 북위의 관계 또한 새롭게 형성되는 시기였다. 더욱이 앞서 언급한 것처럼 467년 5월 이후 북위의 산동반도 및 회수 지역 장악은 백제가 해로로 북위와의 교섭을 추진할 수 있는 형편도 아니었음을 잘 알려주고 있다는 점도 염두에 둘 필요가 있을 것이다. 이러한 상황 속에서 백제가 어떠한 이유에서 송나라와의 관계를 유지한 채 북위와 이중외교를 벌일 수는 없는 상황이었을 것이다. 따라서 개로왕대 백제의 대북위 외교를 제 1차와 제 2차로 나누어서 살필 수는 없을 것 같다.

백제가 개로왕대인 472년에 들어와서 대북위 외교를 단행하게 된 사정과, 그 이후의 변동에 대해서는 이미 필자가 구체적으로 언급한 바가 있다.[79] 역시 대내적으로는 정치적 안정과 함께, 대외적으로는 당시의 국제관계 속에서 외교적으로 크게 성장한 백제가 더욱 고구려를 고립화시키기 위해서[80] 대북위 외교를 새롭게 시도한 데에서 찾아보아야 할 것이다. 물론 472년 이후 웅진시대에 이르는 백제의 대북위 외교는 북위의 대백제 외교와 함께 보다 구체적으로 더 다루어져야 할 부분이 있음은 분명하다.

79) 김수태, 앞의 논문, 228-236쪽.

80) 여기에서 사용한 고립화를 달리 표현하면 백제의 반고구려 연합전선의 형성이라고 말할 수 있을 것이다. 기존의 연구에서는 포위망 형성이라고도 서술한다(노중국, 2012, 「고구려의 한성함락과 제라동맹의 작동」, 132쪽). 다면외교 혹은 이중외교 역시 등거리 외교로도 표현할 수 있을 것이다.

V. 맺음말

지금까지 백제 개로왕대의 대외 관계를 대략적으로 검토해 보았다. 460년대에 들어와서 왜와의 새로운 관계설정, 그리고 고구려의 대북위 외교 등에 주목한 백제가 마침내 대고구려 공격을 단행하였으며, 470년대에는 대북위 외교라는 새로운 외교까지를 시도한 것을 알아보았다. 동아시아의 국제관계를 바라보는 백제의 시각이 개로왕대에 이르러 매우 폭넓게, 최대한으로 확대되었음을 살펴볼 수 있었다. 이에 이후 백제의 국가발전과 향방은 백제의 외교가 어느 정도로, 어떻게 국제관계를 형성하느냐에 달려 있다고 해도 지나친 말이 아닐 것이다.

그러나 여러모로 한계점이 있다고 생각한다. 개로왕대 백제와 가야의 관계를 제대로 주목해보지 못하였다. 현재 개로왕대 가야제국과의 우호관계도 다져졌다는 사실이 지적되고 있기 때문이다.[81] 개로왕대 백제와 신라의 관계 역시 우호관계만이 강조되고 있는데, 또 다른 측면이 없는가도 살펴

81) 노중국, 2012, 「고구려의 한성함락과 제라동맹의 작동」, 133쪽.

보고 싶었다. 다름 아니라 470년에 만들어진 삼년산성의 축조배경과 관련해서이다. 개로왕대 백제의 국가적 성장을 의식한 측면이 있기 때문이다. 그러나 무엇보다도 필자의 오랜 관심의 하나인 외교담당자에 대한 검토에 대해서는 전혀 다루지 못하였다. 앞으로 기회가 닿는다면 다시 접근해보고자 한다.

주제발표 2

개로왕대 정국의 동향과 체제정비

김 영 심 한양대학교

Ⅰ. 머리말

Ⅱ. 개로왕의 즉위와 정국의 동향

Ⅲ. 개로왕대의 체제정비

Ⅳ. 맺음말 : 중앙집권화의 추구와 실현

Ⅰ. 머리말

제4회 쟁점백제사 학술회의의 주제인 "백제의 왕권은 어떻게 강화되었나 –한성백제의 중앙과 지방-"이 백제의 중앙집권화 문제를 다룬 총론이었다고 한다면, 본 학술회의는 한성백제의 마지막 왕인 개로왕대라는 특정 시기에 대한 종합적 검토라고 할 수 있다. 지난 토론회에서 중앙집권화의 기준이 무엇이냐, 백제가 중앙집권국가로 나아간 시기가 언제였느냐로 논란이 있었고, 백제의 성장 · 발전과정을 이해하는 시각의 차이가 매우 크다는 사실도 확인되었다.

개로왕대에 해당하는 5세기 중 · 후반이라는 시기는 고구려가 남진정책을 추진함에 따라 삼국 내부에서도 역관계의 변화가 있었고, 고구려 · 백제와 중국 남북조의 관계에서도 새로운 움직임이 있었던 시기였다. 그런 만큼 대외관계의 측면에서 더 조명된 경향이 있다. 그러나 '개로왕대 정국의 동향과 체제정비'라는 주제와 관련해서도 개로왕 즉위시의 정변 가능성, 개로왕대 이후의 왕위 계승, 461년 곤지의 왜倭 파견, 송 · 북위 · 남제에 보낸 상표문 속의 좌 · 우현왕, 왕 · 후호와 장군호, 금동관의 해석과 관련된 지방통치, 최근에는 율령의 반포까지 다양한 문제가 검토되어 왔다.

이들 연구 중에는 개로왕대 전 시기를 꼼꼼히 검토하여, 개로왕대의 정책의 방향 내지 정국 국상을 집권국가의 지향, 대왕제의 실현, 전제왕권의 추구 및 좌절 등의 표현을 써서 규정하는 경우도 있었다.[1] 그러나 개로왕대가 백제사에서 차지하는 위치가 제대로 자리매김되기 위해서는 국가체제 정비라는 큰 틀 속에서 개로왕대에 시행된 제도 전반을 종합적으로 검토한 후 역사적 의미를 부여하는 작업이 필요하다고 본다.

최근 율령, 율령제가 화두가 되면서 개로왕대가 다시 주목되고 있다. 중앙의 정치체제가 왕권 중심의 집권적인 체제로 전환되고, 지방에 대한 일원화된 지배체제를 구축할 필요성과 여건이 갖춰진 시기에 율령이 반포된다는 점을 전제로, 전국을 일원화하는 지배체제의 성립 시기 또는 율령의 반포 시기로 개로왕대가 지목되었기 때문이다.[2] 개로왕대의 체제정비 사실을 전하는 결정적 자료가 없기 때문에 많은 부분을 추정에 의존할 수밖에 없는 한계는 있지만, 삼국 전체를 염두에 두고 백제의 국가체제 정비과정에서 율령의 문제를 다루는 작업은 의미있는 시도라고 할 수 있다.

---

1) 양기석, 2008, 『한성백제사 2- 건국과 성장』, 서울특별시 시사편찬위원회; 2013, 「백제정치사의 흐름 -한성시대 후기 정치사의 전개」, 『백제 정치사의 전개과정』, 서경문화사.
노중국, 2004, 「한성백제의 몰락과 수도 이전」, 『향토서울』 64, 서울특별시 시사편찬위원회.
문안식, 2005, 「개로왕의 왕권강화와 국정운영의 변화에 대하여 -개로왕의 전제왕권 지향과 좌절을 중심으로-」, 『사학연구』 78.
이도학, 2007, 「"삼국사기" 道琳 기사 검토를 통해 본 백제 개로왕대 정치 정황」, 『선사와 고대』 27.
주보돈, 2007, 「개로왕의 체제 개혁과 한성 함락」, 『한성도읍기의 백제』, 충남역사문화연구원.

2) 홍승우, 2011, 「한국 고대 율령의 성격」, 서울대대학원 국사학과 박사학위논문, 78쪽.

따라서 본 발표에서는 정치세력, 정치운영의 방향을 염두에 두고 개로왕대 실시된 정책이나 제도를 전체적으로 검토하여, 그 기능을 파악하고 의미를 부여하고자 한다. 개로왕 무렵의 상황을 담은 문헌자료, 즉 『삼국사기』 개로왕 본기와 웅진천도 이후의 기록, 도미都彌열전의 내용, 『일본서기』의 기록과 함께 송宋과 북위北魏에 보낸 외교문서를 토대로 개로왕대의 정국의 동향과 체제정비의 문제를 밝혀볼 계획이다. Ⅱ장에서는 개로왕의 즉위사정, 개로왕 이후의 왕위계승 문제와 함께 개로왕이 정치 운영을 어떻게 해나가고자 했는지를 먼저 검토하도록 하겠다. 개로왕대의 정치상황에 대한 이해를 토대로 Ⅲ장에서는 중앙과 지방에서의 일원적인 지배체제의 성립 여부에 초점을 맞추어 개로왕대의 체제정비 문제를 다루도록 하겠다. 관등제, 왕·후제와 수취제 문제를 중심으로 살펴보고자 한다. 마지막으로 백제사의 전개과정에서 개로왕대의 위치를 어떻게 설정할지 집권국가, 전제왕권 논의와 연관지어 간단히 언급하도록 하겠다.

Ⅱ. 개로왕의 즉위와 정국의 동향

1. 개로왕의 즉위사정과 이후의 왕계(王系)

『삼국사기』를 통틀어 백제의 여러 왕 중 개로왕만큼 부정적으로 인식되어온 왕은 없다. 의자왕에 대해서보다 훨씬 전면적인 비판이 이루어졌음이 개로왕본기와 도미열전에서 확인된다. 부도덕한데다 첩자의 꾀임에 넘어가 토목공사를 일으킴으로써 백성들을 도탄에 빠지게 하고, 마침내 고구려의 침공을 받아 수도 한성이 함락되게 한 장본인이 개로왕이었다. 더구나 본기本紀의 기사는 국도國都 상실의 책임을 개로왕에게 돌리고 그것으로부터 군왕의 도리에 관한 교훈을 끌어내려는 유교적 도덕사관이 엿보이기 때문에[3] 윤색과 과장을 제거한 '사실'을 추출해내는 것이 중요하다. 과연 개로왕은 어떤 상황에서 즉위하여 어떤 포부와 꿈을 가지고 정치를 운영해나갔을까?

3) 노태돈, 2005, 「고구려의 한성지역 병탄과 그 지배 양태」, 『향토서울』 66, 175-176쪽.

『삼국사기』 백제본기에는 23대 삼근왕과 24대 동성왕 사이를 제외하고는 19대 구이신왕대부터 25대 무령왕대까지의 왕위계승이 모두 부자상속으로 기록되어 있다. 그러나 개로왕의 부父인 비유왕이 구이신왕의 맏아들이 아니라, 비유왕 원년조의 할주割註에 나와 있는 것처럼 전지왕의 서자일 것이라는 주장이 일찍부터 제기되었다. 전지왕의 장자인 구이신왕이 어린 나이에 즉위하여 집권 8년만에 단명했기 때문이다.[4] 비유왕대(427~454)에 관한 기록은 송나라에 조공을 바친 사실과 신라와의 우호를 다진 사실, 천문 및 기상 이변과 관련된 내용 정도이다. 상좌평上佐平 여신餘信이 죽어서 해수解須를 상좌평으로 삼았다는 기사가 눈에 띌 뿐이다.[5]

흑룡黑龍의 출현에 이어 비유왕이 사망한 것으로 나오는 점, 개로왕 13년까지의 기사가 공백인 점, 개로왕의 부골父骨이 노지에 가매장되어 있다가 즉위 20여년이 지난 후에야 능원이 조성된 점 등을 볼 때 비유왕의 사망과 개로왕의 즉위과정에서 정변이 있었다는 것은 수긍할 만하다.[6] 비유왕이 정변에 의해 희생된 이유를 왕위계승 문제로 인한 지배세력간의 내분으로 보기도 하고,[7] 왕위계승만이 아니라 풍발馮跋이 고구려로 투항한 이후 고구려가 대백제전에서 우위를 점함에 따라 백제의 집권층이 전쟁의 패배에 대한 책임을 물어 정변을 일으켜서 비유왕을 제거하고 국면의 전환을 꾀했을

4) 이기백, 1959, 「백제왕위계승고」, 『역사학보』 11, 21쪽; 이도학, 1984, 「한성말 웅진시대 백제왕계의 검토」, 『한국사연구』 45, 7쪽.

5) 『삼국사기』 권25 백제본기3 비유왕 3년 동10월조.

6) 천관우에 의해서 제일 먼저 제기되었고(천관우, 1976, 「삼한의 국가형성(下)」, 『한국학보』 3, 139쪽), 이후 대부분의 연구자들이 이를 수용하고 있다.

7) 양기석, 1990, 『백제전제왕권성립과정연구』, 단국대대학원 박사학위논문, 119-123쪽.

가능성이 높다는 의견도 제시되었다.[8] 비유왕 일대의 정치적 갈등은 국왕 중심의 지배체제 구축을 추진하는 세력과 기존 부체제적 전통을 계속하여 이어가려는 입장의 차이에서 비롯되었다는 새로운 해석도 있다. 해씨가 비유왕을 내친 것은 권력의 중심 축이 이미 국왕에게 상당히 기울어져 있었기 때문이며, 비유왕대에 '국왕을 정점으로 한 중앙집권적 지배체제의 수립'이라는 국가의 방향성이 이미 설정되어 있었다고 본 것이다.[9] 이렇게 본다면 개로왕대를 비유왕대의 연장선상에서 이해할 필요성이 생긴다.

개로왕은 근개루近蓋婁라고도 기록되어 있는데, 초고계肖古系와 고이계古爾系의 대립을 종식시킨다는 의미에서 두 왕의 아버지인 개루왕의 혈통을 계승하였음을 천명한 것으로 보인다.[10] 정쟁은 있었지만, 개로왕은 비유왕의 장자로서 왕위를 계승한 것이다. 왕위계승에서 복잡한 양상은 개로왕 사후에 나타난다. 『삼국사기』에는 개로왕-문주왕-삼근왕이 부자상속한 것으로 기록되어 있지만, 개로왕 이후의 왕위 계승 및 왕계 문제는 『일본서기』에 전하는 자료들이 복잡한 계보를 밝히는 데 도움이 되고 있다. 『일본서기』에 나오는 자료를 소개하면 다음과 같다.

A-① 가수리군加須利君[개로왕이다]은 …… 이에 그의 아우 군군軍君[곤지昆支이다]에게 "네가 일본에 가서 천황을 섬겨라"고 말하였다. 군

8) 비유왕대에 해씨세력이 정국을 주도하다가 비유왕 말기 대고구려전을 둘러싸고 국왕은 강력한 반격을 주장한 반면, 해씨세력은 타협적인 태도를 보임에 따라 갈등관계가 조성되기 시작했다고 한다(문안식, 2005, 앞 논문, 43-47쪽).

9) 주보돈, 2007, 앞 논문, 336쪽.

10) 양기석, 1990, 앞 논문, 123쪽.

군이 대답하기를 "상군上君의 명령은 어길 수가 없으나 원컨대 임금님의 부인을 주신 이후에 떠나라는 명을 받들겠습니다"고 대답하였다. 가수리군은 임신한 부인을 군군에게 주며 "나의 임신한 아내는 이미 해산달이 되었다. 만약 도중에 해산을 하면 한 척의 배에 태워서 다다른 곳이 어디든지 속히 나라에 돌려보내도록 하라"고 말하였다. 마침내 작별하고 조정에 파견되는 명령을 받았다.[11]

A-② 임신한 부인이 과연 가수리군의 말처럼 축자筑紫의 각라도各羅嶋에서 아이를 낳았다. 그래서 이 아이의 이름을 도군嶋君이라 하였다. 이에 군군은 즉시 한척의 배로 본국에 도군을 보내니 이가 무령왕이 되었다. 백제인들은 이 섬을 주도主嶋라고 부른다.[12]

A-③ 군군軍君이 서울에 들어왔다. 이윽고 다섯 아들을 두었다. [『백제신찬』에 이르기를 "신축년에 개로왕이 아우 곤지군昆支君을 보내 대왜에 가서 천왕天王을 모시게 했는데, 형왕兄王의 우호를 닦기 위해서였다"고 하였다.][13]

A-④ 천황은 백제가 고구려에게 공파되었다는 소식을 듣고 구마나리久麻那利를 문주왕汶洲王에게 주어, 그 나라를 구해 일으켰다. 그때 사

---

11) 『일본서기』 권14, 웅략 5년 하4월 "百濟加須利君[蓋鹵王也] …… 乃告其弟軍君[昆支也]曰 汝宜往日本以事天皇 軍君對曰 上君之命不可奉違 願賜君婦 而後奉遣 加須利君則以孕婦 嫁與軍君曰 我之孕婦 旣當産月 若於路産 冀載一船 隨至何處 速令送國 遂與辭訣 奉遣於朝"

12) 『일본서기』 권14 웅략 5년 6월 "孕婦果如加須利君言 於筑紫各羅嶋産兒 仍名此兒曰嶋君 於是軍君卽以一船 送嶋君於國 是爲武寧王 百濟人呼此嶋曰主嶋也"

13) 『일본서기』 권14 웅략 5년 추7월 "軍君入京 旣而有五子[百濟新撰云 辛丑年 蓋鹵王遣弟昆支君向大倭 侍天王 以脩兄王之好也]"

람들이 모두 "백제국은 비록 이미 망하여 창하倉下에 잔병이 모여 걱정하고 있다고 했지만, 실은 천황에게 의지하여 다시 그 나라를 일으켰다."고 하였다. [문주왕은 개로왕의 모제母弟이다. 『일본구기日本舊記』에 구마나리久麻那利를 말다왕에게 하사하였다고 한다. 무릇 이는 잘못일 것이다. 구마나리는 임나국의 하치호리현下哆呼唎縣의 별읍이다.][14]

A-⑤ 문근왕이 훙하였다. 천왕天王은 곤지왕의 다섯 아들 중 둘째인 말다왕이 어리면서도 총명하여 칙을 내려 내리內裏로 불렀다. 친히 머리를 어루만지며 은근히 타이르면서 그 나라의 왕이 되도록 하였다. 이에 병기를 주고 아울러 축자국筑紫國의 군사 500명을 보내어 본국까지 호위하도록 하였다. 이가 동성왕이다.[15]

A-⑥ 백제 말다왕末多王이 무도하여 백성들에게 포학하게 하니 국인들이 마침내 제거하고 도왕嶋王을 세우니 이가 무령왕이다. [『백제신찬』에 이르기를 말다왕이 무도하여 백성들에게 포학했으므로 국인들이 함께 제거하였다. 무령왕이 즉위하였는데 휘는 사마왕斯麻王이고 곤지왕자의 아들이니 말다왕의 이모형이다. 곤지가 왜를 향해 가다가 마침 축자도筑紫嶋에 이르러 사마왕을 낳았다. 섬으로부터 되돌려 보냈는데 서울에 이르지 못하고 섬에서 낳은 까닭에 그렇게 이름하였다. 지금 각라各羅의 바다 가운데 주도主嶋가 있는데 왕이 태어난 섬이어서 백제인들이

14) 『일본서기』 권14 웅략 21년 춘3월 "天皇聞百濟爲高麗所破 以久麻那利賜汶洲王 救興其國 時人皆云 百濟國 雖屬旣亡 聚憂倉下 實賴於天皇 更造其國 [汶洲王蓋鹵王母弟也 日本舊記云 以久麻那利 賜末多王 蓋是誤也 久麻那利者 任那國下哆呼唎縣之別邑也]"

15) 『일본서기』 권14 웅략 23년 하4월 "百濟文斤王薨 天王 以昆支王五子中 第二末多王 幼年聰明 勅喚內裏 親撫頭面 誡勅慇懃 使王其國 仍賜兵器 并遣筑紫國軍士五百人 衛送於國 是爲東城王"

주도라 부른다. 지금 생각컨대 도왕은 개로왕의 아들이고, 말다왕은 곤지왕昆支王의 아들인데 여기서 이모형異母兄이라 하니 미상이다.][16]

가수리군加須利君은 개로왕, 도군嶋君은 무령왕이고, 군군軍君 또한 왕위에는 오르지 못했지만 『삼국사기』와 중국측 기록, 일본측 기록에 모두 등장하는 존재라는 점에서 계보 추정이 가능하다. 먼저 개로왕과 문주, 곤지[군군]의 관계를 보도록 하겠다. 『삼국사기』 개로왕본기 말미와 문주왕본기 서두에는 문주왕이 개로왕의 아들로, 문주왕본기 3년조와 동성왕본기 서두에는 곤지가 문주왕의 제弟로 되어 있다. 그러나 『일본서기』에는 사료 A-①, ③에서도 보이듯이 곤지가 개로왕의 제弟로 나와 있고, 문주왕 또한 A-④에 나와 있는 것처럼 개로왕의 모제母弟로 기록되어 있다. 통상 왕제王弟가 역임하는 내신좌평 내지 상좌평을 개로왕 당시에는 문주가, 문주왕대에는 곤지가 역임하고 있기 때문에[17] 문주와 곤지 모두가 개로왕의 제弟라고 보는 것이 나을 것이다.

곤지와 도군, 동성왕의 관계는 A-⑤, ⑥의 사료를 참조할 수 있는데 A-⑥의 『백제신찬』에서는 도군, 즉 무령왕을 곤지의 자子, 동성왕의 이모형異

16) 『일본서기』 권16 무열 4년 시세 "百濟末多王無道 暴虐百姓 國人遂除 而立嶋王 是爲武寧王 [百濟新撰云 末多王無道 暴虐百姓 國人共除 武寧王立 諱斯麻王 是琨支王子之子 則末多王異母兄也 琨支向倭 時至筑紫嶋 生斯麻王 自嶋還送 不至於京 産於嶋 故因名焉 今各羅海中有主嶋 王所産嶋 故百濟人號爲主嶋 今案 嶋王是蓋鹵王之子也 末多王 是琨支王之子也 此曰異母兄 未詳也]"

17) 『삼국사기』 권26 백제본기4 문주왕 즉위년 "初毗有王薨 蓋鹵嗣位 文周輔之 位至上佐平" 및 3년 하4월 "拜王弟昆支爲內臣佐平 封王子三斤爲太子"

母兄으로 기록하고 있다. A-⑤에서 동성왕을 곤지의 5자 중 제2자라고 한 것도 『백제신찬』의 사실성을 보강해주는 기록이다. 『백제신찬』에 나오는 것처럼 도군, 즉 무령왕이 곤지의 제1자임을 간접적으로 드러내기 위한 것일 수도 있다. 이에 대해 A-③처럼 '이미 다섯 아들이 있었다'고 하므로,[18] 곤지는 이미 혼인한 상태에서 부인과 함께 왜경倭京에 간 것이고, 유년의 나이에 즉위한 동성왕은 곤지의 둘째 아들이므로 왜에 체류한 형이 따로 있었다고 보는 견해도 있으나,[19] '기旣'자의 의미를 '이미'로만 한정시킬 필요는 없다.

물론 말미에 사료 A-①, ②를 염두에 둔 탓인지 도군을 개로왕의 자子로 보려는 의도도 비추고 있으나,[20] 『백제신찬』이라는 자료의 신빙성이 높기 때문에 여타의 기록에 나온대로 도군을 곤지의 자子로 보는 것이 합리적이

---

18) 곤지가 왜에 건너갈 때 태어난 무령은 동성 즉위시 18세가 되는데 곤지가 도왜시 이미 다섯 아들을 두었다는 것은 불가능하기 때문에 '旣'는 '이미'의 의미보다는 '이윽고'의 의미가 타당할 것이다.

19) 주보돈은 사료 A-①에서 보듯이 무령왕은 개로왕의 혈통을 잇고 있음이 분명하기 때문에 동성에게는 따로 왜에 체류한 형이 있었다는 주장을 하였다(주보돈, 2007, 앞 논문, 351쪽).

20) 이에 대해 개로왕 피살 이후 일시적으로 방계로 이어졌던 왕통이 종식되고, 무령왕대에 직계 계승이 확립되었기 때문에 한성시대 왕통과의 연결을 통해 사비시대 무령왕계 왕실의 정통성을 천명함으로써 무령왕의 왕위를 정당화하려 했다고 해석하기도 한다(이도학, 1984, 앞 논문, 15-17쪽). 그런데 『일본서기』 권14 웅략 20년조에 "國王及大后王子等 皆沒敵手"라는 기록이 나오기 때문에 문주왕대부터는 개로왕의 직계 단절로 인해 불가피하게 방계로 왕위계승이 이루어질 수밖에 없었다.

다.[21] 이와 달리 무령왕을 개로왕의 자로 보는 견해도 여전히 존재한다.[22] 그러나 개로왕의 자라면 문주왕 사후 다시 무령왕으로 왕위가 계승되어야 하는데 삼근으로 이어지고, 삼근왕 사후에도 동성왕이 즉위하고 있으므로 개로왕의 자로 보기 어렵다.[23]

한국 사학계에서는 개로왕대 이후의 왕계에 대해 어느 정도 정리가 되었으나, 일본 사학계에서는 이러한 설에 동조하는 듯하면서도 『남제서』 백제전에 나오는 사료에 대한 미련을 아직 거두지 못하고 있는 실정이다. 『남제서』 백제전에 의하면 모대牟大는 모도牟都의 손자로 그 뒤를 이어서 왕이 되었다고 하는데,[24] 모대가 동성왕, 모도가 문주왕이기 때문에 이 기사가 성립되려면 동성왕의 부父인 곤지가 문주의 자子가 되어야 한다. 그런데 『일본서기』에 인용된 『백제신찬』에 따르면 곤지의 부는 문주왕이 아니라 비유왕이기 때문에 『남제서』와 『백제신찬』을 정합적으로 맞춰보면 문주왕의 딸이 곤지에 시집을 가서 태어난 자가 동성왕이고, 문주왕은 동성왕의 외조부가 된다는 것이다.[25]

21) 개로, 문주, 곤지가 형제관계이고, 동성왕과 무령왕이 곤지의 자로서 이모형제간임은 이기동, 이도학에 의해서 밝혀졌는데(이기동, 1996, 『백제사연구』, 일조각, 157-159쪽; 이도학, 1984, 앞 논문, 4-17쪽), 대체로 타당한 듯하다.

22) 개로왕이 자신의 임부를 곤지에게 준 것은 당시 부여족에서 널리 행해지던 자연스러운 습속으로 이해하였다(문경현, 2000, 「백제 무령왕의 출자에 대하여」, 『사학연구』 60, 45-48쪽). 주보돈도 주 19)처럼 이 견해를 수용하고 있다.

23) 오계화, 2004, 「백제 무령왕의 출자와 왕위계승」, 『한국고대사연구』 33, 260-261쪽.

24) 『남제서』 무제 永明 8년 정월조 "百濟王牟太遣使上表 遣謁者僕射孫副 策命太襲亡祖父牟都爲百濟王曰 …今以世襲祖牟都爲百濟王卽位"

25) 古川政司, 1981, 「五世紀後半の百濟政權と倭 -東城王卽位事情を中心として-」, 『立命館文學』 7 · 8, 71-74쪽; 田中俊明, 2009, 「문주왕계의 등장과 무령왕」, 『백제연구』 49, 123-137쪽.

이들 견해는 문주왕의 계보 복원을 위한 사료비판의 원점은 『남제서』 백제전의 기술이라 하여 『남제서』를 지나치게 취신하는 경향이 엿보인다. 『남제서』 백제전 기사가 관계사를 파악하는 중요한 자료이기 때문에 백제의 왕계王系를 기록하는 데도 착오가 있을 수 없다고 보아야 하는지 고민하게 한다. 왕의 출자 내지 계보를 전하고 있는 자료들이 서로 불일치할 때 그 자료들을 모두 고려하여 그에 부합하는 계보를 도출해낼 것인지, 아니면 자료의 정확성이나 가치를 고려하여 취사선택할 것인지 판단해야 한다고 본다.

2. 정치 운영의 방향

종래 개로왕대를 전체적으로 개관하면서 시기구분을 한 주요성과는 다음과 같다. 대체로 3단계의 시기구분을 하고 있다. 먼저 양기석은 개로왕 즉위년~13년까지의 제1단계는 개로왕이 사가제私假制를 통해 왕족을 중심으로 한 지배세력의 개편을 도모한 시기로 왕권의 전제화를 위한 준비기로 보았다. 14~17년의 제2단계는 고구려의 남진 위협에 대처하기 위해 신라, 왜, 송과 빈번한 우호관계를 맺고 북위에 청병하는 등 고구려를 압박하는 전방위 외교책을 추진하던 시기, 18~21년의 제3단계는 개로왕의 실정과

앞의 사료 A-④의 細註에 나오는 "汶洲王蓋鹵王母弟也"의 '母弟'를 통상 同母弟로 보는데 田中俊明은 문주왕이 개로왕의 어머니의 남동생이며, 그 딸이 개로왕의 남동생 곤지에게 시집가서 동성왕을 출산한 것으로 보았다.

475년 고구려의 한성 공격이 전격적으로 단행된 시기로 설정하였다.[26] 노중국도 양기석과 시기구분이 거의 일치한다. 개로왕대를 1~13년 전반기, 14~17년 후반기, 18~21년 종말기로 시기구분하였다.[27] 현재 남아있는 문헌 자료가 시기구분의 중요한 기준이 된 듯한 느낌이 든다.

주보돈은 명확한 시기는 언급하지 않았지만, 469년(개로왕 15)의 의미를 매우 강조하였다. 즉위~461년 이전, 461~469년 이전, 469년 이후부터 한성 함락 이전까지로 설정하였다.[28] 1단계와 2단계를 구분하는 결정적 계기는 461년 곤지를 왜에 파견함으로써 왕족을 주축으로 한 위협적 세력을 배제하고 국왕 중심의 안정적 지배체제를 구축하게 된 점이다. 2단계와 3단계의 구분점은 469년 백제가 고구려를 선제공격했다는 사실이다.[29]

개로왕대를 다룬 여러 연구에서 초기의 정국을 거론할 때 항상 언급되는 것이 458년(개로왕 4) 송에 보낸 국서이다.[30] 『삼국사기』에 개로왕 13년까지의 기사가 전혀 나오지 않는 상황에서 개로왕 초의 상황을 엿볼 수 있는 중요한 자료이다. 신료 11명에 대한 관작 요청 사실이 보이는데 11명 중 8

26) 양기석, 2013, 앞 책, 73-85쪽.

27) 노중국, 2004, 앞 논문, 80쪽.

28) 주보돈, 2007, 앞 논문, 362-364쪽.

29) 469년(개로왕 15)이라는 시점을 중시한 것은 김수태였다. 개로왕대가 귀족정치를 벗어나서 전제정치를 지향한 시기로 이해되지만, 전제정치를 확립하기까지의 과정은 『삼국사기』에서 빠져 있고, 실질적으로 전제정치를 확립한 시기는 469년이어서, 이것이 고구려에 대한 선제공격으로 단행되었다고 주장했다(김수태, 2000, 「백제 개로왕대의 대고구려전」, 『백제사상의 전쟁』, 서경문화사, 224-227쪽). 이에 대해 양기석은 고구려의 공격을 사전에 제어하기 위한 방어적인 성격의 선제공격으로 볼 수 있지 않나는 의문을 제기했다(같은 책, 246쪽).

30) 이에 대해서는 뒤에서 다시 언급할 것이다. 주 42) 참조.

명이 왕족인 부여씨라는 사실이 주목되었다. 그러나 왕족인 부여씨가 절대 다수를 차지하는 사실, 즉 왕족의 중용이 왕권의 강화를 목적으로 한 조치인지, 아니면 왕권이 미확립된 상태에서 불가피하게 취해진 권력의 분점 조치인지를 둘러싸고 의견의 차이가 있다.

개로왕이 왕권강화를 위해 왕족 또는 근친왕족 중심의 정국 운영을 추진하고자 했다고 보는 것이 좀 더 일반적인 견해였다. 왕권강화를 위해 왕족을 중용하는 정책을 편 결과 왕 · 후호를 칭한 왕족이 등장했으며, 이는 개로왕대에 대왕권大王權이 확립되었음을 의미한다는 것이다.[31] 또한 개로왕은 천명적 질서에 가탁하여 스스로 대왕이라 자처하고 그 신료들을 왕 · 후 · 태수로 분봉하여 백제식의 천하질서를 갖추면서 왕권의 전제화를 모색했다고 보고, 곤지의 왜 파견도 이것의 연장선에서 파악했다.[32] 이와 달리 처음에는 개로왕이 왕족 중심으로 정치운영을 하려고 했던 것으로 보았으나,[33] 백제에서도 좌현왕과 우현왕을 제수받은 자들은 상당한 정도의 독자성을 가진 존재이기 때문에 좌 · 우현왕제는 강력한 왕권이 확립되지 못한 상황에서 나온 것이며, 왕권은 상당히 제약을 받았다고 입장을 바꾼 경우도 있다.[34] 왕족의 중용이 왕권의 강화로 직결되는 것이 아니기 때문에 '왕족의 중용'이라는 현상 자체에만 매달리기보다는 좌 · 우현왕 제도의 본래의 취지를 함께 고민해야 할 것이다.

31) 이도학, 2007, 앞 논문, 48-49쪽.
32) 양기석, 2014, 앞 책, 82-83쪽.
33) 노중국, 1988, 『백제정치사연구』, 일조각, 143쪽.
34) 노중국, 2004, 앞 논문, 39-40쪽.

개로왕에게 권력이 집중되는 계기와 관련해서는 461년 곤지의 도왜渡倭 시점에 주목할 필요가 있다. 곤지의 파견 목적이 무엇이었는지가 명확히 드러나 있지 않아, 이에 대해서도 의견이 분분하다. 크게는 왜와의 우호관계 도모와 같은 외교적인 목적을 우선시하는 입장과 대립세력을 제거하기 위한 정략적인 수단임을 강조한 입장 두 가지로 나눌 수 있다. 전자에 해당하는 견해로는 유사시의 청병請兵 목적만이 아니라, 장기적으로는 일본열도 안의 백제계 이주민들을 조직화하여 왜의 중앙 정부에 협조함으로써 백제와의 돈독한 결속을 도모한 것이라고 보는 견해가 있다.[35] 이의 연장선상에서 곤지는 가와치河內 지역에 정착했기 때문에 한반도계 도왜인을 규합하여 백제를 지원하고, 또 왜도 백제계 도왜인을 효율적으로 통제해줄 수 있는 일원화된 창구를 마련할 필요에서 곤지의 도왜가 이루어졌다고 보기도 한다.[36] 그러나 이러한 견해들은 지나치게 외교적인 목적만을 강조한 것이다.

왜와의 공조 강화를 도모한 측면도 어느 정도 있을 수 있으나, 더 중요한 목적은 정략적인 추방에 있지 않나 생각된다. 또 현실의 군권軍權을 장악하고 있었던 인물이 16년이라는 기간 동안 왜에 체류하면서 우호관계의 유지를 도모했다는 것도 사실로 보기는 어려운 부분이다. 따라서 곤지가 지나치게 위협적인 세력으로 성장한 탓에 왕권의 핵심부에서 배제하려는 목적

35) 이재석, 2001, 「곤지의 도왜시점과 동기에 대한 재검토」, 『백제문화』 30, 24-29쪽; 양기석, 2005, 「5세기 백제와 왜의 관계」, 『왜5왕 문제와 한일관계』, 경인문화사, 82-83쪽.
36) 정재윤, 2008, 「백제 왕족의 왜 파견과 그 성격」, 『백제문화』 47, 18-20쪽.

이 더 컸으므로 사실상은 추방이라고 보았다.[37] 곤지의 파견이 추방의 성격을 띤다면, 461년 이후 국왕에게 권력이 집중되기 시작한 것으로 보는 것은 큰 문제가 없을 듯하다. 이는 461년까지는 국왕의 권력 장악에 일정한 제한이 있었다는 의미도 될 것이다.

개로왕이 문주를 상좌평에 임명한 시기도 문제가 된다. 문주왕 즉위년조에 개로왕 재위시 문주가 보좌하여 그 지위가 상좌평에 이르렀다는 기사만 나올 뿐 정확한 시기는 명기되지 않았기 때문에 여러 가지 추정이 있을 수 있다. 그러나 개로왕이 458~461년 국왕을 정점으로 한 집권적 지배체제를 구축해가기 위해 위협적인 유력자를 제거하는 정책을 폈다는 점을 감안하면 곤지가 추방된 461년에서 멀지 않은 시점에 문주가 상좌평에 취임했을 가능성이 있다.[38]

이후 개로왕의 정국 운영이 어떻게 이루어졌는지를 보여주는 자료는 없지만, 469년 고구려에 대한 공격을 감행하고, 472년 북위에 국서를 보냄으로써 자신감을 표출시켰던 것은 아닐까 한다. 비록 고구려의 첩자에 속아 취해진 조치이기는 하지만, 475년 기사에 보이는 대규모의 토목공사도 국왕이 초월적인 권력을 갖게 되었음을 말해주는 것이라고 생각한다.

'대왕大王'이란 칭호는 바로 이러한 정황을 반영하는 용어일 것이다. 지명 + 왕 · 후호가 사용된 개로왕대에 백제왕은 이미 왕 · 후 위에 군림하는 대

---

37) 연민수, 1998, 「5세기 후반 백제와 왜국」, 『고대한일관계사』, 혜안, 414-417쪽; 주보돈, 349-350쪽; 양기석, 2014, 앞 책, 84쪽.

38) 주보돈, 2007, 앞 논문, 352-353쪽.

왕으로 격상되었다는 주장을[39] 필두로 개로왕대를 대왕제大王制의 시기로 이해하는 시각이 일찍부터 있었다. 전지왕 즉위년조에 아신왕의 죽음을 '대왕기세大王棄世'라 표현하고, 고구려승 도림道琳이 개로왕과의 대화에서 개로왕을 계속 '대왕大王'이라 지칭하고 있다. 또 고구려에서도 이미 4~5세기 단계에 대왕大王, 태왕太王이 등장하고, 일본에서도 5세기의 철검명에서 '대왕大王'이란 칭호를 사용한 것을 보면,[40] '대왕제大王制'의 실시까지 직결시킬 수는 없으나, 적어도 개로왕대에 '국왕을 중심으로 한 권력강화'는 충분히 상정할 수 있다고 본다. 왕족 및 유력귀족의 현실적인 지위를 인정해 주면서도 국왕은 왕이나 후인 그들보다도 훨씬 상위에 있는 대왕임을 표방함으로써 국왕의 권한을 확대하고자 했던 것이다.

일반적으로 친족적 기반에 기초한 정치체의 구조는 중앙집권적인 국가 체제로의 전화를 저해한다고 평가된다. 신라에서도 진골귀족과 일정한 거리를 유지하고 싶었으나, 왕조의 안녕과 세력균형을 확보하기 위해서는 이들을 보존해야만 했다.[41] 백제의 왕이 왕족을 대하는 태도도 이와 크게 다르지 않았을 것이다. 이들을 이용하여 귀족세력을 제어하기도 하면서, 또 이들이 절대적인 권력을 행사하지 못하도록 끊임없이 견제했을 것이다. 왕족은 때로는 국왕과 길항관계를 보이면서, 때로는 국왕에 협조하면서 자신

39) 坂元義種, 1978,『古代東アジアの日本と朝鮮』, 吉川弘文館, 101-102쪽 : 上田正昭 1973,「倭王の存在」,『大王の世紀』, 小學館, 292쪽.

40) 大王(太王)號에 대한 정리는 김영심, 2008,「백제의 '君'호에 대한 시론적 고찰」,『백제연구』 48, 25쪽 참조.

41) 이기동, 2003,「신라 왕권 연구의 몇 가지 전제 -중고기 왕권과 신분제, 종교의 상호 관계」,『신라문화』 22, 8쪽.

의 운신의 폭을 넓히고자 했다. 국왕 또한 때로는 왕족의 공을 인정하여 관직을 제수하기도 하고, 때로는 자신에 위협적인 왕족을 축출하기도 하면서 자신의 권한을 강화하기 위한 조치를 취했던 것이다. 따라서 458년부터 취해진 일련의 조치를 보면, 개로왕대의 정치 운영은 왕족 중심 지배체제를 극복하는 방향으로 나아갔으면서도 여전히 왕족을 활용하는 조치를 취한 것으로 정리할 수 있지 않을까 한다.

그런데 여기에서 한 가지 짚고 넘어가야 할 것이 있다. 왕족의 비중이 많다는 사실을 지적하는 데에만 집중되었던 458년(대명 2, 개로 4)조의 개로왕의 상표문을 꼼꼼히 살펴볼 필요가 있다. 『송서』 백제전에 수록된 상표문을 소개하면 다음과 같다.

> B- (대명) 2년 경慶이 사신을 보내 표문을 올려 "신의 나라는 대대로 특별한 은혜를 받아 문무文武의 훌륭한 대신들이 대대로 조정의 작호를 받았습니다. 행관군장군行冠軍將軍 우현왕右賢王 여기餘紀 등 11명은 충성스럽고 부지런하여 특별한 승진을 하여도 마땅하오니 엎드려 바라건대 가엽게 여기시어 모두 제수해주시길 청합니다."라고 하였다. 이에 행관군장군 우현왕 여기는 관군장군冠軍將軍으로, 행정로장군行征虜將軍 좌현왕左賢王 여곤餘昆과 행정로장군 여훈餘暈은 모두 정로장군征虜將軍으로, 행보군장군行輔國將軍 여도餘都와 여예餘乂는 모두 보국장군輔國將軍으로, 행용양장군行龍驤將軍 목금沐衿과 여작餘爵은 모두 용양장군龍驤將軍으로, 행영삭장군行寧朔將軍 여류餘流와 미귀麋貴를 모두 영삭장군寧朔將軍으로, 행건무장군行建武將軍 우서于西와 여루餘婁를 모두 건무장군建武將軍으로

삼았다.[42]

상표문의 내용을 보면, 백제의 요청은 '장군호' 수여에 초점이 맞춰졌다. 우현왕 여기와 좌현왕 여곤도 장군호를 수여받았고, 나머지 인물 모두 장군호 제수 요청을 올려 장군호를 제수받았다. 그런 점에서 위진 남조에서는 '관인官人의 장군화'가 이루어져 중앙과 지방을 망라한 모든 국정운영에서 장군적 요소를 못 벗어났다는 사실에 주목해볼 필요가 있다. 동진대 이후는 이러한 군사관할권이 주변국의 군주들에게도 적용되기 시작하여 동진말부터는 주변국 군주에 대해 장군호가 수여되었고, 420년 송의 창업 시점부터는 중국측과 정치 문화적 교류를 희망하는 주변국에 장군호의 수용이 점차 국제적인 관례로 굳어졌다. 백제왕도 도독 · 장군 등의 칭호를 남북조의 황제로부터 부여받았다. 이러한 칭호를 받음으로써 독립적인 군사력과 정치력을 인정받았지만,[43] 그것이 독자적인 막부의 개설로까지 이어졌다고 보기는 힘들다. 또한 주변국 군주가 보낸 사절이 군부軍府 속관의 직함인 장사 · 사마 · 참군호를 지닌 것은 새로 형성된 관계망을 이 시대 국제관계의 표준으로 정한 데 따른 것이었다.[44]

---

42) 『송서』 권97 열전 제57 백제국 "(大明)二年, 慶遣使上表曰: 臣國累葉, 偏受殊恩, 文武良輔, 世蒙朝爵. 行冠軍將軍右賢王餘紀等十一人, 忠勤宜在顯進, 伏願垂愍, 並聽賜除. 仍以行冠軍將軍右賢王餘紀爲冠軍將軍. 以行征虜將軍左賢王餘昆 · 行征虜將軍餘暈並爲征虜將軍. 以行輔國將軍餘都 · 餘乂並爲輔國將軍. 以行龍驤將軍沐衿 · 餘爵並爲龍驤將軍. 以行寧朔將軍餘流 · 麋貴並爲寧朔將軍. 以行建武將軍于西 · 餘婁並爲建武將軍."

43) 김한규, 1997, 『고대 동아세아 막부체제 연구』, 일조각, 331쪽.

44) 이주현, 2012, 「위진남조의 장군제와 '영동대장군'」, 『백제문화』 46, 194-198쪽.

남조에서 장군호가 가지는 이러한 의미를 보면 458년의 장군호는 그것이 백제사회에서 실질적으로 갖는 의미보다는 송이 구축한 외교질서 속에 편입되기 위한 목적이 강한 작호爵號라고 보는 것이 타당할 것이다.[45] 따라서 유송에 작호를 요청한 것은 장군호에 한정된 것이며, 좌 · 우현왕은 송과의 외교관계가 아니라 백제사회 내부에서의 목적이 강하다고 볼 수 있다.[46] 좌 · 우현왕제는 백제가 흉노의 제도를 모방하여 독자적으로 시행한 것이며, 왕 · 후호 또한 백제 내부의 문제를 해결하기 위한 것임이 분명해진다.

그렇다면 백제사회 내부에서 좌 · 우현왕제의 목적은 무엇인가? 이에 대해서는 왕 · 후호제의 기능과 함께 3장 1절에서 살펴보기로 하겠다.

---

45) 458년 국서를 '대대적인 지방의 군사권 개편'을 알려주는 기사라 보기도 하나(채민석, 2014, 「백제 왕 · 후제의 도입과 운영에 대한 시론」, 『한국사연구』 166, 15쪽), 송으로부터 받은 장군호가 실질적인 군사권을 담보한다고 보기는 어렵다.

46) 물론 장군호도 백제사회 내부에서 가지는 기능이 있을 수 있다. 백제의 중국식 장군호는 산관화되어가면서 '관계'적 성격이 강화된 유송 · 남제대의 것을 모델로 했기 때문에 '서열 표시의 관계적 성격'을 가진 데에 불과하다(정동준, 2013, 『동아시아 속의 백제 정치제도』, 일지사, 138-140쪽)는 주장을 참고하면, 관료들의 위계 서열을 표시하는 기능은 했을 수 있다. 장군호의 이러한 성격은 '振武'라는 관등이 성립된 데서도 엿볼 수 있다.

Ⅲ. 개로왕대의 체제정비

1. 중앙의 정치체제 정비

개로왕대에 중앙집권화가 어느 정도 실현되었는지를 파악하기 위한 차원에서 중앙통치제도를 검토하고자 한다. 먼저 관등제부터 살펴보자. 관등제는 왕권을 정점으로 한 특권 신분층, 즉 지배기구에 참여하는 관료나 관료예비군 개개인의 정치적 등급과 서열을 나타내는 제도적 장치이자 중앙정치체제를 뒷받침하는 제도이다. 관등제의 실시와 같은 중앙통치제도의 정비는 율령반포 이전부터 이루어질 수 있다고도 하지만,[47] 백제 16관등제의 완비 시점에 방점을 두고자 한다.

백제의 16관등제는 일시에 갖춰진 것이 아니라 단계적으로 정비된 것으로 보인다. 백제 관등제의 성립과정은 대체로 3단계로 보고 있는데, 필자 또한 3단계로 구분해서 살펴본 바 있다.[48] 백제가 고대국가의 틀을 갖춘 고

47) 홍승우, 2011, 앞 논문, 90쪽.
48) 이하 16관등제의 성립과정에 대해서는 김영심, 2007, 「백제중앙지배조직」, 『백제의 정치제

이왕대에 관등제의 기본 골격인 좌평佐平과 솔류率類의 관제가 제정되었다. 제2단계의 정비는 고이왕 이후 80년간의 내적 정비기간을 거쳐 근초고왕대에 이루어졌다. 솔계率系, 덕계德系 관등이 5개의 등급으로 세분화된 시기는 근초고왕대를 전후한 시점이 될 것이다. 제3단계의 정비는 무독文督 이하의 관등이 정립된 시기이다. 동성왕대 무렵에는 문독과 무독이 성립되었으며, 좌군佐軍 · 진무振武 · 극우克虞 이하 하위관등의 정비는 동성왕대 전후의 시기에 가능했다. 진무장군振武將軍이 전한 시대에 설치된 것이기는 하지만 임시적인 것이기 때문에 백제에서 진무장군이란 칭호를 확실히 알게 된 것은 진무장군이 상치된 송나라 이후이며, 백제의 관등명 진무振武가 나오게 된 것은 적어도 동성왕대의 장군호 책봉[49]과 관련이 있다고 보았다.

이에 대해 진무는 남조 송에서 4품군의 장군직인 오무장군五武將軍, 즉 건무建武 · 진무振武 · 분무奮武 · 양무揚武 · 광무廣武장군의 하나이며, 중국 송나라의 관행에 따라 백제에서도 장군호와 태수직을 동시에 제수하고 있기 때문에 진무振武의 성립 시기를 올려볼 수 있다는 견해가 제기되었다. 개로왕대부터 오무장군 가운데 일부를 신료에게 책봉하고 장군호와 태수직을 함께 책봉하는 관행이 나타났으므로 진무를 16관등으로 편입시킨 시기는 개로왕대까지 소급된다고 보았다. 진무 관등을 5세기 후반 16관등체계에 편입시켰기 때문에 16관등 완비 시기는 개로왕대이며, 16관등을 완비한 시점에 관등체계 및 의관제의 운영에 필요한 행정법규를 성문화하여 정비했을

도와 군사』, 충남역사문화연구원, 40-43쪽 참조.

49) 495년에 책봉을 받은 '兼參軍行振武將軍朝鮮太守張塞'에서 '振武'가 확인된다.

것으로 보았던 것이다.[50]

관등제가 단계적으로 정비되었을 것으로 보는 것은 대체로 일치하지만, 12 · 13관등인 문독文督 · 무독武督이 추가된 시기를 성왕대로 보아 16관등제의 성립 시기를 사비시기로 보는 견해가 있어[51] 검토의 여지가 있다. 개로왕이 남송에 보낸 표문에 나오는 "문무양보文武良輔"나 동성왕이 남제에 보낸 표문에 나오는 "문무열현文武烈顯"이라는 표현은 적어도 458년 이전 단계부터 백제에 문무의 관념이 있었음을 말해준다. 따라서 문독과 무독 관등은 솔계와 덕계 관등이 세분된 근초고왕대 이후부터 동성왕대 전후 14~16 관등이 성립되기 이전에 형성되었을 가능성이 크다. 앞에서 살펴본 것처럼 송의 성립 이후 중국측과 교류를 원하는 주변국들이 장군호를 수여받게 되면서 중국의 장군호將軍號에 대한 정보가 축적되고, 그를 바탕으로 하위 관등을 제정했을 것으로 보인다. 따라서 개로왕대에서 동성왕대에 16관등제가 완비되었다고 보는 것은 큰 무리가 없을 것이며, 일원적인 관등제의 성립은 중앙집권국가 성립의 하나의 지표가 될 수 있다.

다음으로 '군君'호제號制 문제에 대해 간단히 언급해보기로 하겠다. 5세기 대왕제大王制와 대왕의식이 자리잡게 되면서 '왕王 · 후侯'호와 함께 '군君'이라는 칭호가 등장한 것으로 보인다. '왕王 · 후侯'호가 왕족이나 고위 관료 등 좀 더 넓은 범위의 왕족에게 수여되었다고 한다면, '군君'호는 왕자나 왕제 등 아주 제한된 왕족에게 주어진 것이라고 할 수 있다. 그러나 '왕 · 후'

50) 전덕재, 2012, 「백제의 율령 반포 시기와 그 변천」, 『백제문화』 47, 108-109쪽.
51) 노중국, 2003, 「삼국의 관등제」, 『강좌 한국고대사』 2, 122-130쪽; 박현숙, 2005, 『백제의 중앙과 지방』, 주류성, 122-125쪽.

호와 '군君'호는 상호 배타적인 것은 아니었다. 앞에서도 보았듯이 곤지는 458년 좌현왕에 임명되었고, 461년 왜에 파견될 때 이미 '군군軍君'으로 칭해지고 있었기 때문에 두 개의 작호를 동시에 가지고 있었을 가능성이 있다. 곤지는 좌현왕에 임명되었기 때문에 왕의 근친자로서 군사권을 장악하여 '군군軍君'이라는 칭호까지 가지게 되었다고 볼 수 있지 않을까 한다.[52]

그런데 곤지의 파견 목적을 둘러싼 논의에서도 볼 수 있는 것처럼 종실, 왕족은 이중적인 면을 가지고 있기 때문에 성격 규정에 있어서 양면성을 다 고려해야 할 것이다. 중국 남조에서도 친왕親王 제도가 황실의 강화라는 측면은 있었어도 황제와 친왕의 갈등 속에서 황제권의 절대성에 대한 위협 요소로 작용할 소지가 많았기 때문에 황제 중심의 관료체제를 지향할 때는 친왕의 정치적 역량을 약화시키는 조치를 취하게 되고, 이러한 조치를 취하는 과정에서 상호 갈등과 충돌을 일으키기도 하였다.[53] 백제의 좌 · 우현왕이나 지명+왕 · 후에 나오는 여씨餘氏 일족은 왕족이자, 관직을 가진 관료이기도 했기 때문에 권력을 둘러싸고 갈등을 일으킬 소지가 분명히 있는 존재였다. 당시 동아시아 각국에서 종실집단을 어떻게 효율적으로 다루느냐가 왕권강화, 지배체제의 강화와 직결되는 것이었던 만큼 국왕권의 강화를 꾀했던 개로왕 또한 이들을 신중하게 처리하는 태도를 취했던 것이 아닌가 생각된다.

52) 좌현왕이었던 여곤이 昆支君, 軍君으로 칭해지기 때문에 이것이 『일본서기』와 중국측 기록, 『삼국사기』의 기록방법의 차이인지, 시기적인 변화를 의미하는 것인지, 아니면 왕 · 후호와 군호 사이에 일정한 관계가 성립하는 것인지 검토할 필요가 있다.

53) 이성규, 1993, 「중국 고대 황제권의 성격」, 『동아사상의 왕권』, 한울아카데미, 앞 논문, 33-34쪽; 김유철, 1990b, 앞 논문, 38-39쪽.

개로왕대의 정치 운영의 방향을 왕족의 적절한 배제와 활용을 통한 국왕권의 강화로 규정할 수 있다면, 좌 · 우현왕제나 왕 · 후제를 어떤 목적으로 활용하려 했을까? 백제 고유의 목적을 찾아낼 필요가 있다. 좌 · 우현왕은 흉노 · 돌궐 등 북방 유목민족국가에서 군주, 즉 선우單于나 가한可汗에 다음가는 칭호로 국가의 지배씨족이 독점하는데 군사권을 장악하고 군주의 근친자가 임명되었다.[54] 좌 · 우현왕제가 백제사에서 어떤 역할을 담당했느냐에 대해서는 고구려의 남침에 대응하기 위한 지방의 조직화에 목적이 있으며, 좌 · 우현왕이 다스리는 범위는 중앙 조정의 통제력이 미치지 않는 지역이라고 보는 견해,[55] 좌현왕은 백제의 동방을 관장하므로 왜와 관련된 업무를 담당했다는 견해,[56] 좌 · 우현왕은 영토를 둘로 나누어 통치하는 존재가 아니라 국왕과 함께 권력을 분점한 존재로 보는 견해[57] 등이 있다.

흉노에서 가장 전형적인 형태가 나타나기는 하지만, 흉노만이 아니라 선비에서도 확인되므로[58] 백제가 이들 제도를 채택한 유래는 어느 한 곳으로만 고정시킬 필요는 없다고 하겠다. 또 단지 외형적인 차용만이 아니라 백제 사회에 이러한 제도의 기능이나 운영 방식을 잘 알고 있는 지식계층이 존재하고 있었을 가능성이 높다.

왕王 · 후호侯號는 『남제서』 단계에서 많이 확인되지만, 472년(개로왕 18) 북위에 보낸 상표문에도 '불사후弗斯侯 여례餘禮'가 보인다. 지역명 + 왕 · 후

54) 坂元義種, 1978, 앞 책, 69쪽.
55) 정재윤, 1999, 『웅진시대 백제 정치사의 전개와 그 특성』, 서강대 박사학위논문, 23-32쪽.
56) 이도학, 2007, 앞 논문, 45-46쪽.
57) 주보돈, 2007, 앞 논문, 342-343쪽.
58) 『魏書』 권95 열전 83 徒何慕容廆 "祖木延 從毌丘儉征高麗有功 加號左賢王 … 左賢王普根"

호가 나오는 사료는 다음과 같다.

C-① 연흥延興 2년(472) 그 왕 여경餘慶이 처음으로 사신을 보내 표문을 올려 다음과 같이 아뢰었다. "신은 동쪽 끝에 나라를 세웠는데, 승냥이와 이리가 길을 막으니, 비록 대대로 영험한 교화를 받았으나 번국藩國으로서의 예를 받들 방법이 없었습니다. 멀리 천자의 궁궐을 바라보면 달려가고 싶은 마음이 끝이 없습니다. 서늘한 바람이 가볍게 부는 이때에 엎드려 생각건대 황제폐하께서는 하늘의 아름다운 도리에 잘 조화하시는지라 매달리고 싶고 우러러보는 정을 이기지 못하겠습니다. 삼가 사사로이 임명한 관군장군冠軍將軍 부마도위駙馬都尉 불사후弗斯侯 장사長史 여례餘禮와 용양장군龍驤將軍 대방태수帶方太守 사마司馬 장무張茂 등을 보내, 험한 파도에 배를 띄워 아득한 나루터에서 길을 찾으며 목숨을 자연의 운수에 맡겨서 만 분의 일의 정성이라도 바치고자 합니다. 바라건대 하늘의 신과 땅의 신이 저의 뜻에 감응을 보내고 황제의 영험이 널리 덮어주셔서 천자의 궁궐에 도달하여 신의 뜻을 펼쳐 드러낼 수 있다면, 비록 '[그 소식을] 아침에 듣고 저녁에 죽는다'고 해도 길이 여한이 없을 것입니다."59

C-② [⋯모대가 표문을 올려 말하였다.] "공에 대하여 보답하고 부

59) 『魏書』 권100 열전88 백제 "延興二年(472), 其王餘慶始遣使, 上表曰, 臣建國東極, 豺狼隔路, 雖世承靈化, 莫由奉藩, 瞻望雲闕, 馳情罔極. 涼風微應, 伏惟皇帝陛下協和天休, 不勝係仰之情, 謹遣私署冠軍將軍 · 駙馬都尉弗斯侯, 長史餘禮, 龍驤將軍 · 帶方太守 · 司馬張茂等投舫波阻, 搜徑玄津, 託命自然之運, 遣進萬一之誠. 冀神祇垂感, 皇靈洪覆, 克達天庭, 宣暢臣志, 雖旦聞夕没, 永無餘恨."

지런히 힘쓴 것을 위로하는 것은 실로 그 명성과 공업을 보존하는 것입니다. 가행假行 영삭장군寧朔將軍 저근姐瑾 등 4명은 충성을 다하여 나라의 환란을 물리쳤으며, 뜻과 용기의 결단성과 굳셈은 명장 같은 위엄을 갖췄으니, 나라의 든든한 성이요 사직의 튼튼한 울타리라 할 만합니다. 공을 논하고 노고를 헤아리면 마땅히 환히 드러나는 자리에 있어야 하므로 지금 전례에 따라 잠시 임시직을 주었습니다. 엎드려 바라건대 은혜로움을 베푸시어 임시로 내린 관직을 허락하여 주십시오. 영삭장군 면중왕面中王 저근은 중요한 일을 두루 잘 보좌하였고 무공 또한 뛰어나 지금 가행假行 관군장군冠軍將軍 도장군都將軍 도한왕都漢王으로, 건위장군建威將軍 팔중후八中侯 여고餘古는 젊은 나이부터 보좌하여 충성이 일찍부터 드러났으므로 지금 가행 영삭장군 아착왕阿錯王으로, 건위장군 여력餘歷은 본바탕이 충성스럽고 정성스러우며 문무가 매우 뛰어나므로 지금 가행 용양장군龍驤將軍 매로왕邁盧王으로, 광무장군廣武將軍 여고餘固는 중요한 일에 충성을 다하고 국정을 빛내고 선양했으므로 지금 가행 건위장군 불사후弗斯侯로 삼았습니다."[60]

C-③ 건무建武 2년 모대가 사신을 보내 표문을 올려 다음과 같이 아뢰었다. "신은 예전에 분봉을 받은 이래로 대대로 조정의 영예를 입었

60) 『南齊書』 권58 열전39 동남이 백제 "(永明8年(490) 正月) 報功勞勤, 實存名烈. 假行寧朔將軍臣姐瑾等四人, 振竭忠効 攘除國難 志勇果毅 等威名將, 可謂扞城 固蕃社稷. 論功料勤 宜在甄顯, 今依例輒假行職. 伏願恩慇 聽除所假. 寧朔將軍 · 面中王姐瑾, 歷贊時務 武功竝列, 今假行冠軍將軍 · 都將軍 · 都漢王. 建威將軍 · 八中侯餘古, 弱冠輔佐 忠効夙著, 今假行寧朔將軍 · 阿錯王. 建威將軍餘歷, 忠款有素 文武列顯, 今假行龍驤將軍 · 邁盧王. 廣武將軍餘固, 忠効時務 光宣國政, 今假行建威將軍 · 弗斯侯."

고, 더하여 절부와 부월을 받아 모든 변방을 평정하였습니다. 지난번에 저옥姐瑾 등이 모두 황송하게도 영광스러운 관작을 제수받아 많은 신하들이 모두 편안하였습니다. 지난 경오년에도 험윤獫狁이 잘못을 뉘우치지 않고 군사를 일으켜 깊이 핍박해왔습니다. 신이 사법명 등을 보내 군사를 거느리고 역습케 하여 밤에 기습하여 번개같이 공격하니, 흉이匈梨가 크게 당황하여 바닷물이 밀려가듯이 붕괴되었습니다. 달아나는 틈을 타서 좇아가 베니 시체가 들을 붉게 물들였습니다. 이로 말미암아 그 예봉을 꺾으니 고래처럼 사납던 무리가 그 흉포함을 감추었습니다. 지금 나라가 조용해진 것은 실로 사법명 등의 지략 때문이니 그 공훈을 찾아 마땅히 표창을 해주어야 할 것입니다. 지금 사법명을 행정로장군行征虜將軍 매라왕邁羅王으로 가수假授하고, 찬수류를 행안국장군行安國將軍 벽중왕辟中王으로 가수하고, 해례곤을 행무위장군行武威將軍 불중후弗中侯로 가수했으며, 목간나는 전에도 군공이 있는 데다 또 성문과 배를 공격하여 빼앗았으므로 행광위장군行廣威將軍 면중후面中侯로 가수했습니다. 엎드려 바라건대 천자의 은혜를 특별히 베풀어 관작을 제수하는 것을 허락해주십시오."[61]

61) 『南齊書』 권58 열전39 동남이 백제 "建武二年(495), 牟大遣使上表曰: '臣自昔受封 世被朝榮 忝荷節鉞 剋攘列辟. 往姐瑾等竝蒙光除 臣庶咸泰. 去庚午年, 獫狁弗悛 擧兵深逼. 臣遣沙法名等領軍逆討 宵襲霆擊 匈梨張惶 崩若海蕩. 乘奔追斬 僵尸丹野. 由是摧其銳氣 鯨暴韜凶. 今邦宇謐靜 實名等之略 尋其功勳 宜在褒顯. 今假沙法名行征虜將軍 · 邁羅王, 贊首流爲行安國將軍 · 辟中王, 解禮昆爲行武威將軍 · 弗中侯, 木干那前有軍功 又拔臺舫 爲行廣威將軍 · 面中侯. 伏願天恩特愍聽除.'"

왕 · 후제의 실시 시기에 대해서는 앞에서 살펴본 『송서』를 토대로 더 이른 시기로 앞당겨보기도 한다.[62] 이밖에도 곤지의 도왜 시점인 461년 이후라는 설,[63] 458~472년설,[64] 왕 · 후 · 태수제의 맹아는 원가元嘉 27년(450) 이전이지만, 적극적인 활용은 475년 한성함락에 동반한 국도남천 이후라는 설[65] 등이 있다. 왕 · 후호 또한 장군호와 마찬가지로 사료 C-①, ②, ③에서 확인되듯이 개로왕부터 동성왕대에 걸쳐 중국 왕조와 빈번하게 접촉하면서 백제의 제도로 자리잡았을 것으로 생각된다.

이 시기 백제에서 왕 · 후제가 채택된 것은 아마도 위진남북조시대 중국에서 왕 · 공 · 후의 봉작이 행해졌고, 중국 주변국가들에도 왕 · 후가 보편화되어 있었기 때문일 것으로 추정한 바 있으나,[66] 최근 이에 대해 좀 더 구체적으로 살펴본 연구가 있다.[67] 탁발 선비가 세운 북위에서 백제의 왕 · 후제와 유사한 제도가 운영된 흔적이 보인다는 것이다.[68] 지역명이 관칭된

---

62) 노중국은 "臣國累葉 偏受殊恩 文武良輔 世蒙朝爵"이라는 458년 국서의 내용과 七支刀의 명문에 등장하는 "侯王"을 근거로 개로왕대 이전부터 백제가 왕 · 후제를 시행하였다고 주장한다(노중국, 2012, 「백제의 왕 · 후호, 장군호제와 그 운영」, 『백제연구』 55, 230-232쪽). 그러나 458년 국서에서 왕 · 후호가 좌 · 우현왕밖에 등장하지 않는 점으로 미루어보았을 때, 제시된 구절은 장군호에만 해당하거나 자신들의 관례임을 명분 삼아 중국 조정으로부터 쉽게 승인을 받기 위한 외교적 修辭로 보아야 하겠다.

63) 문안식, 2005, 앞 논문, 55쪽.

64) 채민석, 2014, 앞 논문, 8쪽.

65) 坂元義種, 1978, 앞 책, 143쪽.

66) 김영심, 1997, 『백제 지방통치체제 연구 -5~7세기를 중심으로-』, 서울대대학원 박사학위논문, 102-103쪽.

67) 채민석, 2014, 앞 논문, 16-19쪽.

68) 『魏書』 卷113 志9 第19 官氏志 職官 天賜元年(404) 9月 "九月, 減五等之爵 始分爲四, 曰王 · 公 · 侯 · 子, 除伯 · 男二號. 皇子及異姓元功上勳者封王, 宗室及始蕃王皆降為公, 諸公降為侯,

왕 · 후호는 아니나, 왕王의 봉지封地는 대군大郡에, 공公의 봉지는 소군小郡으로 정했으며, 후侯는 대현大縣을, 자子는 소현小縣을 봉지로 삼게 했다고 하므로 왕 · 공 · 후 · 자 등이 봉지를 가지고 있음을 알 수 있다. 또 왕은 제1품, 공은 제2품, 후는 제3품, 자는 제4품으로 했다는 관품 규정이 별도로 나오므로 봉지를 가진 왕 · 공 · 후 · 자 등이 단순한 작호가 아니라 실질적인 기능이 있다는 것을 알 수 있다. 지역명이 관칭된 왕 · 후호가 아니기 때문에 바로 직결시킬 수는 없으나, 지방행정 단위가 되는 지역을 봉지로 가지고 있다는 점에서 참고로 삼을 만하다.

백제가 북위에 눈을 돌리게 된 계기는 450년 북위 태무제의 유송 침공에서 찾을 수도 있다.[69] 북위에 보낸 외교문서가 명확히 존재하기 때문에 어떤 경위에서 이러한 관계가 형성되었는지, 또 언제부터 접촉의 가능성이 있었는지 고찰할 필요성이 있다. 중국계 이주민에 의해 북위의 제도에 접했을 가능성도 생각해볼 수 있다. 450년 서하태수 풍야부馮野夫는 북연의 왕족으로서 고구려로 망명했던 인물인데, 고구려에서 북위와의 관계를 고려해 북연의 망명자들을 제거하는 과정에서 백제로 내려왔기 때문이다.[70]

백제나 신라에서 보이는 왕 칭호를 흉노 · 유연 등 북방의 유목국가와 중

侯 · 子亦以此為差. 於是封王者十人, 公者二十二人, 侯者七十九人, 子者一百三人. 王封大郡, 公封小郡, 侯封大縣, 子封小縣. 王第一品, 公第二品, 侯第三品, 子第四品."

『魏書』 卷7下 紀7下 高祖孝文帝宏 下 太和16年(492) 正月 "乙丑, 制諸遠屬非太祖子孫及異姓爲王 皆降爲公, 公爲侯, 侯爲伯, 子男仍舊, 皆除將軍之號."

69) 채민석, 2014, 앞 논문, 25-26쪽.

70) 윤용구, 2008, 「중국과의 대외관계와 문물교류」, 『한성백제사』 4, 서울시 시사편찬위원회, 146쪽.

국의 일부를 점령한 북위·북제 등의 호족정권에서 보이는 현상을 자신들의 사회 상황에 맞게 자의적으로 이용했을 가능성이 제기되기도 한다.[71] 하지만 왕·후호를 비단 유목국가나 호족정권과의 관련성에서만 살펴볼 필요는 없을 듯하다. 또 모든 제도는 그 제도를 도입한 나라의 사정에 따라 어느 정도의 변용이 이루어질 수밖에 없다는 점에서 '자의적'이라는 표현은 적절치 않아 보인다. 더욱이 남제 시기는 황제의 지위가 매우 불안정하고 혼란스러웠기 때문에 백제가 남제에 표문을 올려 관작을 제수해주기를 요청한 것은 중국에 대한 형식적인 예우에 그친 것이며, 실제로는 백제 사회 자체 내의 목적에서 백제왕 스스로 작호를 수여했을 것으로 생각된다.

개로왕대 왕·후제 시행이 확실하다면, 백제에서 왕·후제는 어떤 의미를 갖는 것인지 기존의 연구를 살펴보면서 추론해보도록 하겠다. 왕·후제를 지방제와 연결시켜서 보아야 한다면 2절에서 다루어야 할 것으로 생각된다.

왕·후호에 대해서는 그 동안 의례적인 것으로 보는 시각이 많았다. 백제류의 천하관 형성이라는 차원에서 왕·후호를 작위적 내지 의례적인 성격으로 보거나,[72] 백제의 대중국관계나 해외경영과 관련시켜 보아야 한다는 주장이 있다[73]. 이 두 견해를 종합하여 왕·후호는 중국과의 대외관계에

---

71) 최진열, 2007, 「중국 주변국이 수용한 '王'의 이미지 －북조의 異姓王 濫封과 백제·신라의 複數王 출현 현상의 비교사적 이해」, 『중국고중세사연구』 17, 223쪽.

72) 양기석, 1984, 「5세기 백제의 「왕」·「후」·「태수」 제에 대하여」, 『사학연구』 38, 55-70쪽.

73) 노중국, 1988, 앞 책, 222-223쪽. 노중국은 面中 지역의 지위가 변하지 않은 상황에서 지방관의 지위가 변한다는 사실은 납득하기 어렵다며 왕·후제가 지방통치제도와는 무관하다고 주장하였다. 다만 그는 봉지를 받은 인물의 왕·후호를 결정하는 요인이 작호를 받는

서 사용된 의례적인 것으로서 백제에서 실제로 왕 · 후 · 태수제를 실시했던 것은 아니라고 보기도 했다.[74] 개로왕대까지는 주로 왕족에게, 웅진천도 이후는 신진세력을 중앙귀족으로 흡수시켜 중추적 역할을 하게 한 결과 왕족 이외에 다수의 이성귀족에게도 왕 · 후의 칭호를 부여하였으며, 지명과 연관된 왕 · 후호도 대중관계에서 사용된 의례적인 작제였다고 보았던 것이다. 그러나 앞에서 살펴본 것처럼 중국이 구축한 외교질서 속에 편입되려는 목적은 '장군호'를 제수받음으로써 달성할 수 있었다.

한편 지배세력의 편제 내지 중앙통치질서 차원에서 접근하기도 한다. 개로왕대의 왕 · 후호와 한성함락 이후의 왕 · 후호는 동일 선상에서 파악하기는 곤란하다고 보고, 개로왕대에는 상좌평 체제의 한계를 보완하기 위해 왕족들을 전면에 등장시켜 왕족 중심의 정치체제를 지향한 것으로 이해하였다.[75] 지방제도 차원은 아니지만, 왕후 · 태수제의 의미를 지방민의 폭넓은 등용을 위한 제도로 이해하기도 한다.[76]

왕 · 후제를 지방통치 차원에서 적극적으로 검토한 연구도 있다.[77] 좀 더 구체적인 고찰을 한 연구에 따르면, 개로왕은 담로를 지역별로 묶어 광역 단위로 편제한 후 왕 · 후를 해당 책임자로 임명하여 지방통치의 효율성을

사람의 정치적 위상에서 나온다는 점을 강조하였다(노중국, 2012, 앞 논문, 229-230, 236-237쪽).

74) 박현숙, 2005, 앞 책, 135-136쪽.

75) 문동석, 2006, 「백제 전지왕 · 개로왕대 왕족의 대두와 왕권강화」, 『경희사학』 24, 21쪽.

76) 주보돈, 2007, 앞 논문, 358쪽.

77) 필자 또한 왕족 및 고위관료를 각 지방의 왕 · 후로 분봉함으로써 지방에 대한 통제를 원활히 하고자 했다고 하여 왕 · 후호를 22담로와 연결시킨 바 있다(김영심, 1997, 앞 논문, 109쪽).

도모하였다고 한다. 중앙의 왕족이나 고위 귀족세력 외에도 지방의 영향력 있는 토착세력이 왕 · 후로 임명되었다. 다만 왕 · 후제는 전국의 모든 지방을 대상으로 실시된 것이 아니라, 금강 이남과 노령 이북지역 사이에 국한되었다.[78] 동성왕대 이후 토착세력을 활용하여 지방을 간접적으로 통치하던 왕 · 후제가 소멸되고, 중앙에서 파견된 관리가 지방을 관장하는 담로제가 정착하였다고 보았다.[79] 왕 · 후를 담로의 책임자라고 보기는 했으나, 왕 · 후제를 담로제와 동일시하지는 않았다. 왕 · 후제는 개로왕과 동성왕대에 한정된 것으로 보고, 왕후제와 담로제는 계기적 발전을 이룬 것으로 보았다.

그러나 『송서』, 『남제서』 등에서 보이는 것처럼 백제왕이 제수한 왕 · 후 등의 작호를 중국측에서는 추인만 하는 형식이고, 실제 내부적으로는 후에서 왕으로 승진하거나, 봉지가 변경되는 등 복잡한 양상이 나타나고 있다. 이처럼 복잡한 양상으로 전개된 왕 · 후제를 의례적이라거나 대중국관계상의 필요로만 한정짓는 것은[80] 왕 · 후호의 의미를 지나치게 축소한 것이다. 백제류의 천하관 형성이라는 것도 일면 타당성을 갖지만, 단순히 의례적인 작제였다면 이처럼 복잡하게 운영하지는 않았을 것이므로 백제의 작호제

78) 문안식, 2005 앞 논문, 55-60쪽. 2007년 논문에서는 왕 · 후제가 시행된 범위를 안성천 이남과 노령 이북 사이에 위치한 옛 마한의 중심지역에 해당된다고 보아 금강 이남을 안성천 이남으로 변경하였다(문안식, 2007, 「고흥 길두리고분 출토 금동관과 백제의 왕 · 후제」, 『한국상고사학보』 55, 38쪽).

79) 문안식, 2007, 앞 논문, 39-43쪽.

80) 백제의 작호 임명에 관한 사료는 대중국 관계에서만 나타나는 특수한 사료인데, 백제 지배세력의 동향 문제와 관련하여 너무 확대 해석되었다고 보고 의례적인 작호로 보는 것이 타당하다고 하였다(양기석, 1984, 앞 논문, 59-60쪽).

로서 왕·후제가 갖는 의미는 분명히 있었을 것이다. 더욱이 왕·후호에 관칭된 지명 중 매라邁羅·아착阿錯과 같은 경우는 실제 백제의 지명에서 확인되고 있기 때문에 왕·후호는 실질적인 의미가 없는 허봉虛封이 아니라 현실적인 세력의 크기가 반영되었을 것이다. 봉작의 형식은 띠었지만, 왕·후제는 백제사회를 운영하는 데 필요한 장치였다는 차원에서 검토되어야 할 것이다.[81]

2. 지방지배 체제의 정비

왕·후제가 지방지배와 관련이 있고, 담로와 관계가 있다는 견해들이 제시되었지만, 구체적으로 어떤 형태의 지방지배가 이 시기에 행해지고 있었는지 살펴볼 필요가 있다. 개로왕대에 해당하는 5세기 중·후반은 담로제檐魯制가 시행되었느냐 아니냐로 의견이 갈리는 시기이다. 『양서梁書』의 기록을 그대로 따라 담로제가 아직 시행되지 않은 것으로 보기도 하지만, 근초고왕대 내지 개로왕대, 즉 한성도읍기에 담로제가 시행된 것으로 보는 견해가 많다.

담로제의 시행 시기를 추정하는 근거로 『일본서기』 인덕 41년조 기사가[82] 거론되어 왔다. 이 기사에 대해 '국國·군郡'이라는 표현은 8세기 율령제적 지방지배조직의 명칭이며, 실존이 의심스러운 기각숙네紀角宿禰의 활동

81) 이상은 김영심, 2015, 「중앙통치조직의 성립과 운영」, 『서울2천년사 4 -한성백제의 도성과 지배체제』, 서울역사편찬원, 68-69쪽 참조.

82) 『일본서기』 권11 인덕 41년 "春三月 遣紀角宿禰於百濟 始分國郡壃場 具錄鄕土所出".

에 의미를 부여할 수 없다는 점 등을 들어 신뢰할 수 없다는 주장도 있다.[83] 후대의 사실이 부회되거나 윤색이 되었을 가능성은 충분히 인정한다. 절대 연대도 취신하기는 힘들지만, 기록의 순차성順次性은 받아들일 수 있는 부분이 있다. 예컨대 응신 3년조의 기각숙네紀角宿禰 등이 아화왕阿華王을 옹립하고 돌아갔다는 기사를 2주갑을 늦추어 392년으로 보면, 『삼국사기』의 아신왕 즉위년과 정확히 일치한다. 응신 25년에는 전지왕 사망과 구이신왕 즉위 사실이 기록되고 있는데, 전지왕의 사망 연대 자체는 5~6년의 차이가 있지만 전지왕에 관한 기사가 인덕기 기사보다 앞에 나오고 있는 것은 순차順次가 맞다. 따라서 인덕 41년조 기사는 순차성順次性에 입각해볼 때 개로왕대에 해당할 가능성이 높아진다.[84]

또한 『일본서기』 인덕기 기사만이 담로제 시행의 절대적인 기준이 되는 것은 아니며, 당시의 정황을 고려할 때도 타당한 면이 있다. 구이신왕(420~427)은 단기간 재위했지만, 30년에 가까운 시기를 재위한 비유왕대(427~455)와 20년 가량 재위한 개로왕대(455~475)를 포함하는 5세기 중·후반은 고구려의 침공을 경험한 이후 백제가 새로운 변화를 모색하는 시기였다. 수리관개시설의 축조나 축성 등 대규모의 토목사업과 아울러 고구려의 남진에 대처하기 위한 체제정비의 필요성이 증대했다.

담로제를 논할 때 금동관 등의 위세품과 연결지어 논의가 많이 되고, 지

83) 김현구·박현숙·우재병·이재석, 2002, 『일본서기 한국관계 기사 연구(I)』, 일지사, 201-202쪽.

84) 김영심, 2014, 「고흥 안동고분 축조의 역사적 배경」, 『백제문화』 51, 61쪽.

방통치제도 연구에 있어서 금동관은 중요한 관심사 중의 하나이나,[85] 개로왕대 체제정비의 일환으로서 지방지배의 문제를 거론하는 본 발표에서는 이에 대한 구체적인 논의는 생략하도록 한다. 또 왕후제가 바로 담로제인지, 왕후제와 담로제는 계기적인 것인지, 동일 시기에 존재하되 왕후제와 담로제가 상하관계인지의 문제도 별도의 검토가 이루어져야 할 문제라고 생각하지만, 여기서는 논외로 한다. 최근 백제의 율령제 반포 시기와 관련해서 이에 대한 논의가 활발하게 이루어졌기 때문에 지방에 대한 일원적 지배의 실현이라는 측면에 초점을 맞추어 검토하고자 한다.

삼국이 율령반포를 통해 추구한 국가체제는 중앙의 법제를 전 영역 내에 적용하여 국가로서의 동질성을 추구하는 한편 다양하게 존재하던 지방을 효율적으로 직접지배하는 것이다.[86] 실제 『삼국사기』 기록을 통해 일원적인 지배가 이루어졌는지를 검토해보기로 하자.

D-① 한수동북의 모든 부락의 15세 이상 되는 사람을 징발하여 위례성을 수리하였다[發漢水東北諸部落人年十五歲以上 修營慰禮城]. 〈온조왕 41년 2월〉

85) 이한상, 2009, 『장신구 사여체제로 본 백제의 지방지배』, 서경문화사; 이훈, 2010, 『금동관을 통해 본 4~5세기 백제의 지방통치』, 공주대대학원 사학과 박사학위논문. 다만 고흥 안동고분의 사례를 통해 위세품의 사여를 '재지세력이 강하게 유지되었던, 즉 아직 중앙의 통제력이 확실히 미치지 않았던 지역의 유력 수장층을 활용하여 그 지역에 대한 지배를 강화하기 위한 것'으로만 볼 수는 없다는 생각을 가지게 되었다(김영심, 2014, 앞 논문, 67-68쪽).

86) 홍승우, 2011, 앞 논문, 270-275쪽.

② 왕이 장정을 징발하여 위례성을 보수하였다[王徵發丁夫葺慰禮城]. 〈책계왕 즉위년〉

③ 국내의 15세 이상 되는 사람들을 징발하여 관문의 방어 시설을 설치하였다. 청목령青木嶺에서 시작하여 북으로는 팔곤성八坤城, 서로는 바다에 닿았다[發國內人年十五歲已上 設關防 自青木嶺 北距八坤城 西至於海]. 〈진사왕 2년 춘〉

④ 동부와 북부 2부의 15세 이상 되는 사람들을 징발하여 사구성沙口城을 쌓게 하고 병관좌평 해구解丘를 시켜 이 일을 감독하게 하였다[徵東北二部人年十五已上 築沙口城 使兵官佐平解丘監役]. 〈전지왕 13년 추7월〉

E-① 이에 왕은 백성들을 모조리 징발하여, 흙을 쪄서 성을 쌓고, 그 안에는 궁실, 누각, 사대를 지으니 웅장하고 화려하지 않은 것이 없었다[於是盡發國人 烝土築城 卽於其內作宮室樓閣臺榭臺 無不壯麗]. 〈개로왕 21년 추9월〉

② 나이가 15세 이상인 북부 사람들을 징발하여 사현성沙峴城과 이산성耳山城 두 성을 쌓았다[徵北部人年十五歲已上 築沙峴·耳山二城]. 〈동성왕 12년 추7월〉

③ 왕이 한성으로 행차하여 좌평 인우因友와 달솔 사오沙烏 등에게 명령하여 15세 이상 되는 한수이북 주·군의 백성들을 징발하여 쌍현성雙峴城을 쌓게 하였다[王幸漢城 命佐平因友·達率沙烏等 徵漢北州郡民年十五歲已上 築雙峴城]. 〈무령왕 23년 춘2월〉

『삼국사기』에 나오는 요역 징발 기사는 특정지역을 대상으로 한 것과

D-③, ④와 E-①처럼 특정 지역에 한정되지 않고 국내國內를 대상으로 한 것이 있다. 개로왕대의 국인國人을 모두 징발하는 역사役事는 지방관의 역할을 매개로 전국적 차원의 인력 동원, 요역의 동원이 가능했던 것을 의미한다.[87]

백제에서는 편호소민編戶小民 도미都彌가 비자婢子를 소유하고 있는 것을 근거로 자영 소농민층의 성장을 상정한다. 토지사유화와 농업생산력의 증대에 따라 노비奴婢를 거느린 편호소민도 나타났다고 본 것이다.[88] 개별個別 가호家戶가 농업생산을 영위하는 주체가 되고, 이들이 조세수취의 단위가 될 가능성은 상당히 높다고 할 수 있다. 이 자료를 개별 가호 단위로 호적을 작성하여 호주를 대상으로 부세를 부과하고 요역을 징발하는 개별인신적인 수취체계를 정비한 것으로 파악하여, 5세기 후반 개로왕대에 백제가 율령을 반포했음을 논증하기도 하였다.[89]

국가의 호구戶口에 대한 파악은 호적제도로 나타나는데, 호적제도는 인적 · 물적 자원의 능률적인 조직화, 일원적인 지배를 가능케 하는 원천이었다.[90] 백제에서는 호구조사와 토지조사가 언제부터, 어떤 방식으로 이루어졌을까? 요역 동원 기사를 볼 때 국초부터 호구에 대한 파악은 어떤 방식으로든 행해졌을 것임은 분명하나, 그것이 율령의 호구령戶口令으로 정비되는 것은 통치조직의 정비와 함께 가능했을 것이다. 『삼국사기三國史記』 도미열

---

87) 김영심, 2005, 「백제 5방제 하의 수취체제」, 『역사학보』 185, 10-11쪽.

88) 양기석, 1996, 「三國史記 都彌列傳 小考」, 『李元淳教授華甲紀念 史學論叢』, 15쪽.

89) 전덕재, 2012, 앞 논문, 113-115쪽.

90) 朴根七, 1996, 『唐代 籍帳制의 運營과 收取制度에 관한 硏究』, 서울대 동양사학과 박사학위논문, 2-6쪽.

전의 편호소민編戶小民 기사나, 〈당평제비명唐平濟碑銘〉의 "호戶 24만, 구口 620만을 각각 편호編戶로 정리하였다"는 기록에서[91] 확인되는 백제의 편호제編戶制는 국가의 세원稅源 확보 노력에서 나온 조치일 것이다.

백제에서 호적戶籍이 작성된 시기에 대해서는 무령왕대 가야지역으로 도망간 백성 중 절관絕貫된 지 3~4세 된 자를 추쇄한다는 기록과,[92] 도미열전의 편호소민이라는 표현을[93] 근거로 개로왕대일 것이라고 추정하기도 한다. 개로왕대에는 국인國人을 모두 징발해서 축성케 할 수 있었으므로 국인國人 전체에 대한 파악이 가능했던 시기라고 분명히 말할 수 있을 것이다. 그러나 비록 일반적인 정황을 말한 것이지만 아신왕 8년의 '호구쇠감戶口衰減'이라는 표현이나, 비유왕대 빈핍한 자에게 곡식을 사여할 때 차등을 두었다는 것은 고구려 고국천왕대의 기사와 관련시켜 볼 때 개인의 경제적 처지에 대한 파악이 가능했다는 것을 의미하므로 그 이전에 호적이 작성되었을 가능성도 전혀 배제할 수는 없다. 백제에서 이러한 호적이 작성되었다는 것은 기본적으로 국가의 행정력에 의해 개별호에 대한 파악이 가능했다는 것을 의미한다.

최근 백제의 율령 반포 시기를 추정하는 연구에서도 일원적인 지방제도의 편제, 개별인신적인 지배가 이루어진 시기에 주목하여, 개로왕대에 이것

---

91) 〈唐平濟碑銘〉 "凡置五都督 卅七州 戶廿四萬 口六百卄萬 各齊編戶 咸變夷風"(1992, 『譯註 韓國古代金石文』 I, 가락국사적개발연구원)

92) 『日本書紀』 권17 계체 3년 춘2월 "遣使于百濟 括出在任那日本縣邑百濟百姓 浮逃絕貫三四世者並遷百濟附貫也"

93) 『三國史記』 권48 열전8 都彌 "都彌 百濟人也 雖編戶小民 而頗知義理"

이 갖춰졌음을 밝히고 있다.[94] 주요 근거를 들어보면, 첫째, 앞의 사료 D-③, ④와 E-②, ③처럼 4세기 말~6세기 초 사이에 15세 이상을 동원한다는 기사가 많이 나오므로 국가가 민의 연령을 파악하여 호적을 작성하고 그것을 수취에 활용한다는 점이다. 둘째, 문주왕 2년(476) 대두산성을 수리하고 민호들을 이주시켰다는 것은 웅진천도 직후부터 민호에 대한 파악과 편호가 시행되고 있었다는 것이므로 일원적인 지방지배의 실현은 한성기로 올라간다는 것이다. 셋째, 개로왕대의 일련의 기사는 백제를 위기에 빠뜨리기 위한 고구려 승려 도림의 계략에 의한 것이지만,[95] 도성의 수리와 궁성의 조영, 선대 왕릉의 재건 등은 왕실의 존엄을 드러내기 위한 대규모의 토목공사이고, 개로왕대 왕권강화를 위한 것이며, 중앙에서 직책을 맡은 좌우현왕과 지방에 봉해진 불사후가 확인되므로 왕후제가 지방지배의 한 방식으로 작용했다고 보아야 한다는 점이다. 이를 근거로 왕후제에 의한 지방지배가 시행되고 있는 개로왕대 무렵을 율령의 시행을 통한 일률적인 체제정비의 시기로 상정하였다.

백제의 지방지배를 다룰 때도 당시 삼국의 지방제도를 염두에 둔 단계설정이 필요한 것은 사실이지만, 최근 일련의 지적을 보면 신라의 틀에서 백제를 보려는 의도가 매우 강하다.[96] 상대적으로 자료가 풍부한 신라사의 도움을 받아 백제사를 해명할 수 있는 단서를 찾아낼 수 있다는 것은 매우

94) 홍승우, 2011, 앞 논문, 83-101쪽.

95) 전쟁이 지속되는 상황에서 막대한 인력과 재정이 투입되는 토목공사는 불요불급한 일이기 때문에 도림의 건의에 따른 대규모의 토목공사는 개로왕 후반기에는 성립되기 어렵다는 견해도 있다. 도림 기사의 사실성을 부정한 것이다(이도학, 2007, 앞 논문, 42-43쪽).

96) 이현혜, 2013, 「백제 고이왕대 연맹왕국설 검토」, 『백제연구』 58, 74-78쪽.

고무적이나, 금동관의 해석 등에 있어 신라의 틀을 그대로 적용하여 일률적으로 해석하는 것은 문제가 있다고 본다. 인민에 대한 직접지배를 지향해가는 방향성 자체는 동일하다고 해도 직접지배에까지 이르는 방식은 다를 수 있기 때문이다.

3. 방어선의 구축

개로왕 당시 백제와 고구려의 경계선은 어떻게 설정되었을까? 5세기 전반기 백제와 고구려의 경계는 개로왕 초기까지도 크게 변화되지 않았다고 한다. 백제가 한성 방어를 위하여 파주 오두산성 · 월롱 산성 · 칠중성 · 양주 대모산성 · 포천 반월산성 · 이천 설봉산성 · 여주 파사 산성 등 한성 북쪽과 동쪽 지역의 주요 거점에 있는 산성을 중심으로 환상環狀 방어체계防禦體系를 구축하고, 도성 주변에도 사성, 아차산성 등을 축조하여 2차 방어선을 구축하였다는 것이다.[97]

그러나 개로왕 15년(469) 백제가 청목령에 목책을 설치하고 쌍현성을 수리하였다는 기사[98]의 사실 여부에 대해서는 입장의 차이가 있다. 이 기사를 그대로 인정하여 예성강 하류 일대에 백제의 북쪽 경계지역이 형성되었다고 보는 견해가 있다. 광개토왕의 남정 때 상실한 임진강 이북 일대의 영토

97) 서영일, 2008, 「한성백제의 교통로 상실과 웅진천도」, 『향토서울』 72, 58-60쪽, 61쪽.
98) 『삼국사기』 권25 백제본기3 개로왕 15년 "冬十月 葺雙峴城 設大柵於青木嶺 分北漢山城士卒戍之"

를 일부 회복한 상태였다는 것이다.[99] 그러나 백제가 469년 8월 고구려 남비南鄙, 즉 관미성關彌城을 공격한 다음 마식령산맥 남단의 청목령까지 진출하는 것은 사실로 보기 어렵다는 주장도 있다. 475년 고구려가 백제 한성을 함락하기에 앞서 임진강 유역을 공략한 흔적이 없고, 임진강 북안을 비롯하여 임진강-한강의 경계지대인 양주, 한강 북안의 아차산 일대 등에서 고구려 보루성이 대거 확인되기 때문에 백제가 469년에 임진강 유역을 수복하거나 예성강-임진강 분수령 일대에 방어시설을 구축했을 가능성은 없다는 것이다.[100] 앞에서 살펴본 것처럼 469년 백제의 고구려 남변에 대한 선제적인 공격이 있었다는 사실이 개로왕대의 시기구분에서 중요한 획기로 거론되는 만큼 백제의 영토 회복이 수반된 것이었는지는 추후 면밀한 검토가 필요하다.

475년 평양에서 출발한 고구려군이 한강유역에 이르기까지의 진군로에 대해서는 대체로 일치된 견해를 보인다. 첫째, 개성-장단-호로하瓠蘆河나 칠중하-적성(칠중성)-양주-중랑천이나 왕숙천을 끼고 남하하는 경로, 둘째, 개성에서 바로 남하, 임진강 하구를 건너 파주를 지나 서울로 바로 남하하는 경로, 셋째, 철원-포천-서울에 이르는 내륙경로 등 세 가지 경로가 상정이 되는데 대체로 첫째 경로가 이용되었을 것으로 추정된다.[101]

이러한 경로를 통해 한강 북안에 이른 고구려군은 일시적으로 한강을 사

---

99) 문안식, 2005, 앞 논문, 69쪽; 양기석, 2013, 앞 책, 86쪽.

100) 여호규, 2013, 「5세기 후반~6세기 중엽 고구려와 백제의 국경 변천」, 『백제문화』 48, 134쪽.

101) 최종택의 견해(1999, 「경기 북부지역의 고구려 관방체계」, 『고구려발해연구』 8, 274-275쪽)를 노중국(앞 논문, 63-64쪽), 임기환(2007, 「고구려 남진과 백제의 대응」, 『한성도읍기의 백제』, 충남역사문화연구원, 279-280쪽), 양기석(앞 책, 106쪽) 등이 따르고 있다.

이에 놓고 백제와 대치하였다. 고구려가 일시에 한강이남 지역을 점령한 것이 아니라 임진강 이남 지역을 확보하고 일정 기간 한강 북안의 구의동과 아차산 일원에 주둔하며 백제와 한강을 사이에 놓고 대치하였다.[102] 북성을 7일 밤낮을 공격하여 함락시켰고, 뒤이어 남성을 함락시켰다. 문주가 신라의 지원군 1만을 얻어 한성으로 돌아왔을 때 한성은 이미 함락되고 개로왕은 전사한 후였다. 문주는 한성에서 즉위하고 10월에 웅진으로 천도한 것으로 되어 있기 때문에 당시 한성을 함락시킨 고구려군이 한성에서 바로 철수했는지, 한강 이남에 계속 주둔했는지가 논란이 되고 있다.

더 나아가 고구려가 한성을 함락시킨 후 한반도 중부지방이 어떤 방식으로 다스려졌느냐에 대해서도 의론이 분분하다. 한성을 함락당해 웅진으로 천도한 백제가 『삼국사기』 백제본기에 여전히 한강유역을 차지하고 있는 것처럼 기록되어 있어서 사료 자체에 대한 문제제기부터 시작하여 다양한 의견이 개진되었다. 직접적이든 간접적이든 고구려의 영향 하에 놓이게 되는 것은 분명하나 새로 편입된 영역에 대한 지배방식에 대해서는 영역지배를 실시하지 못했거나 군사적 거점지배만 가능했다는 의견과[103] 실질적으로 군현을 설치하고 본격적인 영역지배를 실시했다는 의견으로[104] 크게 구분된다.

거점지배설, 즉 475년 이후 고구려가 한강유역과 그 이남지역을 일사분

102) 최종택, 1999, 앞 논문, 279-280쪽.

103) 심광주, 2002, 「남한지역의 고구려유적」, 『고구려연구』 12; 임기환, 2002, 「고구려 · 신라의 한강유역 경영과 서울」, 『서울학연구』 18.

104) 노태돈, 2004, 「고구려의 한성지역 병탄과 그 지배형태」, 『향토서울』 66; 최종택, 2008, 「고고자료를 통해 본 백제 웅진도읍기 한강유역 영유설 재고」, 『백제연구』 47.

란한 행정체계로 지배하지는 않았을 것이라는 설이 다수를 차지한다. 세부적으로는 양국간에 일회적이나 일시적으로 교전 지점이 된 곳과 비교적 안정되게 장기적으로 지배하는 곳을 구분해 보아야 한다는 설[105]과 완충지대설, 일진일퇴의 공방전을 벌인 거듭한 지역이라는 설 등 다양한 의견이 있다.

백제의 지방통치와 관련하여 주목해볼 수 있는 것이 한성 공략 후 고구려군의 주력이 철수했지만, 고구려는 한강하류유역을 방치하지 않았고 한성지역에 대해 군제郡制를 시행했다고 보는 견해이다.[106] 물론 이에 대해서는 4세기 근초고왕 때에 백제가 평양을 치고도 그 지역을 지배하지 못한 것이 임진강이 갖는 배수진의 위험 때문이었던 것과 마찬가지로 고구려도 한강이 갖는 배수진의 위험 때문에 강 건너에 전진배치하지 못했고, 한성 공략이 성공한 이후 아차산 보루성을 근거로 점령지역에 대해 군사적인 선지배線支配, 즉 거점지배를 했을 것이라는 반론도 있다.[107] 그러나 개로왕대에 성립될 가능성이 있는 담로가 어떻게 5방제 하의 군郡으로 전화되었는

---

105) 고구려는 한성과 〈중원고구려비〉가 세워진 국원성 등 중심 거점성에는 守事와 같은 고구려 관료를 파견하여 지배 거점으로 활용하고, 여타 지역은 고구려에 협조하는 현지 백제계 재지세력을 중심 거점성에 연결시켜 지배를 관철해나갔다고 한다(양기석, 2008, 『사국의 국경선』, 서경문화사).

106) 고구려는 郡이든 城이든 한강유역을 16개의 행정구획단위로 편제했다. 郡制 편제는 지방관을 파견하여 이 지역의 인민과 토지를 중앙정부가 장악하려 했었음을 의미한다고 한다(노태돈, 2005 「고구려의 한성지역 병탄과 그 지배 양태」 『향토서울』 66, 180-187쪽). 노중국은 551년까지 고구려의 남쪽 경계는 아산만-진위-안성-죽산-괴산이고, 동남쪽 경계는 여주-충주-괴산이며, 6군, 10군 등의 칭호로 볼 때 지배방식은 郡制였다고 보았다(노중국, 2006, 「5~6세기 고구려와 백제의 관계」, 『북방사논총』 11, 30-32쪽).

107) 김영하, 「노태돈, 2005, 서울역사학대회 토론문」, 『향토서울』 66, 232-233쪽.

지를 파악할 수 있는 단서가 된다.

필자는 몇 개의 성을 아우른 통치단위인 담로가 군현제적인 지배질서의 성격을 띠기 때문에 담로의 설정을 5방제가 확립되어가는 일련의 과정으로서 이해할 수 있다고 본 바 있다.[108] 그런데 담로가 5방제 하의 '군郡'으로서 완전히 자리를 잡게 되는 과정이나 시기를 추정하는 몇 가지 근거가 있기는 하지만, '군郡'이라는 용어가 정착하는 데는 고구려가 475년 한강유역을 탈취한 이후 이 지역에 대한 지배를 한 방식에서도 일정 부분 영향을 받았을 가능성이 있다. 개로왕대에 한성이 함락된 후 한강유역이 삼국의 문화 교류의 교차점이 되면서 지방제도에 있어서도 공통적인 요소가 발현되는 계기가 되었다고 생각한다. 아울러 이 지역에 대한 지배방식과 관련하여서는 삼국간의 관계에서 핵심지역이 되기 때문에 공방전으로 인해 한 국가의 지배력이 지속적으로 행사될 수 없었을 가능성과 핵심지역인 만큼 지배력을 강력히 행사할 수 있는 체제를 구축하고자 했을 가능성, 두 가지 모두를 염두에 두어야 할 것이다.

108) 김영심, 1997, 앞 논문, 124-129쪽.

Ⅳ. 맺음말 : 중앙집권화의 추구와 실현

지금까지 개로왕대 정국의 동향과 체제정비의 문제를 살펴보았는데 개로왕대에 대한 성격 규정에서 그 동안 자주 등장한 용어는 [중앙]집권국가와 전제왕권, 대왕제大王制 등이었다. 세 가지 용어를 혼용해서 쓰는 경우도 있었으며, '대왕제'라는 용어는 전제왕권이나 집권국가와 함께 사용되는 경우가 많았다. 어떤 체제를 지향한 것인지 각각에 대해 살펴보자.

먼저 '대왕제'와 관련해서는 개로왕대를 '대왕제의 출현'[109] 또는 '대왕권 체제의 확립'[110]으로 표현했다. 대왕제를 '대왕이 군국정사를 전제하는 정치체제'라 규정하고 대왕의 전제화를 위해서는 안정적인 왕위계승과 함께 신분제, 관등제, 공복제의 정비 위에서 귀족세력의 관료화가 불가피하다고 보았다.[111]

---

109) 坂元義種, 1978, 앞 책, 96-102쪽; 양기석, 1984, 앞 논문, 62-67쪽; 김영하, 1994, 『한국사』 3, 한길사, 76쪽.

110) 이도학, 2007, 앞 논문, 48쪽.

111) 김영하, 2016, 「고대왕권의 전개와 전화 -신라 왕권의 추이를 중심으로-」, 『한국 고대의 왕권』, 한국고대사학회 제29회 합동토론회 자료집, 20-21쪽.

중앙집권국가와 관련해서는 460년대 별다른 기반이 없는 다양한 세력이 개로왕 개혁의 핵심으로 진출하면서 백제가 기존의 부체제적인 성격을 탈피하여 국왕을 정점으로 하는 중앙집권적 귀족국가를 수립해갔다고 보았다.[112] 중앙집권국가는 왕권강화를 필요조건으로, 관료제와 군현제를 충분조건으로 하고, 국가와 민의 직접적인 지배관계가 형성되며, 국가의 모든 질서가 국왕을 중심으로 일원화되어 있다는 특징을 갖는다. 여기에 영역국가를 지향한다는 차원에서 보면 국경선의 획정, 즉 삼국이 정립된 상태라는 조건이 추가될 수 있다.

전제왕권이라는 표현을 쓴 경우는 왕권을 정점으로 한 고도의 중앙집권화된 관료기구를 갖춘 고대국가의 완성 단계를 고대전제국가라고 규정하고, 개로왕대는 전제국가가 성립된 시기, 성왕대는 전제국가의 확립 시기로 보았다.[113] 개로왕의 전제왕권 지향이 처음부터 근본적인 한계를 내포하고 있다든가, 전제왕권을 지향하고 중앙집권화를 추구하였다든가 하는 표현을 쓰기도 했다.[114] '개로왕의 전제왕권專制王權 지향과 파경'이라는 표현도 등장한다.[115] 그러나 "개로왕이 전제왕권을 지향하였고, 동성왕 또한 왕권王權 전제화 專制化를 위해 노력하였으며, 무왕대에는 왕권이 전제화되어갔다"고 기술되었다는 지적에서도 알 수 있는 것처럼[116] '전제왕권'의 개념은 명

112) 주보돈, 2007, 앞 논문, 359-360쪽.

113) 양기석, 1990, 박사논문, 1쪽; 1991,「한국 고대의 중앙정치 -백제 전제왕권의 성립문제를 중심으로-」,『국사관논총』21, 66쪽.

114) 문안식, 2005, 앞 논문, 49쪽.

115) 이기백 · 이기동, 1982『한국사강좌』고대편, 일조각, 175-176쪽.

116) 이영호, 2016,「전제왕권론의 허와 실」,『한국 고대의 왕권』, 100-101쪽.

확하지 않고 종종 중앙집권화와도 구분되지 않은 채 사용되고 있다.

이러한 정의에 비추어보면, 과연 개로왕대는 어떻게 성격을 규정할 수 있을까? 앞에서 살펴본 것처럼 호적이 작성되고 민에 대한 수취가 직접 이루어졌으며, 관등제가 정비되고 신분제가 갖춰진 단계라고 할 수 있지 않을까? 여기에 일시적인 출입은 있었으나, 영역도 큰 틀에서의 변동은 없었다. 더욱이 전근대사회에서 국왕의 친인척에 대한 관리가 국왕권의 강화와 관련하여 매우 중요한 문제였다고 할 때, 개로왕대는 '군君'호號와 '왕王·후侯'호를 통해서 친인척, 즉 왕족을 적절히 통제도 하고 활용도 하면서 왕권의 강화를 도모하였다. 따라서 개로왕대는 백제사에서 중앙집권화를 추구하고 실현한 시기로 자리매김할 수 있을 것이다.

가급적 개로왕대 정국의 동향과 제도의 실상을 있는 그대로 밝히고자 한다고 했지만, 필자 또한 "여러 가지 정치 사회적 조치들이 오로지 '왕권 강화'를 위해 단행된 것처럼" 서술하고, "국왕의 권력이 강한 사회가 발전된 사회처럼" 이해하는[117] 우愚를 범한 것은 아닌가 걱정된다. 역사에서는 다양한 발전 방향이 있을 수 있지만, '적어도 고대사회에서는 집권화가 발전'이라는 생각에 얽매여 제도의 .의미 부여를 한 것은 아닌지, '중앙집권화=발전'이라는 등식에 매몰되지 않았는지 성찰해보는 기회로 삼고자 한다. 또 많은 부분을 추론과 추정에 의존한 점에 대해서는 질정을 바란다.

117) 하일식, 2016, 「專制王權論의 허와 실(이영호) 토론문」, 『한국 고대의 왕권』, 160쪽.

주제발표 3

한성도읍 후기 백제 묘제의 전개양상

이 남 석 공주대학교

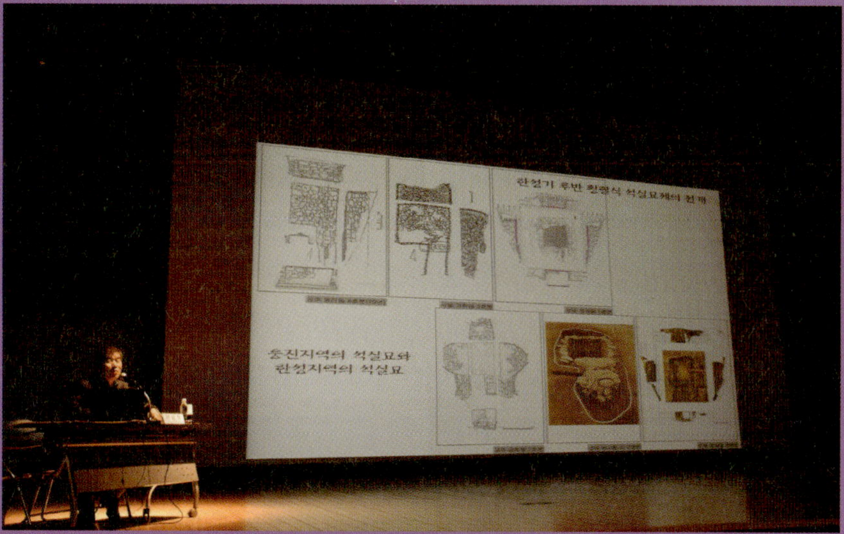

Ⅰ. 머리말

5세기 중후반대의 백제묘제 환경을 살펴보고자 한다. 개로왕 즈음에 초점하여 묘제 전개상황을 살피고, 도읍인 한성지역의 묘제를 개괄하면서 중심묘제로 알려진 적석총과 석실묘를 재인식하여 보고자 한다. 5세기대 뿐만 아니라 이후 백제묘제의 전개상을 일목요연하게 정립하기 위해서는 도읍지 한성지역의 묘제환경, 특히 적석총의 성격 재검토와 횡혈식 석실묘 존재현황에 대한 재인식이 필요하기 때문이다.

백제묘제나 개별 분묘에 대한 검토는 어느 정도 이루어졌다고 볼 수 있다. 나름의 이견도 없지 않지만, 개별분묘 성격이나 묘제의 전개상황 그리고 분묘의 사회성에 대한 나름의 이해 체계는 어느 정도 마련되어 있다고 볼 수 있을 것이다[1]. 특히 4세기 무렵에 정립된 다양성에 기반한 묘제 환경은 5세기대까지 지속된 것으로 보며, 도읍지와 지방간, 그리고 각 지방간에

1) 안승주, 1975, 「百濟古墳의 硏究」, 『백제문화』 7 · 8합, 공주사범대학 백제문화연구소.
강인구, 1977, 『百濟墓制의 硏究』, 일지사.

도 서로 다른 묘제가 사용되었다는 인식에 별다른 이견이 없다고 볼 수 있다. 다만 부분적이지만 개별 묘제의 성격이나 사용주체에 대한 인식에 혼란도 적지 않은데, 그중에서도 4세기 무렵에 등장하여 이후 유일의 묘제로 남게 되는 횡혈식 석실묘에 대한 이견이 가장 크게 나타난다. 그리고 검토가 미진한 부분도 적지 않은데, 특정지역 묘제의 정치 · 사회적 의미라든가, 변화 · 변천의 궤적 추적에 미진함이 그것일 것이다.

물론 한성도읍기 도읍지역 묘제환경의 이해 부족뿐만 아니라 이견도 적지 않은데, 아무래도 자료부족이란 태생적 한계에서 그 원인을 찾을 수밖에 없을 것이다. 도읍지였음에도 오랜 세월 방치와 개발의 반복으로 대부분의 유적이 인멸된 것과 무관치 않을 것이다. 때문에 얼마 전까지 한성기 도읍지역의 묘제환경을 방증하는 실물자료는 석촌동 고분군 외에 가락동 · 방이동의 소수 석실묘에 불과하였고, 그것도 가락동 · 방이동 석실묘 이해의 혼선 속에 오직 석촌동 고분군만이 유일한 자료로 간주되어, 그에서 비롯될 수 있는 묘제만이 한성도읍기 도읍지역의 묘제로 인식되었던 것이 사실이다. 그 결과 한성기 도읍지역 묘제환경으로 인식된 내용 중에 지방사회의 다양한 묘제환경과는 사뭇 상충되는 것이 있음에도 오히려 도읍지역 묘제환경의 특성으로 인식된 감도 없지 않다.

그러나 최근의 발굴증가는 새로운 백제 분묘자료의 상당한 축적을 가져왔고, 지방사회 뿐만 아니라 도읍이었던 한성지역에서도 나름의 자료 축적이 이루어져 있다. 이로써 기왕의 백제 묘제환경의 이해기반 강화는 물론이고 폭넓은 보완과 수정도 가능하게 되었다고 볼 수 있다. 사실, 한성기 도읍지역 묘제환경은 물론이고 개별 유적 즉 석촌동 고분군이나 가락동, 방이동의 고분군과 같은 실물자료의 이해에 이견이 없지 않았지만 나름의 이해기반은 마련되었다고 여겨져 왔다. 특히 석실묘에 대한 상당한 시각차에도 불구하고 적석총은 한성도읍기 후반 무렵 백제 지배층의 유일한 묘제라는 것이 일반적 인식이었다. 그런데 최근에 집적된 자료는 도읍지역 중심 묘제는 적석총이 아닌 석실묘라는 질문을 가능하게 하였고, 기단식 적석총으로 인식되었던 적석시설들이 적석총이란 묘제, 즉 전용의 매장시설이 아니라 상장의례와 관련된 보다 복합적 기능의 시설이 아닌가라는 의문도 던질 수 있게 되었다. 따라서 여기에서는 기왕의 질문 중에 백제 묘제환경을 개관한 것,[2] 석촌동 고분군을 재인식한 것[3], 한성기 횡혈식 석실묘를 살핀 것을[4] 토대로 5세기대 묘제환경, 특히 한성기 도읍지역의 묘제환경을 살펴보고자 한다.

사실, 필자는 기왕에 백제의 묘제나 개별 분묘유적, 그리고 사회적 의미 등에 대한 폭넓은 검토를 진행하였고 백제묘제의 전개에 대한 나름의 일목연한 이해상이 마련되었다고 생각하고 있지만, 그에 대한 이견이 적지 않다는 사실을 충분히 유념하고 있다. 물론 이견의 배경은 분묘라는 물질자료의 분석적 검토에 있어, 나름의 시각차가 적지 않다는 이유를 우선 꼽을 수 있을 것이고, 나아가 해석에 있어서 무덤의 존재 의미를 기왕에 구축된 역사상과 접목함에 나타나는 견해차가 주된 이유가 아닌가 생각한다.[5] 그

2) 이남석, 2002, 「百濟墓制와 그 展開現況」, 『百濟 墓制의 硏究』, 서경문화사.

3) 이남석, 2014, 「百濟 積石塚의 再認識」, 『漢城時代 百濟의 古墳文化』, 서경문화사.

4) 이남석, 1992, 「百濟 初期 橫穴式 石室墳과 그 淵源」, 『선사와 고대』 3, 한국고대학회.
이남석, 2007, 「漢城期 百濟石室墳의 再認識」, 『진단학보』 103, 진단학회.

5) 한성지역에 잔존된 석실묘의 사용주체를 백제가 아닌 신라나 고구려, 가야 등으로 비정하는 것이 대표적 사례로, 이는 백제는 한성시대의 경우 도읍지역에서는 석실묘가 사용되지 않

로 말미암아 분묘의 사용주체에 대한 인식의 혼란이라든가 사회성에 대한 의견차가 크게 나타난 것이 아닌가 여겨진다. 다만 역사상에 대한 인식차는 불가피하더라도 분묘의 본질에 대한 이해는 함께 할 필요가 있을 것으로 생각한다.

분묘는 인류의 삶과 불가분의 관계에 있는 유산으로 삶이 영위되는 동안 반드시 산출될 수밖에 없는 물질자료이다. 이는 사후세계의 인식에 기초한 것이기에 인식의 변화에 따라 존재형태가 다를 수밖에 없는 것이다. 그리고 인류의 사후세계에 대한 인식의 총체가 상장의례로 집약될 수 있다는 점을 고려할 때 분묘는 상장의례 결과로 남겨진 물적 자료지만 의례의 최후 단계인 시신처리 과정에 남겨진 시설일 뿐이란 점은 모두가 공유될 인식일 것이다.[6] 다만 분묘와 직접적으로 관련된 의례 이외에도 보다 복잡하였을 이전의 상장의례 모습이 분묘에 어느 정도 반영되었을까하는 깊은 고민이 필요하다는 점을 지적하고 싶다.

더불어 분묘란 물적 자료만으로 그 주체인 상장의례를 복원하는데는 나름의 한계가 클 수밖에 없다. 그렇기에 분묘의 역사적 의미의 탐색이라든가. 그것의 사회성의 천착에는 분묘에 대한 나름의 유연한 인식도 필요하다. 즉 분묘는 제도로 실행된 것이 아니고 실행될 수도 없는 관습적 산물이란 점과 사용이 강제될 수도 없고 강제되지도 않는다는 것, 그러면서도 사회 환경의 변화에 민감하게 작용한다는 점을 반드시 유념하여야 할 것이

았다는 전제에서 그러한 것으로 여겨진다.

6) 이남석 · 이현숙, 2016,「百濟 喪葬儀禮의 硏究-錦江流域 상장의례 遺蹟의 意味-」,『백제문화』 54, 공주대학교 백제문화연구소.

다. 특히 분묘는 복잡한 상장의례 중에 마지막 절차로 남겨진 물질자료이고, 상장의례의 차이에 따라 서로 다르게 만들 수도 있다는 사실, 상장의례는 동일한 정치체라도 반드시 동일한 내용일 수는 없다는 점도 유념하여야 할 것이다. 본고는 분묘가 지닌 이러한 본질적 속성을 유념하면서 5세기대의 백제의 묘제환경을 도읍인 한성지역에 초점하여 살펴보도록 하겠다.

Ⅱ. 5세기대 백제의 묘제환경

백제묘제의 환경은 백제의 고대국가 형성에 즈음한 4세기에 그 기본 형상이 갖추어지고, 그것이 5세기 후반까지 계속된 것으로 보아야 할 것 같다. 이즈음의 백제 묘제환경은 다양성으로 요약될 수 있는데, 4세기대에 한반도를 비롯한 동북아 지역에 나타난 고총고분의 환경이 백제에도 그대로 적용되어 새로운 묘제의 유입과 함께 토착의 고유 묘제환경에 변화를 가져와 특유의 백제묘제 환경이 형성되었다고 볼 수 있기 때문이다. 물론 변화의 시작 시점은 그보다 상향될 수 있을 것인데, 적어도 4세기 중반경에 이르면 백제지역은 물론이고 한반도 전역에 각 지역 고유 묘제환경의 정립이 마무리되는 것이 아닌가 여겨진다.

이처럼 4세기 중 · 후반 무렵에 정립된 묘제환경은 5세기대에 이르러서도 여전히 유지된 것으로 볼 수 있다. 특히 5세기대에 이르면 보다 특화된 형태로 발전하는 묘제환경이 눈에 띄는데, 접촉에 의한 변화 · 변천, 그리고 정치적 상관관계에 따라 특정묘제의 간헐적 · 산발적 확산 정황이 발견되는 점이 그것이다. 이처럼 다양성에 기반한 한성기 후반의 백제묘제의 환경은 서기 475년의 웅진천도 이후 과도기를 거쳐 6세기 전반에 이르면 다양한 묘제가 모두 사라지고 오직 횡혈식 석실묘만이 유일한 묘제로 남는 새로운 변화상도 연출된다.[7]

따라서 백제의 5세기대 묘제환경은 전사회적으로 다양한 묘제가 존재하지만, 다양한 묘제는 지역마다 차별적으로 존재하는 것을 가장 큰 특징으로 꼽을 수 있을 것이다. 물론 중복이나 묘제별 혼용도 있겠지만 나름의 지역구분이 이루어진다는 점에는 거의 이견이 없다. 도읍지 한성지역의 경우 적석총이 중심묘제로 알려져 있지만 후술되듯이 검토가 필요한 것이고, 오히려 중심묘제는 부분적으로 봉토 · 봉석묘의 흔적이 남아 있으면서 석실묘가 중점적으로 사용되었다고 볼 수 있다. 반면에 지방사회는 도읍지 인근인 경기 일원은 물론이고 멀리 남해안 지역까지 토광묘 계통의 주구토광묘, 분구토광묘, 관 · 곽토광묘, 석축묘 계통의 석곽묘, 석실묘 그리고 옹관묘 등의 묘제가 지역에 따라 나름의 고유 특성을 갖추어 존재한다.

이즈음의 중앙과 지방에서 사용된 묘제를 종합하면 크게 석축묘 계통인 석실묘와 석곽묘, 그리고 토광묘 계통으로 주구토광묘, 분구토광묘, 관 · 곽토광묘, 그리고 옹관묘제가 있음을 알 수 있다. 물론 묘제적으로 나름의 유형화가 가능하지만, 연원이나 지역에 따라 혼용되는 경우도 없지 않고 묘제별 혼용과 접촉에 따른 이질적 형상의 것도 없지 않다. 앞서 언급된 것처럼 5세기대의 다양한 백제 묘제는 4세기 무렵에 정립된 것이다.

한편 4세기 무렵의 백제묘제 형성은 마한지역 고유의 전통묘제 바탕 위

---

7) 이남석, 1995, 『百濟石室墳硏究』, 학연문화사.

에 서북한 지방의 새로운 묘제 남하에 따른 변화에서 시작되는 것으로 볼 수 있다. 마한의 묘제를 구체화하긴 아직 이르지만 지금까지의 자료나 상장의례의 환경으로 볼 때, 봉토 · 봉석묘로 구분할 수 있는 묘제가 사용되었던 것이 확인된다.[8] 사실, 시 · 공간적 마한의 범주에서 인지되는 분묘자료가 매우 빈약하지만, 최근에 발견된 군산 미룡동 고분군을 비롯하여 화순의 용강리 유적의 분묘, 세종시 나성동 유적 등과 함께 일찍이 알려져 있던 광주 신창리 옹관묘의 사례를 통해 그 묘제환경의 대강을 추론할 수 있고, 이에 근거하여 마한사회의 묘제는 일단 봉토 · 봉석묘封土 · 封石墓로 정리한 것이다. 이 묘제는 목관이나 옹관의 사용이 전제되나, 매장방식은 지면을 대강 정지하여 목관을 안치하고 다시 흙이나 돌을 대강 덮어 지상식으로 조성하는 것으로 복원하였었고, 때문에 분묘자료의 전반적 유실 속에 자료의 결핍을 가져왔다든가, 그러한 매장환경은 아무래도 마한사회 특유의 상장의례와 관련 있을 것으로도 추정하여 본 바도 있다.[9]

그리고 백제묘제의 정립은 삼한시대의 백제국伯濟國이 고대국가 백제百濟로 발돋움하는 즈음에 나타나는 정치 · 사회적 변화에 부응하여 나타난 것으로, 마한 묘제가 특유의 백제묘제 정립의 토대가 된 것으로 여겨진다. 즉 3세기 무렵의 주구토광묘의 등장은 그 자체의 확산 외에 마한의 봉토 · 봉석묘에 영향을 끼쳐 분구묘가 발생하기에 이르렀고, 이어 4세기대에 새롭게 관 · 곽토광묘라든가 석곽묘가 지역의 묘제로 정착되는가 하면, 도읍지

8) 이남석, 2013, 「馬韓墳墓와 그 墓制의 認識」, 『마한 · 백제문화』 22, 원광대학교 마한백제문화연구소.

9) 이남석, 2013, 위의 논문, 141쪽.

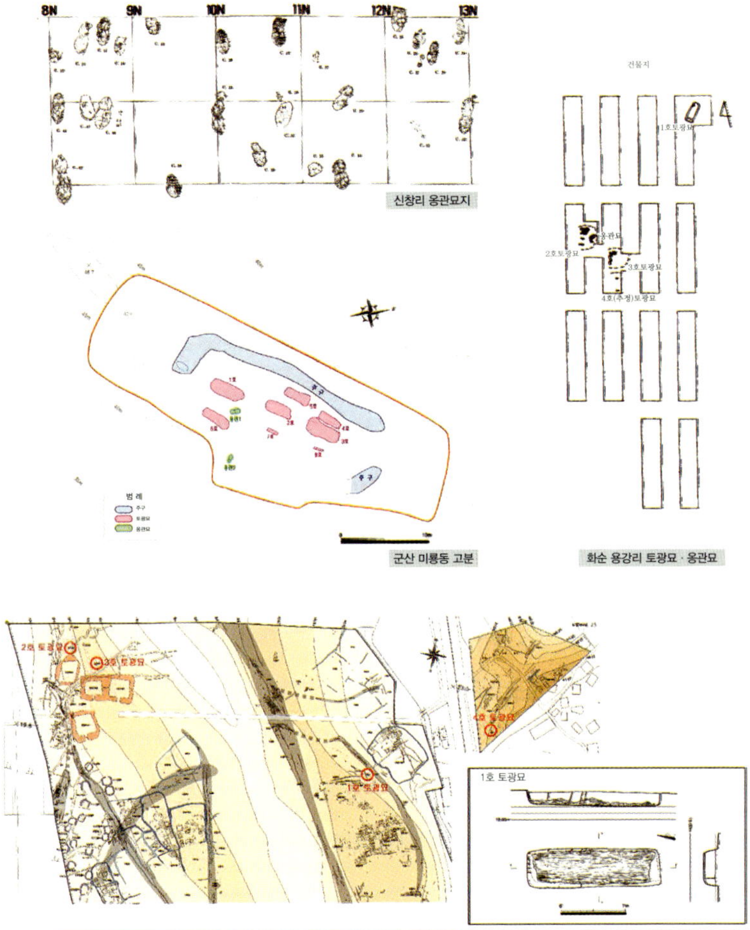
8N
9N
10N
11N
12N
13N
신창리 옹관묘지
군산 미룡동 고분
화순 용강리 토광묘 · 옹관묘
1호 토광묘
2호 토광묘
3호 토광묘
4호 토광묘
연기 나성리유적 토광묘

〈도면 1〉 마한의 분묘들

에 석실묘가 등장하는 등의 4세기대에 백제의 다양한 묘제가 정립된 것이 그것이다.

이즈음에 정립된 백제묘제들의 잔존정황과 구조특성을 보면, 봉토 · 봉석묘의 경우 앞서 살폈듯이 마한전통이 잔존된 묘제로 석촌동이나 가락동 등지에서 발견되는 토광묘나 석곽묘로 분류되었던 것들, 그리고 한강 중상류 지역과 한탄강 등지의 경기 일원에 있는 적석묘로 분류하였던 것들, 그리고 천안의 두정동에 있는 분구묘로 구분되었던 자료들이 그것이다.[10] 묘제적 특징은 별도의 묘광을 굴광하지 않고 지상에 목관을 두고 그 위에 흙이나 돌을 덮어 마무리하는 축조방식으로 마한의 묘제와 크게 다르지 않음을 알 수 있다. 그리고 주구토광묘는 경기지역과 충청일원에 넓게 산포되어 있는데, 3세기 무렵 서북한 지역에서 남하한 묘제가 아닌가 판단한다.[11] 고총고분으로 큰 봉분을 조성하면서 외변에 주구가 남겨지는 특징이 있는데, 매장시설이나 부장유물에서도 특징적 면모를 갖추고 있는 것으로 5세기대까지 백제 토광묘로 명맥을 유지 한다. 이 묘제는 기존의 마한지역에서 널리 성행한 봉토묘에도 영향을 주어 분구묘를 발생시킨 것으로 보는 것이다.[12]

분구묘는 분구토광묘와 분구옹관묘로 구분할 수 있는 것이기도 한데, 경기 남부지역이나 충청 서해안 그리고 전북 서해안 지역에 넓게 분포된 분

---

10) 개별묘제의 속성 구분에 따른 검토는 과제로 남기고 여기서 주목하고자 하는 것은 이들이 마한의 전통을 간직한 분묘라는 점만을 우선 지적하는 것이다.

11) 최완규, 2002, 「全北地方의 周溝墓」, 『東아시아의 周溝墓』, 호남고고학회.

12) 이남석, 2011, 「中西部地域 墳丘墓의 檢討」, 『선사와 고대』 35, 한국고대학회.

구묘는 분구토광묘이다. 이들은 매장부를 지상에 안치하고 봉분을 올리면서 외변에 주구가 남겨진 것이 특징이며, 매장시설은 삼한시대의 봉토묘적 전통을 따른다. 이러한 특징은 영산강유역에서 널리 성행하였던 옹관묘에서도 확인되어 그것을 분구 옹관묘로 구분한 것이고, 매장시설로 옹관을 지상에 안치하고 흙을 덮어 높은 봉분을 조성하는 것이 그것이다. 이들은 주구토광묘의 등장에 전통적 봉토묘의 변화, 즉 주구토광묘의 개인묘역 구성과 봉분을 조성하는 고총고분적高塚古墳的 특성의 영향으로 4세기 초반경까지 발생된 것으로 중서부지역 서해안을 그 분포권으로 가진다.[13]

한편, 관 · 곽토광묘는 연원과 계통을 설정하기 어렵지만 4세기 중반 이후에는 중서부 지역의 중심부 특히 충청 내륙지역에 크게 성행한 묘제로 화성의 마하리 고분군, 천안의 용원리 고분군, 청주의 신봉동 고분군을 대표적 사례로 볼 수 있다. 이도 5세기 후반까지 백제 토광묘로서 주류를 형성한다. 지하로 묘광을 구축하고 그 안에 목곽과 목관을 갖추는데 목곽은 선택적인 경우도 있다. 그런데 앞의 주구토광묘나 분구토광묘와는 달리 밀집 분포되어 봉분의 형상이 구체적이지 않다는 특징도 있다.[14] 그리고 석곽묘는 경기도 및 충청도 지역에 집중적으로 남아 있으며, 화성의 백곡리 고분군 · 마하리 고분군, 천안의 용원리 고분군, 논산의 표정리 · 모촌리 고분군 등을 대표 유적으로 꼽을 수 있다. 지하로 묘광을 파고 석축 묘실을 만들지만 출입시설이 마련되지 않는 것으로 단장묘에 신전장의 묘제이다. 적어도 4세기 중반경에 백제묘제로 출현한 것으로 보이나 그 연원은 구체적

13) 이남석, 2011, 위의 논문, 169쪽.

14) 이남석, 2014, 「百濟 土壙墓(周溝, 棺 · 槨)의 檢討」, 『漢城時代 百濟의 古墳文化』, 서경문화사.

이지 않다. 다만 횡혈묘제가 보편화되는 5세기말이나 6세기 전반경까지 사용된 묘제이기도 하다.[15]

마지막으로 4세기 중후반 무렵에 새롭게 등장하는 횡혈식 석실묘의 존재이다. 횡혈식 묘제는 기원 전후한 무렵에 중국의 중원지역 전축묘에서 비롯된 것으로,[16] 2세기 무렵에 한반도의 서북한 지역에 유입되어 전축분 그대로 사용되다가 다시금 석실묘로 변화된 것으로 보는 것이다. 그리고 백제묘제로서 횡혈식 석실묘는 4세기 중후반 무렵에 도읍지인 한성에 유입되어 지배층 묘제로 정착된 것이다.[17] 이후에는 백제 지방사회에서 간헐적으로 그 모습이 나타나는데, 5세기 후반까지의 지방사회 횡혈식 석실묘는 중앙에서 사용되는 것을 모방하여 축조하여 사용되었고, 이즈음의 백제 지방사회에 잔존된 석실묘는 고유한 토착적 전통묘제의 속성이 많이 포함되어 있기도 하다.[18]

앞서 본 다양한 묘제들은 지방에 따라 서로 다른 묘제가 잔존하는 것을 알 수 있는데, 그러한 차이는 도읍과 지방, 그리고 지방간에 나름의 차별이 이루어진다. 특히 도읍지와 지방간의 차이는 비교적 선명하게 나타나는데, 예컨대 지방사회에 널리 산포된 관곽토광묘라든가 분구묘, 그리고 석곽묘의 존재는 도읍지역에서는 거의 발견되지 않기에 도읍지역은 지방과 차별화된 묘제환경이 조성되었음을 알게 한다. 그러면 도읍인 한성지역의 묘제

15) 이남석, 2002, 「竪穴式 石槨墓의 收容樣相」, 『百濟墓制의 研究』, 서경문화사.

16) 이남석, 2009, 「橫穴式墓制의 淵源」, 『선사와 고대』 30, 한국고대학회.

17) 이남석, 1999, 「百濟의 橫穴式石室墳 受容樣相에 對하여」, 『한국고대사연구』 16, 한국고대사학회.

18) 이남석, 2007, 위의 논문, 19쪽.

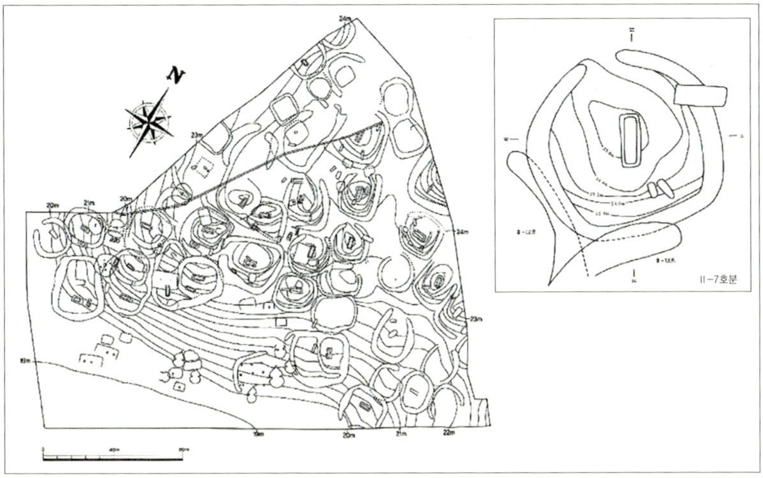

해미 기지리유적

〈도면 2〉 백제 분구묘

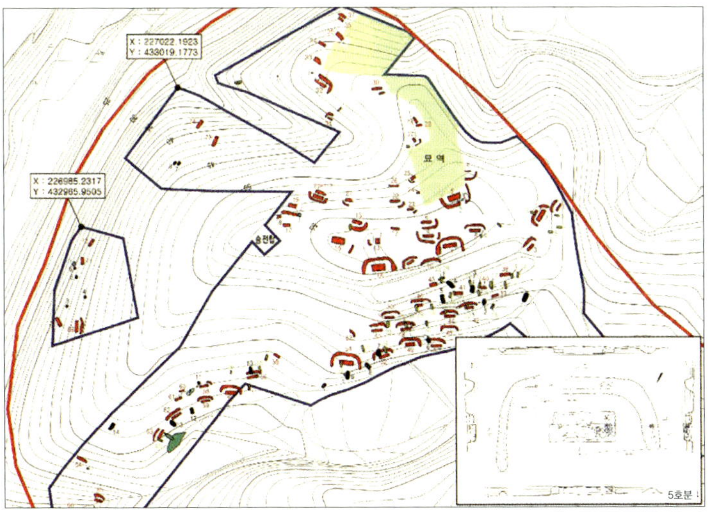

연기 석삼리대박골유적

〈도면 3〉 백제 주구토광묘

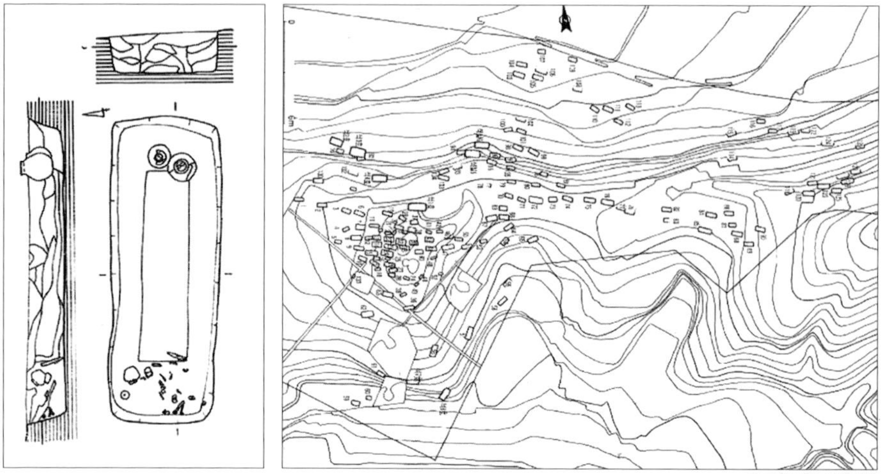

천안 용원리고분

〈도면 4〉 백제 관곽토광묘

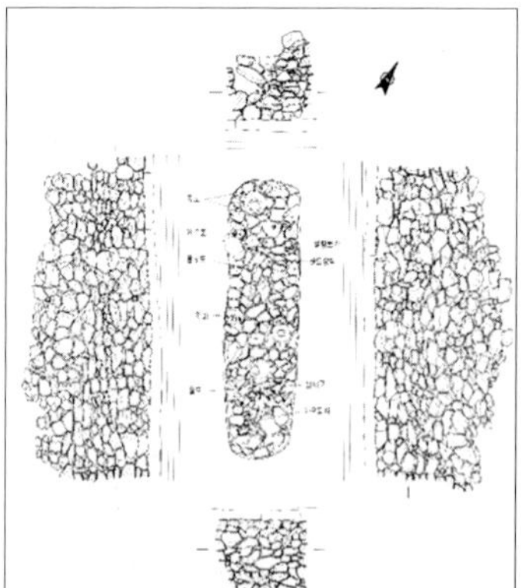

천안 용원리고분

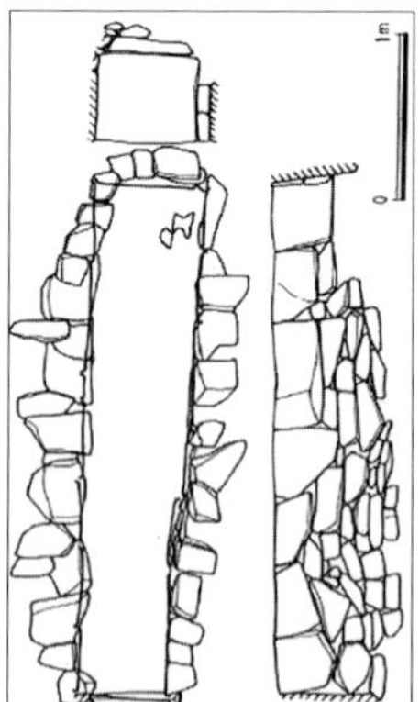

논산 표정리고분

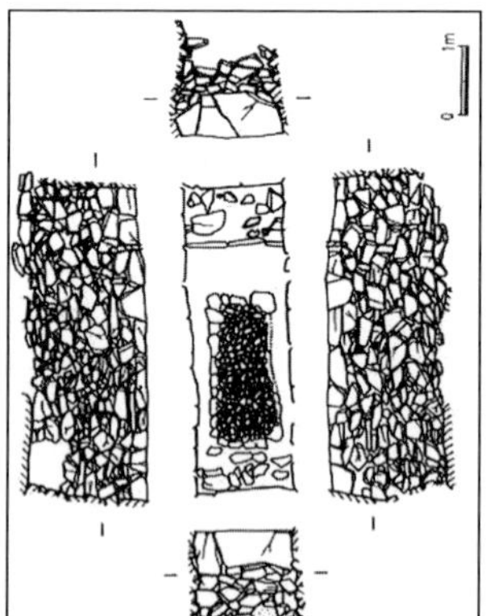

논산 모촌리고분

〈도면 5〉 백제 석곽묘

환경은 어떤가의 의문이 남는데, 이는 아무래도 기왕에 발견된 실물자료를 통해 구체화될 수밖에 없을 것이다.

주지되듯이 기왕의 한성지역 백제분묘자료는 석촌동 고분군과 함께 가락동 · 방이동의 석실묘가 유일하였지만, 가락동 · 방이동 석실묘 축조주체의 논란에 따라[19] 오히려 석촌동 고분군만이 백제 한성도읍기 분묘자료의 유일한 것으로 간주된 바가 없지 않다. 이로서 한성도읍기 도읍지역의 묘제로서 지배층 특히 왕릉으로 기단식 적석총을 조성한다는 판단 외에 여타의 묘제환경에 대한 검토가 깊게 이루어지지 않은 상황에서 도읍지역에는 석실묘가 사용되지 않았다는 전제도 자리 잡게 되었다고 여겨진다.

그런데 최근 도읍지역에서 다수의 분묘유적이 조사되면서 기왕의 자료를 재해석할 수 있는 방증자료만이 아니라 도읍지 묘제환경을 재해석할 수 있는 여지를 갖추게 되었다. 예컨대 백제 석실묘에 신라토기가 매장된 사례의 증가로 가락동 방이동 석실묘를 재인식할 수 있게 되었음이 그것일 것이다.[20] 그리고 우면동 유적[21]이나 광암동 유적[22], 그리고 판교유적[23]을 비롯하여 최근에 발굴조사된 창곡동 유적[24]의 석실묘 자료는 수량으로는 충

19) 이남석, 1992, 위의 논문, 100-104쪽.

20) 이남석, 2013,「新羅土器出土 百濟 石室墓의 檢討」,『백산학보』97, 백산학회.

21) 한얼문화유산연구원, 2012,『서울 우면동 유적』.

22) 세종대학교박물관, 2006,『하남 광암동 유적』.

23) 한국문화재보호재단, 2010,『성남 판교동 유적』은 행정본으로 실제 정식보고서는 아직 제시되지 않은 것으로 확인된다.

24) 보고서(중앙문화재연구원, 2014,『城南 倉谷洞遺蹟』)는 고구려 석실묘로 판단하나, 구조형식상 오히려 백제 궁륭식 석실묘와 전혀 다르지 않을 뿐만 아니라 고구려 석실묘로 볼 근거가 빈약하다는 점에서 일단 백제 석실묘의 또 다른 사례로 제시하는 것이다(한국고대학회 · 중앙문화재연구원, 2014,『한강유역 횡혈식석실묘의 성격 검토-성남 창곡동 석실묘를

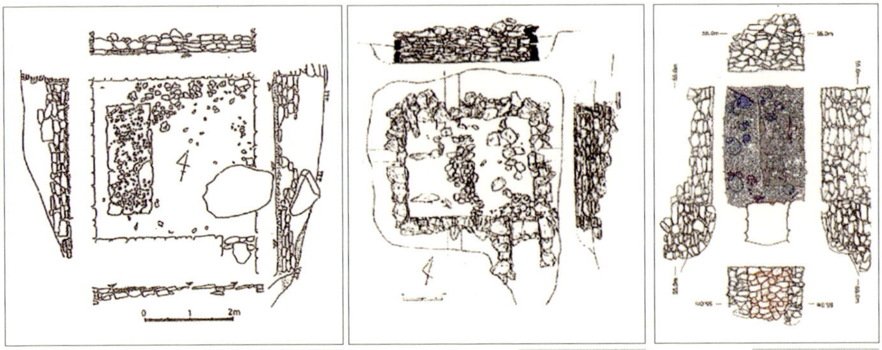

청주 신봉동고분　화성 마하리고분　공주 수촌리고분

〈도면 6〉 백제 석실묘

분하다고 보기는 어렵겠지만 존재 특성상 한성도읍기 묘제환경을 새롭게 이해하는데[25] 부족함이 없는 것이다.

도읍지역 분묘자료를 종합할 경우 우선 주목되는 것은 석촌동 이외에 또 다른 도읍지역의 백제 분묘를 확인하였다는 기본적 전제 외에, 유적에 남겨진 분묘의 유형이 모두 석실묘라는 사실일 것이다. 이들 고분군에 동시기 지방사회에 널리 잔존된 토광묘 계통의 분묘나 석곽묘 등이 포함되지 않은 것은 나름의 권역구분에[26] 갈음될 수 있을 것이지만, 묘제 환경에서 보면 석실묘가 도읍지역에서 주묘제로 사용되었음을 적극적으로 방증하는 것이 아닌가 여겨진다. 특히 당시의 지배층 중심묘제라고 여겼던 적석총의

중심으로』, 한국고대학회 · 중앙문화재연구원 공동 학술심포지엄).

25) 이현숙, 2012, 「墓制를 통해 본 漢城期 百濟의 地域相」, 『백제연구』 55, 충남대학교 백제연구소.

26) 분묘유적의 분포상에 대해서는 백제 한성기의 지역상을 살피면서 언급되었다(이현숙, 2012, 위의 논문).

흔적이 전혀 확인되지 않는 점도 유의되어야 할 것인데, 이는 적석총이란 묘제의 존재에 대한 의문도 어쩌면 자연스럽게 한다.

대체로 한성도읍기 석실묘의 존재양상은 지방사회의 경우 토착묘제에 간헐적, 산발적으로 1-2기가 포함된 경우가 대부분이지만, 도읍지역은 석실묘만이 그것도 여러 기가 군집되어 있다는 점, 같은 유적내의 석실묘는 구조형식적 공통성이 있지만, 유적별로는 구조형식에 차이가 있다는 점에서, 5세기대 도읍지역의 중심묘제는 석실묘였고 나름의 발전과정도 있었음을 알 수 있다.

이를 보면 한성도읍기 도읍지역의 묘제환경은 새롭게 인식되어도 문제

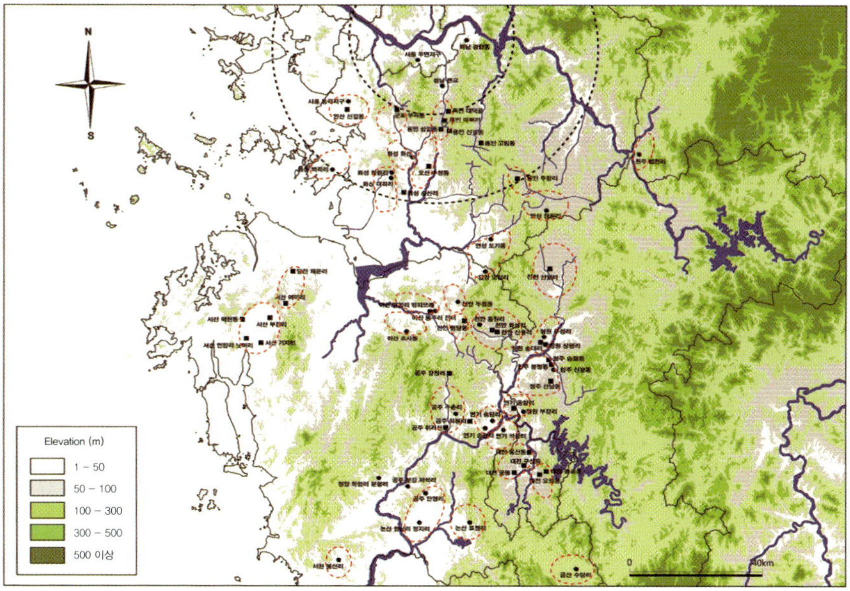

〈도면 7〉 한성지역 고분분포 정형(이현숙, 2012)

가 없을 듯하다. 즉 기왕의 석촌동 고분군 중심의 이해를 넘어 확인된 신자료, 즉 석실묘 유적을 포함하고, 이들의 존재정황을 토대로 4-5세기대 한성지역 묘제환경을 마련하면 어떨까 여겨진다. 즉 5세기대 백제의 도읍지역 묘제환경은 4세기 후반까지 그들 특유의 상장의례를 통해 매장시설로 봉토, 봉석묘와 같은 묘제가 사용되다가 석실묘의 유입이 이루어졌고, 이후는 그에 상응된 상장례가 전개되면서 매장시설로 이들 횡혈식 석실묘가 사용되기 시작하여 매장시설로 석실묘가 유일하게 남게된 것이 아닌가 여겨진다.

이는 앞서 언급된 자료에서 5세기대 한성지역의 묘제는 아무래도 횡혈식 석실묘만 사용되었다고 볼 수밖에 없다는 점에 근거하는 것이기도 하다. 물론 횡혈식 석실묘도 처음 유입될 무렵에는 아류형으로 분류될 수 있

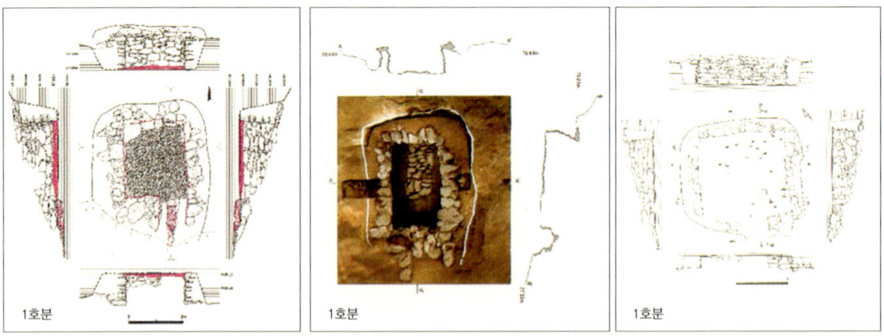

성남 창곡동유적 / 하남 광암동유적 / 서울 우면동유적

〈도면 8〉 한성지역 석실묘

는 다양한 형태로 축조하였겠지만[27], 5세기대에 이르면 구조형식적으로 정형화된 것으로 발전되었다고 보아진다. 물론 이러한 이해의 타당성을 갖추기 위해서는 석촌동 고분군, 특히 기단식 적석총에 대한 재인식이[28] 필요하기는 하다.

27) 가락동이나 방이동 등지에 남겨진 석실묘들, 즉 우면동이나 판교 혹은 창곡동의 석실묘와 형식적으로 차이가 있는 다양한 형식의 석실묘가 그것들이다.

28) 이남석, 2014, 위의 책.

Ⅲ. 석촌동 고분군 기단식 적석총의 재인식

사실, 백제 적석총은 일제 강점기부터 백제 전기의 도읍지역 대표적 분묘로 주목되었고, 나아가 고구려의 적석총과 비교되어 그 성격이 언급되는가 하면, 초기에는 석총으로 구분되었던 것이 적석총, 적석묘, 기단식 적석총, 계단식 적석총, 백제식 적석총 등의 명칭에서 알 수 있듯이 분묘로서 다양한 인식이 있었다.[29] 그런데 석촌동 유적이 한성도읍기의 상장의례와 매장지역으로 봄에 문제가 없지만, 개별 무덤의 이해에는 나름의 의문도 없지 않다. 하나의 고분군내 개별무덤의 묘제가 그처럼 다양할 수 있을까라는 의문과 함께 지방사회에서 확인되는 상장의례 시설의 정황으로 미루어 그동안 기단식 적석총으로 의심이 없었던 적석유구도 매장전용의 적석총

29) 석촌동 고분군을 중심한 한성 도읍기 묘제에 대한 연구현황은 앞서 정리된 바 있기에(이남석, 2014,「百濟 積石塚의 再認識」,『漢城時代 百濟의 古墳文化』, 서경문화사) 여기에서는 그에 갈음하겠다.

이 아닌 상장의례 시설이 아닌가의 의문이 그것이다.[30] 특히 적석유구는 기단식 적석총의 잔해라는 인식이 확고한 것이지만, 매장부의 결여, 동시대 비교사례의 부재, 역사적 연원문제의 불명이라는 태생적 한계가 간과되고 있음을 고려하면 이들 적석유구를 무덤이 아닌 또 다른 상장의례와 관련된 시설이 아닌가의 재검토 여지는 충분하다고 여겨진다.

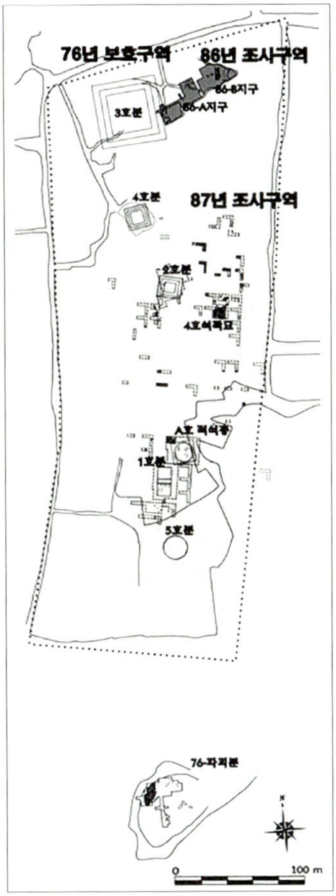

〈도면 9〉 석촌동 고분군의 조사현황도

주지되듯이 석촌동 고분군은 이미 일제강점기부터 분포조사나 유구조사가 진행되면서 모두 분묘로 인식되어 왔다. 그리고 70년대 이후 발굴조사로 석총으로 구분된 것이 계단식 적석총으로 언급될 뿐만 아니라 여타의 다양한 묘제에 대한 이해도 마련되었다고 볼 수 있다. 물론 발굴범위가 지나치게 편중되었을 뿐만 아니라 조사가 외형상 기념비적인 대형 구조물에 집중되었다는 한계 외에, 노출된 유구만으로 묘제를 판단할 뿐, 개별

30) 적석총은 석촌동에 잔존된 적석유구, 즉 기단식 적석총으로 구분된 것에 한정하는 것이다. 기왕에 한강 중상류지역이나 한탄강 유역 등지에 있는 적석묘 혹은 적석총으로 구분된 매장유적은 앞서 본 봉토, 봉석 목관묘의 범주에서 이해하고자 한다.

매장 유구간의 관계라든가, 다양한 묘제의 존재의미 등에 대해서는 크게 집중되지 않는다는 한계가 있음에도, 적석유구에 대해서는 그것이 적석총이고, 분묘라는 이해가 한층 강화되어 있음은 주지할 수 있는 것이다.

그런데 조사된 자료를 종합할 경우, 분묘로서 매장부가 없는 계단식 적석총의 존재와는 달리, 적석유구나 토광묘 계통의 분묘에는 매장정황을 풍부하게 알려주는 또 다른 매장 흔적이 남아 있음이 확인되고, 나아가 이들 매장시설의 형태적 불완전성에도 불구하고 복원된 묘제로는 어느 정도 공통성을 갖추고 있음도 확인된다는 점이다. 이러한 정황은 이전의 석촌동 고분군의 이해와는 다른 모습을 간취할 수 있는 것이기에, 판단여하에 따라 석촌동 고분군만이 아니라 한성기 도읍지역 묘제 환경이라든가 상장의례의 또 다른 이해기반을 마련할 수 있을 것으로 여겨진다.

그와 관련하여 먼저 주목한 것이 석촌동 고분군의 묘제인식일 것이다. 사실, 석촌동 고분군의 묘제는 갑총과 을총의 구분에 따라 일찍부터 적석총 계통의 분묘와 토광묘 계통의 분묘로 인식되었는데, 이후 적석총계와 토광묘계로 구분하면서 적석총의 경우 고구려식 적석총, 백제식 적석총으로 세분한다거나 토광묘 계통의 경우도 즙석봉토분, 위석봉토묘, 토광적석묘 및 옹관묘 등으로 분류하여 이해하는 것이 보통이었다.[31] 물론 이외에도 적석총과 함께 토광묘 계통은 부여와 관련될 토광묘, 토돈묘에서 전승된 토축묘로 본다거나[32], 기단식 적석총 외에 토광목관묘, 봉토토광묘로의 구

31) 임영진, 1993, 「百濟初期 漢城時代 古墳에 관한 硏究」, 『한국고고학보』 30, 한국고고학회, 122-125쪽.

32) 강인구, 1991, 「初期 百濟古墳의 檢討 -建國과 관련하여-」, 『백제연구』 22, 충남대학교 백제

분[33], 그리고 다장 저분구묘로[34] 이해하는 등의 견해도 있기는 하다. 그리고 매장시설의 구분도 계단식 적석총으로 구분된 적석유구는 매장부가 결여되었다고 보기에 예외로 하겠지만, 나머지 여타의 적석유구에 석곽묘 등으로 인식된 매장시설이라든가, 토광 목관이나 토광 적석 등으로 본 매장시설의 경우 모두 매장구조를 갖추고 있기에 이를 석곽묘, 토광 목관묘, 토광 적석묘 및 옹관 등으로[35] 구분하기도 한다.

그런데 이러한 구분에 나름의 문제가 발견된다. 즉 기왕의 모든 묘제유형이나 형식의 인식이 유적의 발굴결과 남겨진 정황만을 근거하고 있다는 점이다. 처음 조성할 당시의 모습이 아닌 오랜 기간 잔존된 이후의 정황 혹은 발굴결과를 근거한 유형을 인식한 것인데, 그 결과 석촌동이란 단일 고분군, 그것도 백제라는 단일사회가 만든 분묘들임에도 어떻게 그처럼 다양한 무덤들이, 그것도 동시대에 함께 사용되었을까의 의문을 갖게 한 것이 아닌가 생각된다.

오히려 석촌동 고분군의 개별 분묘에 남겨진 매장부를 자세히 살펴보면 기왕의 묘제 구분과는 다른 정황도 발견된다. 발굴후의 잔존정황을 토대로 처음 조성 당시의 상황을 유추한다면, 이들의 본래 축조환경은 광이나 곽을 마련하지 않고 목관을 지반상에 설치한 다음에 시신과 유물을 안치하고 다시 흙이나 돌을 덮는 방식으로 복원할 수 있고, 목관을 사용하는데 그것

연구소.

33) 박순발, 1994, 「漢城百濟 成立期 諸墓制의 編年檢討」, 『선사와 고대』 6, 한국고대학회.

34) 성정용, 2000, 「百濟 漢城期 低墳丘墳과 石室墓에 대한 一考察」, 『호서고고학』 3, 호서고고학회.

35) 임영진, 1994, 「서울 百濟初期古墳에서 보이는 墓制의 複合性」, 『백제연구』 24, 충남대학교 백제연구소.

을 지상식으로 안치한 다음에 흙이나 돌을 덮는 방식, 즉 봉토 · 봉석 목관묘라는 묘제, 이전의 마한묘제의 전통을 간직한 것이 아닌가 볼 수 있다는 것이다. 다만 분구상에 중복된 수직분포와 지반 상에 산란된 형태의 수평분포로 나뉘면서 수직분포가 하나의 봉토 내에 여러 개의 매장부를 포함하고 있어 나름의 특성도 있는데, 그 배경을 구체화하기는 어렵지만 오히려 고총고분의 조성환경과 무관치 않은가 생각하여 본 바도 있다.[36]

한편 기단식 적석총의 묘제 인식과 관련하여 우선 석촌동 고분군의 현황조사나 발굴조사 내용을 종합할 경우 적석총의 묘제적 위상을 정립할 근거가 매우 빈약한 것이 주목된다. 무덤 분포상을 종합할 경우, 고분군의 지배적 묘제로 적석총만을 언급하기가 어려울 만큼 다양한 분묘가 자리하고 있다든가, 적석총으로 인정하는 대형의 기단 적석시설이 서북쪽에 치우쳐 잔존하는 것, 그리고 반복된 조사에도 불구하고 묘제로서 적석총의 분명한 형상을 간취할 수 없다는 사실 외에 다양한 매장주체들이 기단식 적석총으

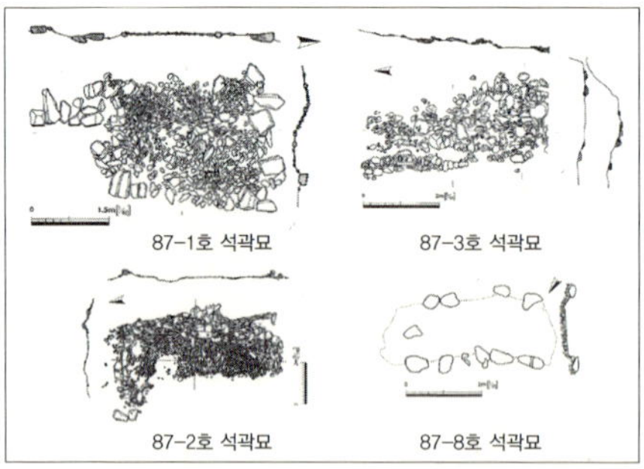

〈도면 10〉 석곽묘로 분류된 매장부

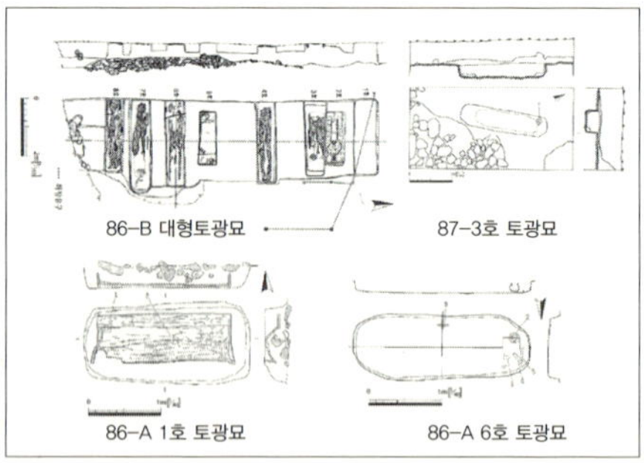

〈도면 11〉 토광묘 계통의 매장부

36) 이남석, 2011,「中西部地域 墳丘墓의 檢討」,『선사와 고대』35, 한국고대학회.

로 분류되는 유구에 혼입되어 있거나 중복된 현상으로 남아 있는 이유가 무엇인지도 궁금하기 때문이다.

기단식 적석총의 묘제 인식에 대한 문제점을 지적하지 않을 수 없는데, 본래 석촌동 고분군의 적석총은 고구려 적석총과 대비하여 설명되었고, 특히 3호분은 전형적 고구려 적석총으로 그것이 백제에 재현된 것으로 보기도 한다.[37] 여기에 4호분처럼 외변 석축에 내부 흙을 채운 유형은 고구려 적석총이 백제화된 백제식 적석총으로 인식하여 자체의 변화발전도 논급되기도 하였다. 물론 이러한 이해는 지상식의 석축된 석단구조라든가, 외부 지탱석의 존재 등에 근거한 것으로 고구려 적석총과 대비될 수 있는 속성만을 근거한 판단이지만, 백제 건국주체의 출자설을 방증하는 고구려와 동형 분묘의 존재로 보아 분묘로서의 적석총 인식을 확대하였다.

그런데 고구려 출자설은 논외로 하더라도 기단식 적석총의 매장시설 분묘로서 인식은 발굴을 기회로 복원된 외형만을 근거하였다는 점을 주목할 필요가 있을 것이다. 이는 백제 적석총의 인식태도 즉, 석축 유구, 즉 지상에 적석된 시설이 발견될 경우 매장시설의 존재여부와 관계없이 분묘로 판단하고 적석총으로 분류하는 경향과 무관치 않다고 여겨지는데, 적석총으로서 묘제특성을 분명하게 검출하고, 나아가 이를 고구려 적석총과의 상사성相似性이나 상이성相異性이 검토가 전제되어야 할 것인데, 이것이 결여된 것에 대한 아쉬움이 남는다. 물론 이러한 추론만으로 석촌동의 기단식 적석총들, 즉 3호분이나 4호분의 분묘로서 속성을 부정하는 것은 아니다.

37) 김원룡 · 이희준, 1987, 「서울石村洞 3號墳의 年代」, 『斗溪李丙燾博士九旬紀念 韓國史論叢』, 17-32쪽.

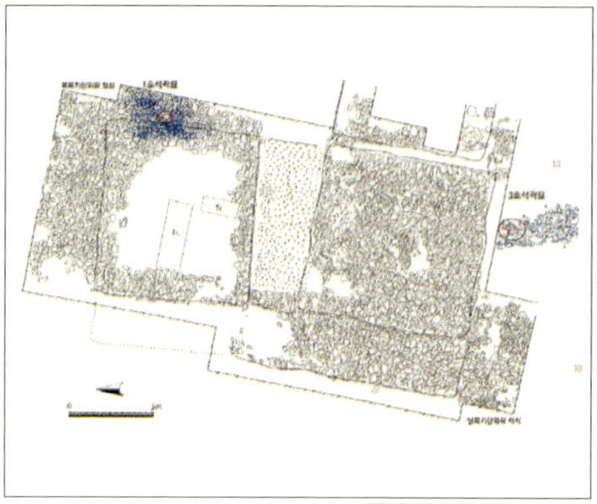

석촌동 1호분 일대(87년 조사)

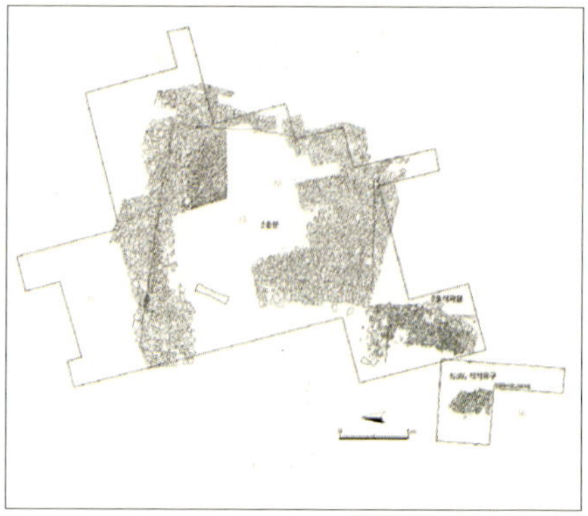

석촌동 2호분 일대(87년 조사)

〈도면 12〉 석촌동 고분군 적석유구 위의 매장시설

그보다는 석촌동의 기단식 적석총을 분묘로서 인정하기 어려운 것은 고고학적으로 무덤임을 증거할 분명한 속성을 확인하기가 어렵기 때문일 것이다. 외형상으로 고구려 적석총과의 유사성에 근거하여 고구려 적석총 유형의 분묘로 보고자 한다면 적어도 분묘의 기본조건인 매장부, 부장유물, 비교사례의 선명성 등의 조건을 만족시킬 수 있는 논거가 마련될 필요가 있다는 것이다. 그러나 아직은 외변을 축석하여 단을 갖춘 시설을 마련하였다는 사실 외에 분묘로서 구체성을 담보할 수 있는 매장부는 전혀 확인되지 않았고, 나아가 유물이나 비교 사례도 거의 전무한 형편이다.

그중에서도 기단식 적석총으로 분류된 유구를 전용의 매장시설로 보기 위해서는 분묘로서 반드시 갖추어져야 할 매장시설이 전혀 확인되지 않는 점은 반드시 짚고 넘어가야 할 것이다. 물론 4호 적석총으로 분류된 유구의 상단에 있는 시설에 대해서 최근 횡혈식 구조의 매장부로 볼 수 있다는 관찰도[38] 있지만 초기의 발굴정황이 존중되어야 할 것이기에 동의하기 어렵다. 그리고 기단식으로 조성된 적석총의 매장시설은 정상부분에 조성되었던 것이 유실된 관계로 그 흔적을 발견할 수 없다는 추정적 논지도 동의할 수 없는데, 이는 적석유구의 잔존 정황에서 오히려 정상부에 매장시설이 잔존하였다고 보기 어려운 정황이 보다 선명하게 나타나기 때문이다.

조사된 유구 중에 다수의 매장시설, 즉 봉석 혹은 봉토 목관묘제의 매장주체로 남겨진 흔적들이 기단식 적석총으로 간주된, 상부에 설치하였을 매장시설은 유실되었다고 판단하는 적석유구 위에 잔존한다는 사실로 미루어 그러하다. 이로써 적석유구의 매장시설이 유실되었다는 판단은 지양되어야 할 것이 아닌가 여겨지고, 오히려 그러한 잔존 정황은 기단식 적석총으로 본 적석유구가 전용의 매장시설이 아닌 것으로 볼 수 있게 하는 것이다.

그러면 이들 기단식의 적석유구 기능이 무엇인가의 의문이 남는다. 그와 관련하여 우선 주목할 것이 비슷한 성격의 자료, 즉 공주 송산리 고분군의 방단 적석유구와[39] 공주 수촌리 고분군의 적석유구[40]이다. 전자의 경우 발굴 즈음에 방단적석 유구로 구분한 것으로 외변을 3단으로 축석한 시설인데, 백제식 적석총으로[41] 본 바가 있는 것이기도 하다. 물론 2기의 방단적석 유구 중에 1기만은 적석총이고, 다른 하나는 제단이라는 판단도 있었지만,

38) 조가영, 2013, 「석촌동고분군의 새로운 인식과 해석」, 『한성지역 백제 고분의 새로운 인식과 해석』, 백제학회 · 한성백제박물관, 7-8쪽.

39) 윤근일, 1988, 「公州 宋山里古墳 發掘調査 概報」, 『문화재』 21, 336쪽.

40) 충청남도역사문화연구원 · 공주시, 2014, 『公州 水村里古墳群 II』.

41) 조유전, 1991, 「宋山里 方壇階段形 무덤에 대하여」, 『백제문화』 21, 56쪽.

오히려 이들은 매장시설이 아닌 제단시설이라는 지적이[42] 보다 설득력이 있음을 주목해야 할 것이다. 그리고 수촌리 적석유구는 지름 30m 정도의 대형 유구로 부분적으로 면을 맞추어 축석되어 기단형상을 갖추기도 하였는데, 이 적석유구도 수촌리 고분군의 의례용이었던 것으로 추정하는데 이를 반증하는 토기류 등의 유물도 수습되어 있다.

송산리 고분군과 수촌리 고분군의 적석유구는 석촌동 고분군의 적석유구와 잔존형상에 유사성이 많다. 수촌리 적석유구의 경우 적석더미로 있지만 외변 열이 확인되고 반복된 축석상태도 인지되는 것으로 미루어 석촌동 3호 적석 유구와 대비될 수 있지 않은가 여겨진다. 나아가 송산리 방단적석유구는 평면 방형에 3단의 기단을 갖춘 유구인데, 외변만 축석하고 내부는 흙으로 채워져 있음에서 석촌동 4호분으로 분류된 유구의 축조방식과 전혀 차이가 없다. 더불어 수촌리 적석유구는 무덤군 서쪽 외변의 구릉성 산지의 정상에 있는데 석촌동 계단식 적석유구의 분포 위치에 갈음된다. 물론 송산리 고분군의 적석유구도 하나는 고분군의 북단에 있고 다른 하나는 남단 변에 있어 크게 다르지 않다. 더불어 이들 적석유구는 무덤군내 분묘들과 동시성이 인정되지만, 분묘는 아니고 오히려 상장례와 관련한 의례시설로 볼 수밖에 없는 것이다.

주지되듯이 송산리 고분군은 백제 한성기 고분문화가 그대로 이식된 유적으로 봄에 문제가 없기에 방단으로 조성된 적석유구와 같은 시설은 한성 도읍기의 상장의례와 관련된 시설이 재현된 것으로 보아야 할 것이다. 그

---

42) 서정석, 1995 ,「宋山里 方壇階段形 積石遺構에 대한 檢討」,『백제문화』24, 54쪽.

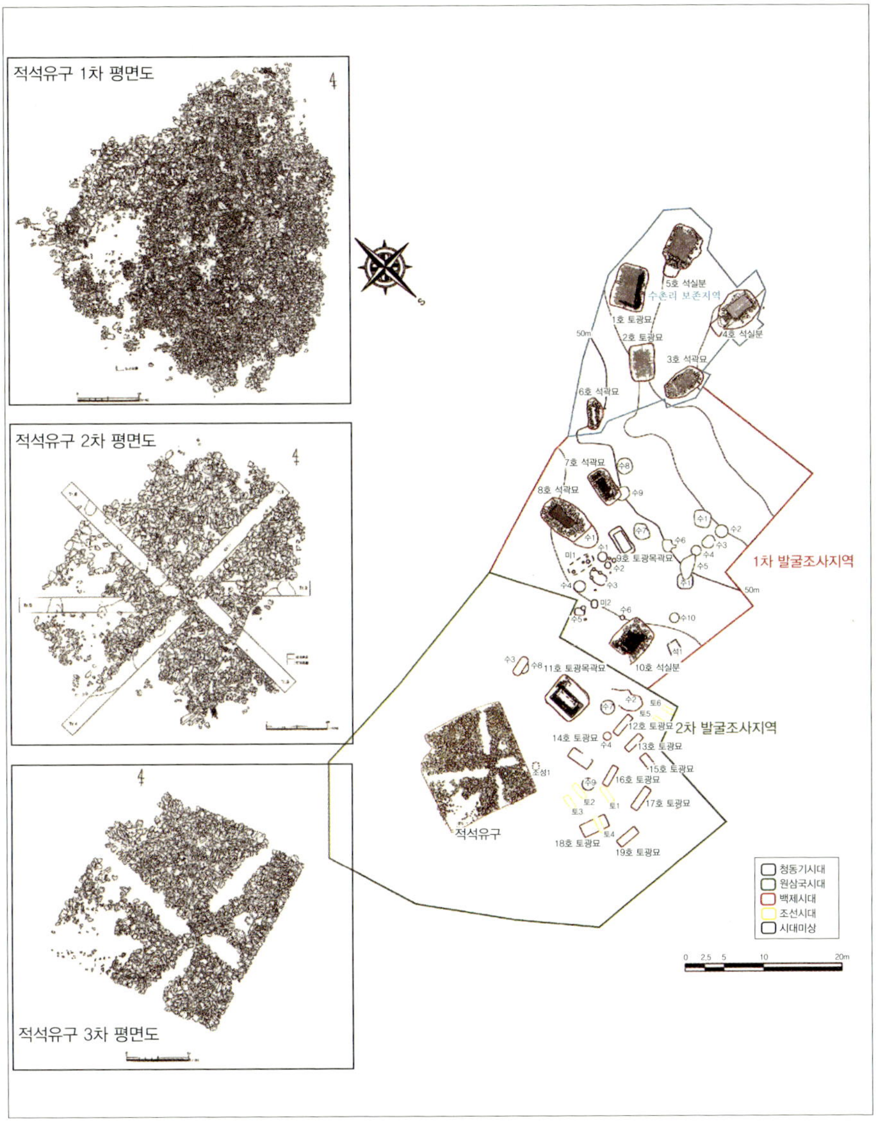

〈도면 13〉 수촌리고분군의 유구배치도 및 적석유구

리고 수촌리 고분군은 한성기 백제 지방사회를 대표하는 유적이지만 유물이나 묘제의 정황으로 미루어 중앙인 한성과 밀접한 관계가 있다는 사실은 이미 널리 인정된 것이다. 나아가 수촌리 고분군의 경우 고유의 전통묘제인 토광묘나 석곽묘가 고수되는 환경에서 부분적으로 석실묘의 모방축조, 즉 중앙묘제의 속성이 유입되었음을 알 수 있는데, 그러한 환경에서 의례시설로 적석유구가 존재하는 것은 중앙의 한성지역과 상장의례에서 어느 정도 공통성이 있음을 보여주는 것으로 볼 수 있을 것이다. 웅진천도 이전의 수촌리 고분군의 사례는 적석으로 의례시설을 마련하는 백제 상장의례의 전통적 모습을 보여주고, 송산리 고분군은 그러한 전통이 한성도읍기부터 비롯되는 것임을 웅변하는 것으로, 그 본래의 흔적은 석촌동 고분군의 적석 유구, 즉 기왕에 기단식 적석총으로 인지하였던 것에서 찾을 수 있지 않을까 여겨진다.

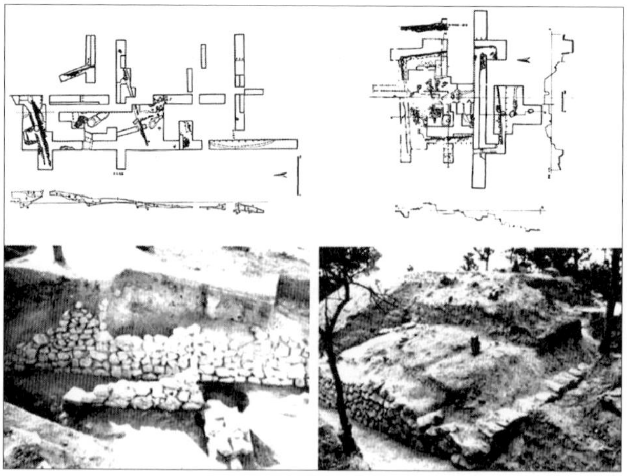

〈도면 14〉 송산리고분군의 방단적석유구

Ⅳ. 5세기대 횡혈식 석실묘의 전개

5세기대 백제묘제의 전개 정황은 다양한 묘제가 지역간 차별적으로 존재하지만, 4세기 무렵에 유입된 횡혈식 석실묘가 중앙인 한성지역에 주묘제로 자리하고 점차 지방사회로 확산되어 가는 점을 특징으로 꼽을 수 있을 것이다. 백제묘제로서 횡혈식 석실묘는 백제가 고대국가로 진입된 이후에 새롭게 등장한 묘제이다. 석축으로 묘실을 만들고 입구를 내어 반복 출입할 수 있는 묘제, 즉 추가장적 다인장이나 합장을 전제한 묘제이다.[43] 이는 기왕의 전통묘제가 출입시설 없이 단인장으로 조성하는 것과는 근본적 차이를 가진 것이다. 이 묘제는 백제만이 아니라 고구려, 신라, 그리고 바다 건너 일본열도까지 고대국가 체제가 확립되는 시기에 주묘제로 정착되는 모습을 보이는 것이기도 하다. 한편 한반도에서의 전개는 서북한 지역에서 비롯된 것으로 여겨진다.[44]

---

43) 이남석, 2007, 위의 논문, 20쪽.
44) 이남석, 2009, 위의 논문, 10-12쪽.

본래 횡혈식 묘제는 중국의 중원지방에서 비롯된 것으로 전한 중기에 부부합장이란 장제의 변화에 부응하여 이루어졌다는 것과, 중국에서 횡혈식 묘제의 발생과 함께 공심전을 사용한 횡혈식 전실묘, 나아가 생전의 주거 형상을 모방한 다실묘까지 발전되었음도 알 수 있다. 그리고 한반도에는 서북한의 대동강 유역에 중국의 한대 묘제인 이들 횡혈식 구조의 전축묘가 그대로 전입되었고, 이후 나름의 토착적 속성이 첨가되어 석실묘로 발전하고 그것이 남쪽의 백제에 유입된 것이다. 그 배경은 4세기 중후반 무렵의 정치 환경과 관련된 것이 아닌가 생각된다.

그리고 백제의 횡혈식 석실묘가 도읍인 한성에 먼저 유입되었음은 그 잔존현황을 통해 살펴질 수 있다. 후술되겠지만, 도읍인 한성지역 석실묘의 잔존정황에서는 초기의 유입과 점차 발전하여 정립되는 모습이 간취되지만, 지방사회는 모방축조에서 비롯되는 부정형한 석실묘가 대부분이기 때문이다.

앞서 살핀 것처럼 백제사회는 4세기대 후반부터 5세기 후반 무렵까지의 지방사회의 묘제환경은 토광묘제인 주구토광묘와 분구토광묘 그리고 관곽토광묘, 다양한 옹관묘제를 비롯한 석축묘제 등이 지역 간 차별적으로 사용하고 있었음을 보았다. 이는 서로 다른 사회 환경으로 말미암아 각각 다른 묘제를 사용하고 있음에서 비롯되는 것이다. 그러한 와중에 서북한 지역에서 유입된 횡혈식 석실묘가 점차 지방사회에 나타난다는 정황도 언급하였는데, 배경으로 횡혈식 석실묘가 도읍지역에 유입되어 중앙묘제로 점차 자리 잡게 되었는데, 각각의 지방사회는 그들의 고유의 전통적 묘제를 사용하지만, 중앙과 교류과정에서 신식묘제인 횡혈식 석실묘를 모방하여 축조한 결과로 보았다. 물론 이러한 논거는 횡혈식 석실묘가 4세기 후반 무

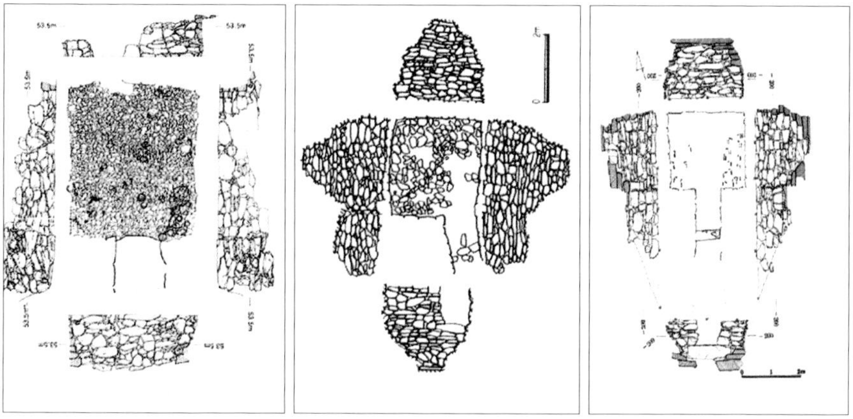

공주 수촌리 5호분 익산 입점리 1호분 보령 명천동 1호분

〈도면 15〉 백제 지방사회의 석실묘

렵에 도읍지역에 먼저 유입되어 점차 지방사회로 확산되었다는 정황, 즉 횡혈식 석실묘의 전개양상의 인지로 타당성을 얻을 수 있을 것이다.

물론 이러한 이해에 이견도 적지 않았는데, 특히 도읍지역은 왕실을 비롯한 지배층이 적석총만 사용하였다는 전제에서 석실묘의 존재를 부정하는 경우가 많았음이 그것이고, 이를 적극적으로 반증할 실물자료의 결여로 논의를 진전시키는데 어려움이 있었던 것도 사실이다. 그러나 앞서 살핀 것처럼 가락동, 방이동의 석실묘를 비롯한 초기 백제 석실묘의 잔존정황에 대한 이해의 진전,[45] 그리고 도읍지역에서 새로운 석실묘 자료의 증가는 적어도 5세기대 도읍지역에서 석실묘 사용을 부정할 수 없게 되었을 뿐만 아

45) 이현숙, 2012, 위의 논문.

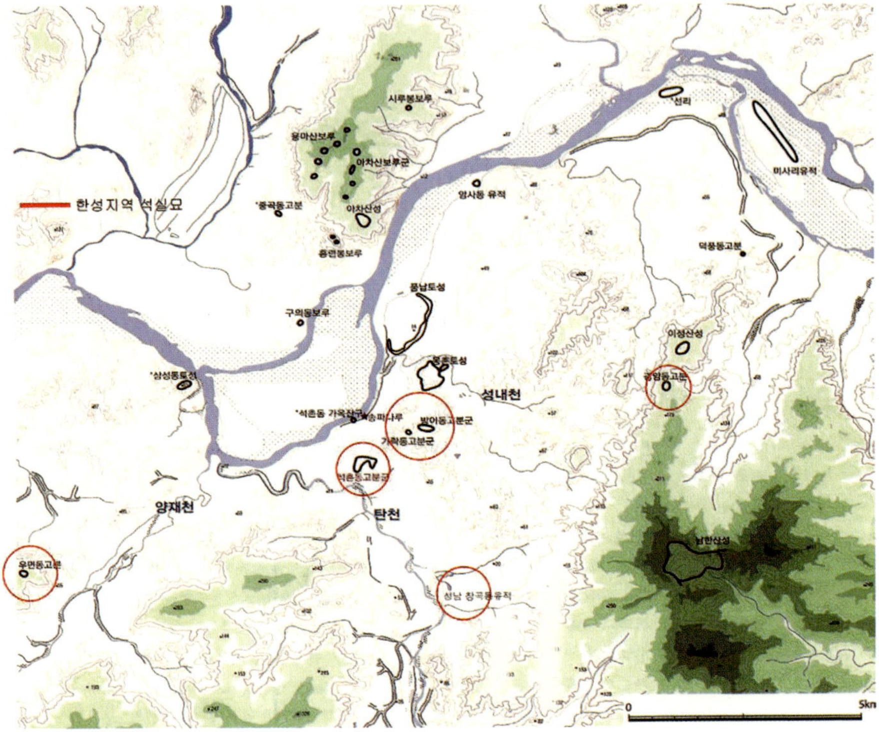

〈도면 16〉 한성지역 석실묘 분포정황(2013,『석촌동고분군 Ⅰ』 보고서 발췌 · 수정)

니라 이후 백제 횡혈식 석실묘 전개의 중심에 이들 도읍지역의 석실묘가 자리하고 있다고 보는데 문제가 없을 것이다.

사실, 도읍지역의 횡혈식 석실묘 자료를 종합하면 나름의 존재 특성이 발견된다. 그중에서도 앞서 언급된 바 있듯이 도읍지역 백제 분묘자료 중에 석촌동 고분군을 제외하면 모두 횡혈식 석실묘라는 사실일 것이다. 이는 가락동이나 방이동 고분군은 물론이고 최근에 새로이 발굴된 분묘자료가 모두 횡혈식 석실묘로 이루어진 유적이다. 이러한 사실은 한성 도읍기 후반의 도읍지역 중심 묘제는 횡혈식 석실묘였다는 사실을 반증하는 것으로 볼 수 있을 것이다. 나아가 이들 석실묘의 경우 시공간적 존재 특성도 간취되는데, 석촌동의 지근에 인접한 가락동이나 방이동 석실묘가 초기적 정황을 보이는데 반해서 보다 멀리 있는 석실묘들은 보다 늦은 시기의 것으로 구조적으로 통일된, 즉 발전된 정형화된 석실묘만이 남아 있다는 사실이 그것이다. 이러한 존재 특성은 도읍지역 석실묘가 유입되어 나름의 발전과정을 거쳤다는 것을 보여주는 것이기도 하다.

이러한 정황은 지방사회에 잔존하는 한성기 석실묘의 존재현황에서도 그대로 확인된다.[46] 5세기 무렵에 백제 지방사회로 횡혈식 석실묘가 확산되었음을 보여주는 자료는 수량도 결코 적지 않지만 분포 범위가 백제고지의 전역에서 확인된다. 그런데 이들은 존재 정황에서 나름의 특징적 면모가 발견된다. 예컨대 도읍인 한성지역은 석실묘 자체만이 단위 무덤군으로 존재하는 경우가 대부분이지만 지방사회는 고유의 전통묘제와 함께 존재하는 것이 대부분이란 사실이 그것이다. 물론 한성도읍기 이후의 것이 혼재하는 경우도 없지 않지만, 전체적으로 한성도읍기로 편년되는 석실묘는 그 자체만이 군집된 경우는 거의 없고, 오히려 지방 고유의 묘제 속에 소수가 혼재되어 있을 뿐이다. 한강유역의 원주 법천리는 석곽묘, 화성의 마하리는 토광묘와 석곽묘, 천안의 두정동은 토광묘, 용원리는 토광묘와 석곽묘, 청주의 주성리는 토광묘, 신봉동은 토광묘, 그리고 공주의 수촌리는 토

46) 이남석, 2007, 위의 논문, 15-20쪽.

광묘와 석곽묘가 주류를 이루면서 여기에 석실묘 1-2기씩이 포함되어 있는 것이 그것이다.

그리고 지방사회에 있는 한성기 석실묘는 묘제적으로 횡혈식이란 공통점 외에 구조 형식적 측면에서 통일된 모습은 거의 발견되지 않는다. 이는 동일한 지역의 유적 혹은 동일 유적내의 석실묘간에 나타나는 현황이기도 하다. 그러나 기본적 묘제환경은 기존의 묘제환경에 철저하게 지배되는 경우가 대부분이고, 구조속성에 석실묘 본래의 속성과 다른 토착묘제의 속성도 많이 포함되어 있음이 일반적이다. 이는 지방사회에 석실묘가 새로운 묘제로 수용되었지만 입지환경은 여전히 기왕의 토착적 전통에 머물러 있음을 보여주는 것이고, 그로서 구조속성에 전통 묘제의 속성을 포함하게 된 것으로 볼 수 있다.

물론 구조속성의 부정형성은 지방사회에 잔존된 석실묘만이 아니라 도읍인 한성지역의 초기 석실묘에서도 발견되기는 한다. 예로 가락동 · 방이동 고분군을 보면, 가락동에서 조사된 석실묘 4기의 구조속성은 서로 간에 완전하게 이질적 모습으로 있음이 그것으로 이들은 묘실 평면이나 천장 가구방식, 그리고 입구 및 연도의 위치라던가 내부시설 모두에서 서로가 차이를 드러내고 있다. 이러한 정황은 3기가 있는 청원의 주성리 석실묘도 마찬가지이고, 2기가 있는 공주 수촌리 석실묘도 그러하다. 영산강 유역도 그러한데, 예컨대 복암리 3호분의 3기 석실묘 중에 96-1호분과 석 1 · 2호와의 형식차가 그것이다. 이러한 속성은 석실묘제의 초기 정착과정에서 나타나는 현상으로 볼 수 있기에 묘제자체도 아류형으로 구분한 것이다.

이러한 석실묘의 잔존정황은 백제 석실묘가 4세기 중후반 무렵 도읍지역에 유입되어 초기형인 아류형으로 조성되다가 점차 주묘제로 자리 잡게 되면서 정형화된 묘제 형식을 갖춘 것으로 볼 수 있다. 반면에 지방사회는 중앙의 석실묘를 모방 축조함으로써 지방마다, 혹은 지방내에서도 구조속성에 차이가 있는 무덤을 만드는데, 그러한 환경은 5세기 후반까지 지속되었던 것으로 볼 수 있다. 물론 석실묘의 전개가 도읍지 한성에서 비롯되었다는 것은 앞서 본 석촌동 고분군의 재인식을 토대로 가락동 · 방이동의 석실묘들을 비롯하여 우면동이나 광암동 그리고 판교 등지의 석실묘 잔존 정황에 근거하는 것이기도 하다. 이들 중에 구조적 부조화를 지닌 초기의 아류형이 있는가 하면, 가락동 3호분이나 창곡동 석실묘, 그리고 판교의 석실묘와 같은 정형화된 구조형식을 갖춘 발전된 석실묘가 존재하기 때문이다. 물론 이러한 정황을 보다 적극적으로 반증하는 것이 웅진지역에 잔존된 석실묘의 정황일 것이다.

주지되듯이 서기 475년을 기점하여 한성지역의 물질문화가 웅진으로 이동하였다고 봄에는 문제가 없을 것이고 이를 가장 극명하게 보여주는 것이 석실묘이다.[47] 5세기 중후반 무렵으로 편년되는 횡혈식 석실묘 유적은 웅진만이 아니라 금강유역에서 넓게 발견되지만,[48] 대부분이 중앙묘제인 석실묘를 모방 · 축조한 것으로 아류형의 묘제적 특징을 지니고 있다. 대표적으로 수촌리 고분군의 석실묘나 분강 저석리 고분군의 일부 석실묘를 예로 들 수 있다. 그리고 도읍지 웅진지역에는 5세기 후반 이후로 편년되는 아류

47) 서기 475년 도읍지로 선정된 웅진에 적석총은 전혀 발견되지 않는 반면에 횡혈식 석실묘만이 집중적으로 남아 있을 뿐이다.

48) 금강유역권의 횡혈식 석실묘 유적으로는 익산 입점리 유적과 서천의 장선리 유적, 보령의 명천동 유적을 비롯한 청주의 신봉동유적, 청원의 부강리와 갈산리유적, 천안의 용원리 유적 등을 사례로 꼽을 수 있다.

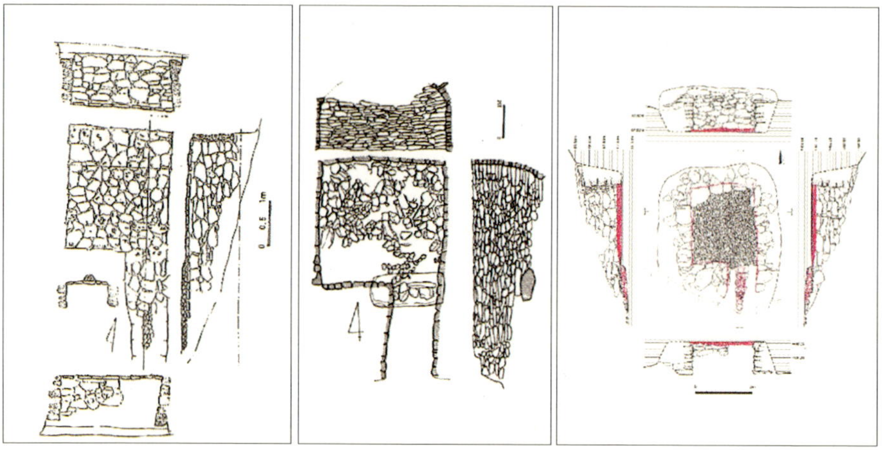

공주 웅진동 8호분(79년) 서울 가락동 3호분 성남 창곡동 1호분

〈도면 17〉 공주 웅진동 석실묘와 서울 가락동 · 창곡동 석실묘(궁륭식)

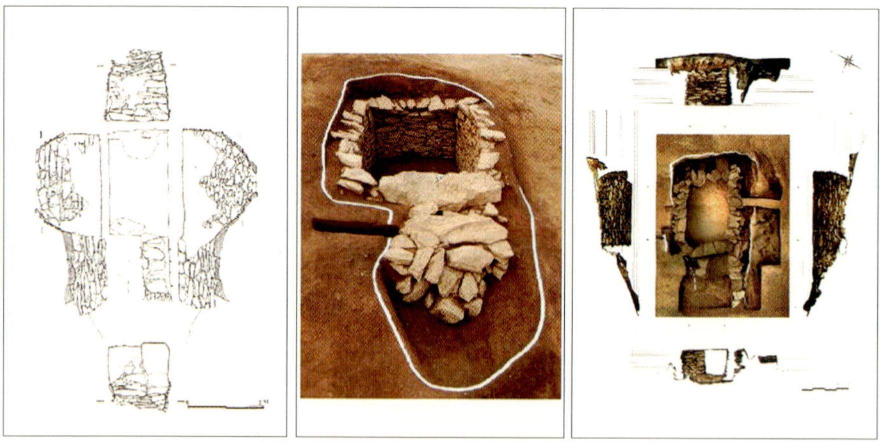

공주 금학동 2호분 성남 판교동 가-7호분 하남 광암동 2호분

〈도면 18〉 공주 금학동 석실묘와 성남 판교동 석실묘, 하남 광암동 석실묘(아치식)

형이 아닌 구조형식적으로 정형화된 횡혈식 석실묘도 갑자기 등장한다. 공주의 송산리 고분군을 비롯하여 웅진동과 금학동 그리고 보통골, 신기동 등의 고분군에 잔존된 횡혈식 석실묘가 그것이다. 여기에 도읍지와 약간 이격된 것이나 송원리 유적도 이에 포함시킬 수 있다. 따라서 도읍지 웅진에는 중심권에 정형화된 횡혈식 석실묘가 넓게 잔존되어 있는가 하면, 약간의 거리를 둔 지역인 수촌리 유적의 백제 석실묘처럼 천도이전의 아류형

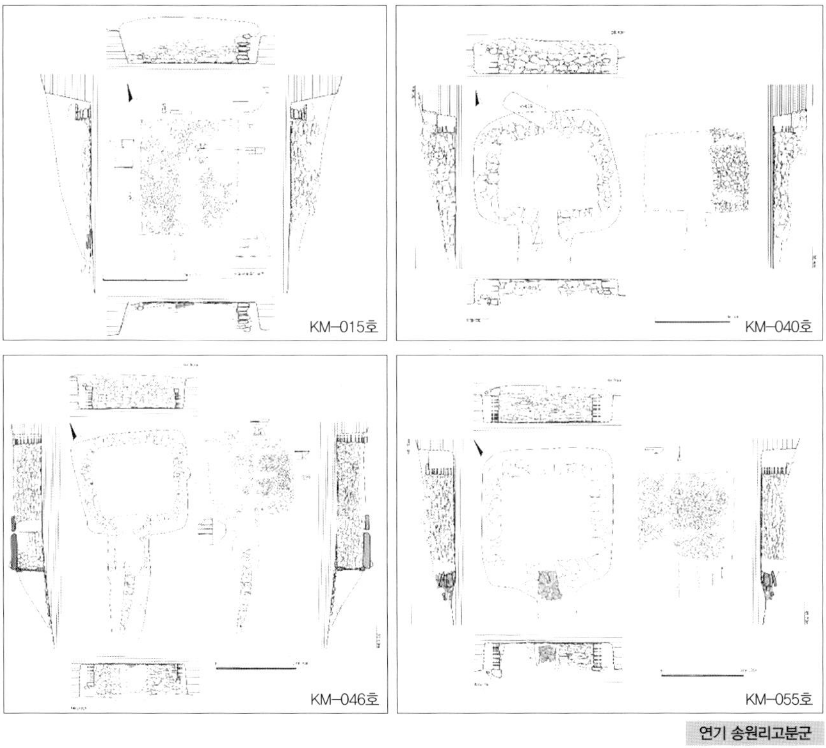

〈도면 19〉 연기 송원리고분군 횡혈식 석실묘

석실묘도 존재함을 알 수 있다.

그리고 구조적으로 정형화된 횡혈식 석실묘는 천도와 더불어 웅진지역에 등장한 것으로 나름의 묘제 구분도 이루어진다. 송산리와 웅진동 그리고 보통골 유적에서 산견되는 궁륭식 유형의 것, 그리고 금학동 등지에서 산견되는 아치형의 것, 송원리 유적에서 확인된 중앙 연도의 정형화된 석실묘 등이 그것이다. 여기에 웅진천도 이전에 지방사회에서 모방 축조된 수촌리 석실묘를 아류형으로 볼 수 있을 것이다.

그런데 궁륭식은 한성에서 확인되는 가락동 3호 석실묘라든가 우면산 유적의 석실묘와 같은 구조의 것으로 그대로 대비될 수 있는 것이다. 또한 아치형의 경우도 판교나 광암동 유적의 석실묘와 동형의 구조속성을 갖추고 있다. 다만 송원리 유적의 석실묘는 지하로 묘광을 조성한다거나 묘광 내에 입구를 갖춘 묘실을 조성하는데, 모두 벽돌 형태의 할석을 사용하였다는 점, 그리고 묘실의 한쪽에 입구로서 긴 연도를 시설하는데 그것이 모두 중앙식이라는 사실, 입구 시설로 문틀 형태의 문주석을 세웠다는 점 등에서 유적내 모든 석실묘의 구조적 통일성이 확인되는데, 비교될 수 있는 자료는 아직 발견되지 않지만 이미 한성지역에서 정립된 석실묘가 남천과 더불어 남하한 것이 아닌가 여겨지는 것이다.

결국 백제의 웅진천도 즈음의 석실묘 존재현황은 이미 충분하게 발전하여 형식적으로 정립된 석실묘가 천도와 더불어 웅진지역에 출현하였다는 것을 단적으로 보여주는 사례로 볼 수 있겠고, 이는 역으로 웅진천도 이전에 지방사회가 아닌 도읍인 한성지역에서 그러한 석실묘가 폭넓게 사용되었다는 것을 반증하는 것으로 보아도 문제가 없을 것이다.

V. 맺음말

무덤은 그 전통성으로 말미암아 축조주체의 사회와 문화의 배경에 따라 묘제를 달리하는 경우가 많다. 특히 고대사회는 정치와 사회의 통일이 더디게 진행되어 각각의 지역마다 고유의 독자적 문화가 유지되는 경우가 많았는데, 이는 묘제도 마찬가지이다. 백제사회의 묘제는 5세기 후반까지 고유의 독자성을 유지하며 지역 간에 차별화된 형태로 존재하다가, 6세기 전반에 이르면 백제의 전 사회 묘제가 횡혈식 석실묘로 통일되는 변화가 연출된다. 이러한 묘제의 통일은 당시 백제의 정치 · 사회적 통일에 상응하여 나타난 현상으로써, 묘제의 변화에 정치 · 사회의 변천양상이 그대로 반영된다는 것을 알 수 있다.

사실, 5세기대 백제의 묘제환경에서 가장 특징적인 면모는 아무래도 지역 간에 서로 다른 무덤이 사용되고 있는 것을 지적할 수 있을 것이다. 백제의 중앙인 한성지역의 경우 이전의 삼한시기부터 사용되던 봉토 · 봉석 목관묘의 잔재가 어느 정도 남아 있지만, 4세기 중반 무렵에 이르러 서북한 지역에서 횡혈식 석실묘가 유입되고 5세기 무렵에 이르면 횡혈식 묘제가 거의 보편적 묘제로 정착되기에 이른다. 물론 백제가 한성에 도읍하던 시기의 도읍지 묘제로 기단식 적석총이 간주된 바 있지만, 실물로 복원된 유적이나 발굴 자료에서 무덤으로 볼만한 증거가 거의 발견되지 않고 오히려 의례시설로 비교될 사례가 증가하기에 이는 보다 심층적 재검토가 필요하다. 따라서 한성기 도읍지역은 특유의 백제적 상장례 환경에서 마한적 봉토 · 봉석묘의 사용이 지속되다가 횡혈식 석실묘의 도입에 따라 그것이 주 묘제로 점차 정착된 것으로 보아야 하지 않은가 여겨진다.

한편 당시 백제 지방사회의 경우 도읍지 주변인 경기지역은 토광묘제인 주구토광묘와 관 · 곽토광묘가 널리 사용되고, 부분적으로 석곽묘나 석실묘가 사용되었다. 충청지역의 경우 북부는 관 · 곽토광묘, 서부는 분구토광묘, 그리고 동남부는 석곽묘가 사용되는데 부분적으로 혼용이 있긴 하나 5세기 후반까지는 각각의 묘제가 지역적 고유성을 유지하면서 분포권을 이루고 있다. 호남지역은 영산강 중류에 해당되는 나주나 영암 등지에서 특유의 전용옹관을 사용한 분구옹관묘가 사용되었다. 전북 서해안지역은 충청의 서해안지역처럼 분구토광묘가 넓은 분포권을 형성하고 있으며, 이외의 전남 남부지역은 분구형 토광묘와 석곽묘가 사용되는가 하면 옹관묘도 비교적 넓은 분포권을 형성하고 있다.

4세기대에 정립되어 5세기대까지 성행된 이들은 구조형식이나 유물의 부장방식, 그리고 분포범위에서 나름의 구분이 이루어진다. 즉 봉토묘는 지상식의 매장부에 목관을 흙으로 덮는 특징, 주구토광묘는 무덤구역 설정과 묘광에 관 · 곽의 설치와 더불어 묘실내에 부장구역의 마련, 분구토광묘의 경우 지상식地上式으로 목관을 안치한 다음에 분구를 조성하는 것, 관 · 곽토광묘의 경우 밀집된 군집현상에 깊은 묘광을 조성하지만 부장품 수납공간이 불분명한 특징 등이 그것이다. 그리고 영산강 유역의 옹관묘의 경우 매장시설로 전용옹관을 사용하였다는 점 이외에 조성방식은 분구묘의 그것과 크게 다르지 않아 같은 환경에서 이해되어야 할 것으로 여겨진다.

한편 백제의 한성도읍기로 편년되는 횡혈식 석실묘 자료는 도읍권인 한강유역을 비롯하여 금강유역은 물론 멀리 영산강 유역까지 넓게 산포되어 있음을 알 수 있다. 다만 지방사회의 것들은 석실묘 단일묘제만 집중된 경우는 드물고, 오히려 기존의 토착묘제에 포함된 경우가 많다. 또한 이들의 입지나 구조속성에 기존의 토착적 전통묘제의 속성이 많이 반영되어 있는 경우가 많다. 특히 무덤을 축조하면서 묘실의 위치라던가 장축의 배치에 전통 석실묘의 속성과는 거리가 먼 형태가 많고, 무덤 구조에서도 기존 토착묘제의 구조가 복합되어 있는 경우가 많다. 이는 석실묘의 수용이 정확한 정보와 축조기술의 담보가 전제된 것이 아님을 단적으로 보여주는 것으로, 그 자체가 석실묘 수용의 초기적 정황을 단적으로 보여주는 것으로 볼 수 있을 것이다.

주제발표 4

개로왕대 한성의 도성 경관과 토목공사

신 희 권 서울시립대학교

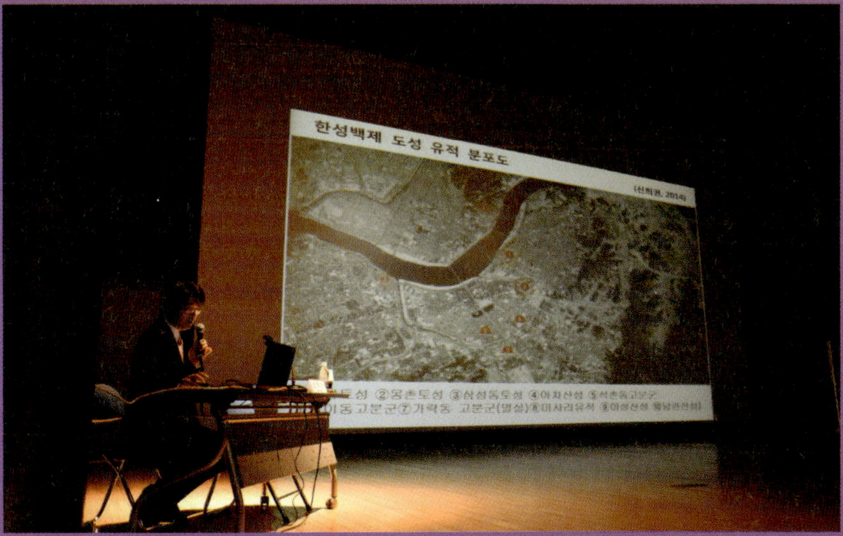

Ⅰ. 개로왕대 도성의 경관과 토목공사가 의미하는 것

1. 도성의 의미

'도성都城'이란 문자 그대로를 놓고 보면 '도都'를 둘러싼 '성城'이란 뜻으로 이해된다. 즉, '수도'를 둘러싸고 있는 '곽성'이라는 표현이 가장 적절할 듯하다.[1] 그래서 엄밀한 의미에서의 도성은 도읍을 둘러싸고 있는 궁성 외에 외곽성이 갖추어져 있는 경우에만 지칭하는 것이 올바른 표현이라 할 수 있겠다.

그러나 흔히 '도성'이라는 개념은 시대별로 또는 국가별로 조금씩 다르게 적용될 수도 있다. 예를 들어 삼국시대의 경우에도 도성과 유사한 의미

1) '성곽(城郭)'이란 말의 뜻은 원래 왕이 거하는 궁성(宮城)의 '성(城')과 백성을 보호하기 위한 외곽성(外郭城)의 '곽(郭)'을 합쳐 부르는 말이다. 예를 들어 『관자』의 '內爲之城, 城外爲之廓(안의 것이 성이고, 성 바깥의 것이 곽이다)'이란 구절과 『오월춘추』의 '築城衛君造郭以守民 此城郭之始也(임금을 위해 성을 쌓고 백성을 지키기 위해 곽을 만드는데, 이것이 성곽의 시작이다)'란 구절이 바로 이러한 의미를 표현한 대표적인 문헌의 예이다.

를 표현한 것들로서 도都, 국國, 왕성王城, 왕도王都, 경성京城, 경도京都 등 다양한 이름들이 나타나고 있는 실정이다. 그러나 이러한 용어들은 비록 달리 사용되었다고는 하나 엄격한 의미의 구분을 염두에 둔 것으로 보기는 곤란하고 대체로 왕이 거주하는 '왕성'을 직접적으로 가리키거나 혹은 왕의 거처를 포함한 정치, 경제, 사회, 문화의 중심지 전체를 가리키는 의미로 받아들이는 편이 타당할 것으로 생각되는데, 이 때 후자를 보통 넓은 의미의 도성으로 인식한 결과로 볼 수 있다. 왜냐하면 삼국시대의 경우 왕이 거하는 '궁성'과 외곽의 '곽성'이 분리되는 중국식의 도성제가 본격적으로 자리 잡는 것은 대략 6세기 이후의 일로 볼 수 있기 때문에 그 이전의 경우는 왕성 내지 도성의 특별한 의미 구분 없이 '도읍'에 상응하는 개념으로 사용되었을 가능성이 높기 때문이다. 그러한 의미에서의 도성은 비록 외곽의 곽성을 갖추고 있지 않다 하더라도 공간적으로 궁성을 포함한 넓은 범위의 도시 전체를 가리키는 것으로 보는 것이 합리적이라 생각된다.

한성백제시대를 놓고 보면 『삼국사기』와 같은 문헌 기록에서 도성과 관련된 의미로 사용되는 이름으로 '왕성'과 '왕도'가 있는데, 이에 대해서는 간략하나마 그 의미를 짚어보고자 한다. '왕성'이라 함은 '왕이 있는 곳을 에워싼 성'이란 뜻이므로 평상시 왕이 거주하는 성을 일컫는다. 즉, 여기서의 왕성은 아직까지는 광범위한 의미의 도성 개념으로 사용되었다기보다는 실제로 왕궁과 같이 왕의 통치와 관련된 건물을 둘러싸고 있는 단일한 성을 가리키는 경우가 많은 것으로 생각된다. 이때의 왕성이란 개념은 원칙적으로 '궁성'이란 이름으로 사용하는 것이 보다 정확한 개념에 가까운 것이라 할 수 있다.

이에 반해 '왕도'는 '왕성을 포함한 도읍지'란 의미가 강한 것으로, 위의

'왕성' 내지는 '궁성'을 포함하여 일반 백성들이 거주하는 공간까지를 다 아울러 부르는 이름이라 할 수 있다. 따라서 기본적으로 '왕도' 안에는 '왕성'은 물론이고 정치, 경제, 문화, 군사 등 나라를 다스리는 데 필요한 모든 시설들이 다 들어서 있는 공간 전체를 의미하는 것이다. 굳이 '도성'과의 차이를 거론하자면 도읍 전체를 둘러싸고 있는 곽성의 존재 여부를 따질 수 있으나, 과연 한성백제시대 당시에 그러한 차이를 염두고 두고 사용하였는지는 의문이다.

따라서 비록 완전한 도성제가 도입되기 이전일 경우라도 왕이 거하는 왕궁이 위치한 '왕성'과 주변의 정치, 경제, 문화, 군사 등의 중심지를 포괄하는 광의의 개념으로서의 '왕도' 또는 '도성'은 엄연히 구분을 해서 이해할 필요가 있다. 결국 이러한 개념의 차이를 분명히 적용하기 위해서는 당시의 도성제도의 발전 단계가 어느 단계에 해당되는지를 밝혀내는 것이 중요하다. 아마도 고대 국가 형성 초기에는 '왕성'과 '도성'의 개념이 구분되지 않는 초보적인 단계의 '왕성' 체제가 전체 도성의 개념으로 사용되었을 것으로 생각된다. 이후 국력이 신장되고 국가의 발전과 도성제도 자체가 발달하게 되면 그때야 비로소 '왕성'과 '도성'을 구분하여 '왕성'은 왕이 거주하는 '궁성'에 국한된 개념으로, '도성'은 왕성을 포함한 도읍 전체를 의미하거나 도읍을 둘러싸고 있는 '곽성'을 지칭하는 개념으로 분화되었을 것으로 생각된다.

이 개념을 한성백제시대에 미리 적용하여 본다면, 한성백제시대 전기의 '하남위례성'은 '왕성(=궁성)'이자 '도성'의 개념으로 사용되었을 것이고, 후기의 '한성'은 '북성'과 '남성' 두 개의 '왕성(=궁성)'으로 구성된 '도성' 전체를 가리키는 개념으로 사용되었다고 볼 수 있겠다. 즉, 당시 '도성'의 범주에는 왕이 거하는 궁성 외에도 왕릉과 일반 백성의 거주구역, 생산 시설 및 이러한 공간 전체를 방어하기 위한 방어성 등이 다 포함된 광범위한 도시 개념이라 할 수 있으며, 당시에는 아직까지 도시 전체를 둘러싼 곽성은 축조되지 않은 상태였다고 할 수 있다.[2]

2. 개로왕대 도성의 경관 요소와 토목공사

본 발표에서 논하고자 하는 개로왕대 도성의 경관이라 함은 바로 당시의 궁성과, 왕릉, 방어성 등으로 대표되는 유적과 그러한 유적들을 감싸고 있는 하천과 산 등의 자연환경, 그리고 그러한 자연환경에 덧붙여진 제방과 같은 시설들을 포함한 도시 전체의 모습을 가리키는 것으로 정리할 수 있겠다. 또한 여기서의 토목공사란 도성의 핵심시설을 건설하기 위한 일련의 공사를 일컫는다고 할 수 있다.

이와 관련하여 『삼국사기』 「백제본기」에는 개로왕대 도성의 경관과 경관 조성을 위한 공사 상황을 짐작할 수 있게 해 주는 중요한 기록이 나오는데, 개로왕 21년조(475) 기사가 그것이다. 기사 내용 중 고구려의 장수왕이 백제에 간첩으로 보낸 승려 도림이 개로왕에게 간언하는 대목과 왕이 그에 응답하는 대목은 당시 백제 도성의 경관을 추론할 수 있는 결정적

---

2) 신희권, 2015, 「중국의 고대 왕성과 풍납토성」, 『고대 동아시아의 왕성과 풍납토성』, 풍납토성의 성격규명을 위한 학술세미나, 9-10쪽.

단서가 된다.[3]

① "대왕의 나라는 사방이 모두 산과 언덕, 강과 바다입니다. 이는 하늘이 베푼 험한 요새요 사람의 힘으로 된 형국이 아닙니다. 그러므로 사방의 이웃 나라들이 감히 엿볼 마음을 먹지 못하고 다만 받들어 섬기고자 하는 데 겨를이 없습니다. 그런즉 왕께서는 마땅히 존귀하고 고상한 위세와 부강한 업적으로써 남의 이목을 두렵게 해야 할 것입니다. 그러나 성곽은 수리되지 않았고, 궁실도 고치지 않았으며, 선왕의 해골은 맨땅에 임시로 매장되어 있고, 백성의 집들은 자주 강물에 허물어지고 있으니 신은 대왕을 위해서 찬성할 수 없습니다."

② 왕이 이르기를 "옳다. 내가 장차 그렇게 하리라." 이에 나라 사람들을 모두 징발하여 흙을 쪄서 성을 쌓고烝土築城, 그 안에는 궁실과 누각, 사대 등을 지었는데, 중장하고 화려하지 않은 것이 없었다. 또 욱리하에서 큰 돌을 가져다가 덧널槨을 만들어 부왕의 뼈를 묻고, 강을 따라 둑을 쌓았는데, 사성의 동쪽에서 숭산의 북쪽에까지 이르렀다.

이상의 기사와 앞서 언급한 도성의 구성 요소를 연관지어 뽑아볼 수 있

3) 본문에 기술한 번역문 ①과 ②는 다음 역주집을 참고하였다.
충청남도역사문화연구원, 2008, 『百濟史資料譯註集 - 韓國篇 I -』, 138-140쪽.

는 도성의 경관 및 토목공사 요소로는 우선 ①번 기사에 언급된 바, 사방이 산과 언덕, 강과 바다로 둘러싸인 천혜의 자연환경을 들 수 있다. 두 번째 요소로는 ①번 기사의 성곽과 궁실이고, ②번 기사에 흙을 쪄서 성을 쌓고 궁실과 누각, 사대 등을 지은 것으로 기술되어 있다. 세 번째 요소로는 ②번 기사의 큰 돌을 가져다 만든 덧널을 들 수 있다. 네 번째 요소는 ②번 기사에 등장하는 사성의 동쪽에서 숭산의 북쪽까지 강을 따라 쌓은 둑이 해당된다. 이를 차례로 다시 정리해 보면 바로 하천과 산으로 둘러싸인 자연환경, 성곽, 왕이 거주하는 궁실, 덧널로 이루어진 왕릉, 그리고 강을 따라 쌓은 제방 등 다섯 가지로 요약된다. 이에 다음 장에서는 이 순서대로 개로왕대 도성의 경관을 추론해 보고자 한다. 다만, 토목공사와 관련하여 구체적인 토목기술 등에 대해서는 별도의 논의의 장에서 다루는 것이 합리적이라고 생각되어 이글에서는 경관 요소와 연관지어 개괄적인 상황에 대해서만 살펴보고자 한다.

Ⅱ. 개로왕대 도성의 경관 요소 분석

1. 도성을 둘러싼 자연환경

도성을 둘러싼 자연환경은 비단 개로왕대 뿐만 아니라 이미 시조인 온조가 한강유역에 정착하여 도읍을 정하는 과정에 상세히 묘사되어 있다. 『삼국사기』 온조왕조의 기록을 살펴보면 바로 어떠한 이유에서 '하남위례성'에 도읍하게 되었는지를 쉽게 알 수 있다.

> ③ 백제의 시조 온조왕이… 마침내 한산에 이르러 부아악에 올라 가히 거할만한 곳을 바라보았는데… 열명의 신하가 간하여 이르기를 생각컨대 이곳 강 남쪽의 땅은 북으로 한수를 띠고 있고, 동으로 높은 산에 의지하고 있으며, 남으로 비옥한 들판이 보이고, 서로 큰 바다가 막혀 있으니 이렇게 하늘이 내려준 험준함과 땅의 잇점은 좀처럼 얻기 어려운 지세인지라… 온조가 하남 위례성에 도읍하였다.

[百濟始祖溫祚王… 遂至漢山 登負兒嶽 望可居之地… 十臣諫曰 惟此河南之地 北帶漢水 東據高岳 南望沃澤 西阻大海 其天險地利 難得地勢… 溫祚都河南慰禮城]

이 기록에서 핵심이 되는 구절은 바로 "북대한수北帶漢水 동거고악東據高岳 남망옥택南望沃澤 서조대해西阻大海"인데, 한강 남쪽에 위치한 위례성의 입지 조건을 가리키는 것이다. 이러한 조건을 충족할 만한 입지는 서울 지역에서는 송파구를 중심으로 한 강동구와 강남구 일대 외에는 없다. 이 지역의 북쪽에는 한강이 굽이쳐 흐르고 있고, 남쪽에는 험준한 남한산이 동서로 길게 펼쳐져 있다. 이들은 그 자체로 훌륭한 방어 요소가 되기 때문에 도성으로서는 최고의 입지를 띠고 있다고 할 수 있다. 더불어 남쪽으로 성남시에 이르는 너른 평야가 펼쳐져 있고, 서쪽으로 김포와 인천의 서해로 연결되는 더없이 좋은 지리적 이점을 보유한 곳이다. 주지하다시피 동서양을 막론하고 고대 도시 발달에 있어서 가장 우선적으로 고려되었던 요소는 바로 하천과 얼마나 인접해 있느냐 하는 것이었으며, 당시 백제 또한 한강이라는 천혜의 요소가 도성 결정의 가장 중요한 요인으로 작용하였을 것임은 명약관화하다.

또한 자연환경에서 하천과 더불어 빼놓을 수 없는 것이 바로 도성의 배후에 위치한 높은 산의 존재이다. 위 기록에서 보듯이 백제 도성의 동쪽에는 남한산의 존재는 한강과 더불어 도성의 입지를 정하는 결정적인 요인이었음을 알 수 있다. 남한산은 자연적으로 훌륭한 요새 역할을 하였을 뿐만 아니라 군사적으로도 그 중요성이 인정되어 온 곳이다. 371년 근초고왕이 고구려의 평양성을 침공한 후 도읍을 한산으로 옮긴(이도한산移都漢山) 이후 아신왕 4년(395)과 7년(398) 고구려와의 전쟁 관련 기사에 한산이 더 비중 있게 다뤄지고 있다.

④-1. 가을 11월에 왕은 패수의 싸움을 보복하려고 친히 군사 7천 명을 이끌고 한수를 건너 청목령 밑에서 머물렀는데, 큰 눈을 만나 병사들이 많이 얼어 죽자 군대를 돌려 한산성漢山城에 이르러 군사들을 위로하였다.

④-2. 가을 8월에 왕이 장차 고구려를 치려고 군사를 내서 한산 북쪽의 목책에 이르렀다.

이 기사를 통해 알 수 있는 분명한 사실은 한산에 성城을 쌓았다는 것과 북쪽에는 목책木柵을 세웠다는 것이다. 이로써 한산은 자연지리적인 요인 외에 성과 책을 쌓아서 군사 요새로 활용하였음이 분명해졌다. 근초고왕의 천도 기록과 아신왕의 전쟁 기록에 나오는 '한산'은 바로 지금의 남한산으로 추정된다. 즉 한성도읍기 후기에는 한산에 산성을 쌓아 도성 방어의 핵심적인 역할을 수행하였음을 짐작할 수 있다.

2002~2003년의 남한산성 내 발굴조사 결과 백제시대 주거지 2개소와 저장용 구덩이 8개소 등이 확인되고 다량의 백제토기편도 출토되었다(한국토지공사 토지박물관 2003). 비록 백제시대 유구가 발견된 것이 곧 남한산성이 백제시대의 도성이었다고 볼 수 있는 증거는 아니라 할지라도 기존에 발견되지 않았던 백제시대 유구와 유물의 발견은 시사하는 바가 상당히 크다. 『삼국사기』의 "이도한산移都漢山" 기록을 실제 남한산으로의 천도로

받아들이지 않더라도 남한산성에 백제시대의 방어 관련 시설이 자리하고 있었다는 문헌 기록을 뒷받침할 수 있는 자료로도 볼 수 있기 때문이다. 이로써 남한산은 온조왕 이래 천혜의 자연요새로 이용되었고, 근초고왕 이후 개로왕대에 이르기까지는 산성이나 목책과 같은 방어시설을 갖춘 도성 방어의 핵심 요소로 기능하였을 것으로 추정된다.

2. 성곽

도성 전체의 방어 체계를 놓고 보면 궁성 바깥에 위치하는 왕릉이나 일반 백성들의 거주구역을 보호하기 위한 외곽의 방어 또한 궁성 방어 못지않게 중요하다. 『삼국사기』 책계왕 원년(286) 기록에 따르면 위례성과 함께 아단성阿旦城과 사성蛇城이 축조되었음을 알 수 있고, 이들은 당시 도성 방어의 핵심적인 역할을 수행하던 유적이었을 것으로 생각된다.

> ⑤ 왕은 고구려의 침공과 노략질을 염려하여 아단성阿旦城과 사성蛇城을 수리함으로써 이에 대비하였다.

그러나 문헌 기록에 등장하는 아단성(아차성)과 사성의 실체를 명확히 할 수 있는 고고학적 증거들은 아직 부족한 상황이다.

아차산성이 위치한 곳은 해발 327m의 용마봉을 최고봉으로 하는 아차산 능선의 남쪽 끝자락에 해당된다. 산성은 북서쪽으로 높고 남동쪽이 낮은 경사지를 이루고 있으며, 남문지 쪽으로는 계곡을 이루고 있다. 산성의 장대에 올라서면 북쪽의 아차산 주능선과 서쪽의 중랑천변, 동쪽의 왕숙천변은 물론 한강 이남의 전 지역이 한 눈에 들어온다. 아차산성은 삼국시대 아단성阿旦城에 비정하는 것이 학계의 일반적인 의견인데, 아차성阿且城 · 장한성長漢城 등으로도 불렸으며, 현재의 지명으로는 아차산성으로 불린다. 아차산성이 가장 먼저 문헌에 등장하는 것은 『삼국사기』인데, 이에 따르면 이 성은 서기 286년 이전에 축조된 것이 된다. 「광개토왕릉비」의 영락永樂 6년(396)조에는 광개토왕이 백제로부터 공취한 58개 성 가운데 아단성이 포함되어 있다. 또 『삼국사기』 개로왕 21년조에는 475년 장수왕이 백제 한성을 공함할 당시 개로왕을 아차성 아래로 압송하여 죽였다는 기록이 있다. 이러한 이유로 아차산성은 일찍부터 학계의 관심을 받았으나, 실제로는 1997년이 되어서야 본격적인 조사가 시작되어 1999년까지 성벽과 내부 일부에 대한 시굴조사만이 이루어졌을 뿐이다. 성벽 뒷채움 층에서 출토된 고배 및 뚜껑류의 편년을 통해 볼 때 현재의 아차산성은 6세기 후엽 또는 7세기 전반에 신라에 의해 축조된 것으로 밝혀지고 있다. 또 아차산성 주변의 고구려 보루에 대한 발굴조사 결과에 따르면 500년을 전후한 시점에 아차산 일원에는 20여개소의 고구려 보루가 축조되었으며, 551년 백제의 공격으로 백제의 수중에 들어갔다가 2년 뒤인 533년에는 신라에게 내어 준 것으로 보인다. 그러나 앞에서 살펴본 것처럼 문헌기록에 따르면 아차산성은 삼국시대 백제가 초축한 아단성에 비정되며, 늦어도 책계왕 원년(286) 이전에는 축조된 것으로 보인다. 지금까지 아차산성에 대한 조사가 지표조사 및 일부 지점에 대한 시굴조사에 국한된 것이라는 점을 감안하면 향후 백제 및 고구려와 관련된 유구나 유물이 출토될 가능성은 여전히 남아있다고

하겠다.[4]

풍납토성과 한강을 사이에 두고 북쪽에 아차산성 일대는 역시 고구려 장수왕의 남하 정책으로 고구려의 수중에 들어가기 전까지는 명백히 백제의 영토로서 한강 이남의 도성을 방어하기 위한 중요 군사 기지가 존재했을 가능성이 높다. 아차산은 한강 이북에서 쳐들어오는 적군과 한강 이남의 도성 전체를 조망할 수 있는 전략적 요충지에 위치하고 있기 때문이다. 이러한 이유에서 백제에 의해 초축된 아차성이 고구려와 신라의 점령 이후에도 계속적으로 군사적 거점으로 점유될 수 있었을 것으로 생각된다. 향후 추가 조사 결과에 따라서는 백제의 초축 성벽이 발견될 가능성도 없지 않다.

사성 또한 아차성과 함께 위례성을 보호하기 위해 쌓았던 방어용 성곽으로 인식된다. 사성의 위치를 짐작케 해주는 기록으로 앞서 살펴본 개로왕대의 제방 축조 기사가 있다. 이로 보건대 당시 도성의 범위는 사성에서 숭산에 이르는 한강 이남에 위치하고 있었음이 분명하다. 대체로 숭산은 지금의 경기도 하남에 위치한 검단산으로 인정되고 있다. 아차산의 맞은 편에 위치한 고덕동 일대로 보는 견해도 있다.[5] 하지만 사성의 위치에 대해서는 이견이 부분하였으나, 결정적으로 사성을 풍납토성으로 보아왔던 이병도의 학설이 설득력을 잃게 된 현 시점에서는 사성을 삼성동토성으로 보는 견해가 합리적이라 판단된다.[6] 사성은 당시 백제 도성의 가장 서쪽 경계에

---

4) 최종택, 2011, 「아차산성」, 『韓國考古學專門事典 城郭 · 烽燧篇』, 국립문화재연구소, 817-820쪽.

5) 여호규, 2002, 「漢城時期 百濟의 都城制와 防禦體系」, 『백제연구』 36, 충남대학교 백제연구소, 9-10쪽.

6) 삼성동토성을 사성으로 인식한 대표적인 견해로는 다음의 글이 주목된다.

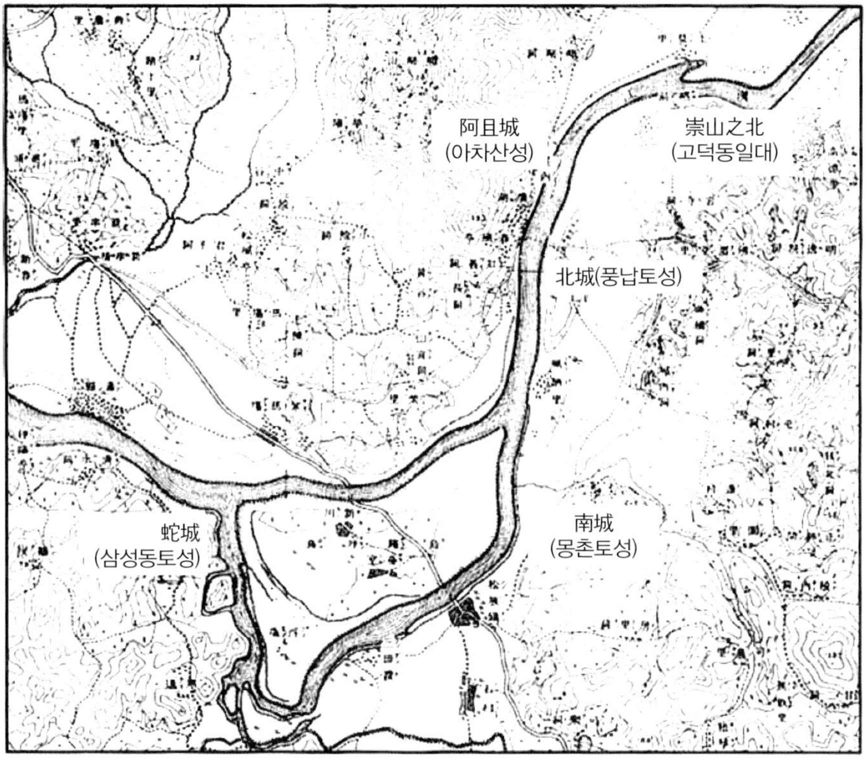

〈그림 1〉 아차성과 사성 위치도(여호규, 2002에서 전재)

위치한 유적일 가능성이 높으며, 당시의 궁성이나 왕릉, 민간 거주구역을 포함하는 외곽에 위치하였을 것이다. 현재 남아 있는 백제 도성 관련 유적 가운데 가장 서쪽에 위치하여 풍납토성과 몽촌토성은 물론 석촌동 고분군 등 도성 전체를 아우르는 지점에 해당하는 유적이 바로 삼성동토성이기 때

이도학, 1992,「百濟 漢城時期의 都城制에 관한 檢討」,『한국상고사학보』 9, 39-41쪽.

문이다.

삼성동토성은 일제강점기 이래로 여러 문헌에 그 존재가 언급되어 있다. 『조선고적조사보고朝鮮古蹟調査報告』에는 "삼성동토성三成里土城은 광주군廣州郡 언주면彦州面에 있는데, 북으로는 한강漢江에 임臨하고, 한강을 사이에 두고 뚝섬 방향을 내려다보는 산성山城으로, 토축土築이다."라고 하였다. 그리고 『조선보물고적조사자료朝鮮寶物古蹟調査資料』에는 "광주군廣州郡 언주면彦州面 삼성리三成里에 위치하고, 봉은사奉恩寺 동북쪽에 있으며, 길이는 170칸, 높이는 약 1칸으로 토루는 산복山腹을 두르고 한강漢江에 임하여 있다."고 하였다. 방동인은 "삼성동토성은 둘레가 2㎞이며, 기저부는 잡석이고, 위는 토축이다."라고 하였으며, 『문화유적총람文化遺蹟總覽』에는 "삼성동토성은 길이 약 350m 정도 잔유殘有했으나 서울시 도시계획으로 파괴되었다."라고 기록하고 있다.[7]

이러한 삼성동토성의 위치가 현재의 어디에 해당되는지에 대해서도 의견이 분분하였다. 일제강점기의 기록을 토대로 관계와 학계 대부분의 연구자들은 현재의 '경기고등학교 부지'를 가장 유력한 후보지로 꼽아 왔다. 반면 민덕식은 현재 청담배수지공원과 봉은중학교 언저리에서 삼성동토성의 단면을 확인하였다고 진술하고 있으며,[8] 방동인은 경기고등학교와 청담배수지공원을 아우르는 것으로 보는 듯하다.

이와 관련하여 최근 서울시에서 삼성동토성의 위치를 확정하기 위한 학

---

7) 민덕식, 2013, 「서울 三成洞土城에 대한 연구」, 『향토서울』 85, 서울특별시 시사편찬위원회, 227쪽.

8) 민덕식, 주7)의 앞글, 224-227쪽.

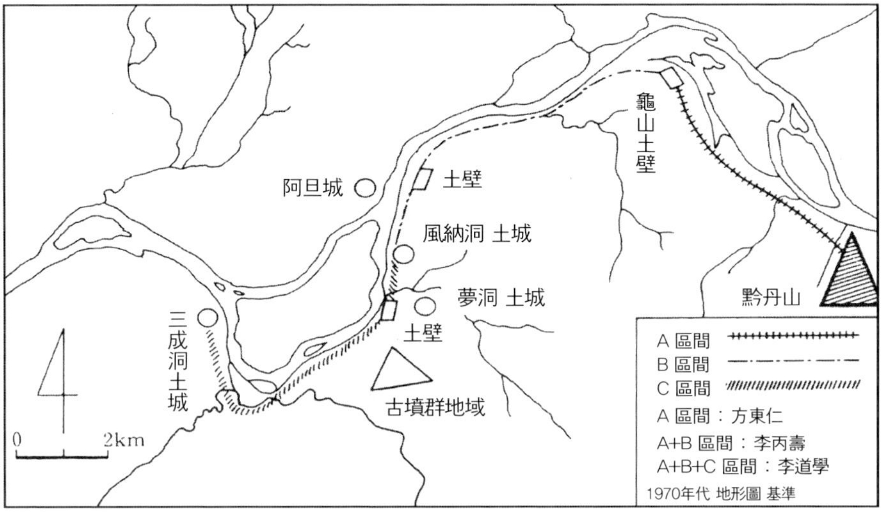

〈그림 2〉 사성 및 개로왕대 제방 위치도(이도학, 1992에서 전재)

술조사 용역을 실시한 바 있다. 아직 결과가 공개되지 않아 자세한 언급할 수는 없지만 그동안 논의되었던 삼성동토성의 실제 위치가 어디였는지에 대한 고증을 위한 것으로 알려져 있다. 대체로 위에서 언급된 세 지역을 중심으로 토성의 흔적이 조금이라도 남아 있을 것으로 추정되는 지점에 대한 시굴조사 계획을 수립 중에 있으니 향후 그 결과를 기대해 볼 만하다.

다만, 위의 어느 곳이던 상관없이 삼성동토성은 서쪽의 한강 하구 조망이 용이한 곳을 택하여 축조한 바, 서해로부터 한강 하구쪽으로 침투하는 적의 방비를 최우선으로 하였던 것으로 생각된다. 즉 아차성과 사성은 지리적으로 한강 북안과 남안의 서쪽에 위치하여 한강의 이북과 한강의 하구에서 위례성으로 쳐들어오는 적군을 가장 효율적으로 감시할 수 있는 전략적 요충지에 위치하고 있다는 공통점이 있다. 『삼국사기』 기록에 입각하면 아차성과 사성은 백제 한성도읍기 전기부터 위례성을 중심에 두고 한강 양안을 방어했던 도성 방어의 핵심 기지 역할을 수행하였으며, 이는 개로왕 대까지도 그대로 유지되었음을 짐작할 수 있다.

3. 궁실

1) 풍납토성

궁전과 관청, 도로 등은 궁성 내에서도 가장 핵심적인 건축물로서 이들의 존재를 통해 궁성 또는 도성의 여부를 판가름할 수 있는 결정적인 지표이다. 즉, 이들은 국가 및 왕조의 상징물로서 도성 내에서도 가장 중요한 지점에 최상의 기술과 공력을 동원하여 축조하는 게 일반적이다.

풍납토성에 대한 연차적인 발굴조사 결과 궁전 또는 제사 건물로 추정되는 특수한 건물지의 발견이 잇따르고 있다. 토성 내부 중앙에서 약간 북쪽으로 치우친 '경당연립' 재건축부지에서는 동-서 너비 16m, 남-북 길이 18m 이상의 궁呂자형 건물지(44호)가 발견되었다. 북쪽 건물의 외곽은 구口형의 구溝가 감싸고 있는데 폭 1.5~1.8m, 깊이 1.2m 정도로 일정하며 바닥에 2~3중의 대형 판석이 깔려 있다. 발굴단은 이 유구가 치밀한 설계와 공력이 투입된 대형 구조물이란 점, 건물의 내부와 외부를 구溝로 차단한 점, 구溝의 바닥에 판석과 정선된 숯을 깐 점, 화재로 폐기된 점, 유물이 거의 전무한 점 등을 들어 이를 제의와 관련된 공공건물로 보았다. 이 대형 건물지와 인접한 남쪽에서는 9호, 101호 등의 구덩이가 발견되었다. 길이 13.25m, 폭 5.5cm, 깊이 2.4m에 달하는 9호 구덩이는 수차례의 퇴적이 이루어지면서 인위적으로 파손시킨 고배, 삼족기, 뚜껑 등의 제기류가 집중적으로 출토되었고, 제사와 관련이 있을 것으로 추정되는 "대부大夫"와 "정井"자명 직구단경호와 10개체 내외의 말 머리뼈 등도 확인되었다. 조사단은 이 구덩이들을 기우祈雨를 목적으로 한 국가나 왕실의 제사 유구로 보고 있다.

의례적 성격과 관련하여 44호 건물지 남쪽의 우물이 주목된다. 우물은 약 10m 가량의 방형 구덩이를 깊이 3m 정도로 파낸 후 바닥은 방형으로 판재를 결구하고, 그 위에 할석을 원형으로 정연하게 쌓아올린 형태이다. 우물 내부는 흙을 채운 후 할석과 천석을 채워 폐기하였는데, 그것들을 제거하자 바닥에서 4단으로 결구한 판재 내에 230여 점의 토기를 층층이 가지런하게 매납한 것이 발견되었다. 토기는 주로 호와 병이 압도적으로 많은데 대부분 의도적으로 구연부를 깨트린 상태였고, 개중에는 충청도와 전라도 지방의 것들도 섞여 있다. 어떠한 이유에서인지는 모르겠지만 왕이 사용하였던 어정御井을 의도적으로 폐기한 것만은 분명하다.

이밖에 풍납동 197번지(미래마을 재건축부지) 일대에서는 2010년 초석과 적심을 갖춘 건물지 4동이 발굴되었다. 라-1호와 2호 건물지에서 확인된 적심시설은 너비 1.8m, 깊이 0.5~0.6m 내외로 땅을 파낸 후 흙과 강자갈들을 섞어 채워 넣고 그 위를 황색 점토로 단단하게 다진 양상을 띠고 있다. 마-2호 건물지의 초석은 지하에 위치하고 있는데, 성토층을 되파기한 후 초석을 놓았으며, 되파기한 공간을 되메우기하여 기둥을 고정하였던 것으로 추정된다. 마-1호 건물지는 동벽에 할석으로 3단 이상 쌓은 기단석이 정연하게 남아있어 완전한 지상 건물지임을 증명해주고 있다. 더욱이 이 건물이 주저앉으면서 지붕에 얹었던 수 천점의 기와가 고스란히 노출된 채로 발굴되어 그 중요성을 더하고 있다.

197번지 발굴조사에서는 이전에도 직경 16m, 깊이 1.2m의 원형 구덩이가 발견된 바 있다. 여기서는 와당 30여 점을 비롯한 기와류가 5천점 이상 출토된 것을 비롯하여 십각형 초석 장식, 토관, 중국제 도기편 등이 함께 출토되었다. 이 수혈 동편에서는 길이 21m, 너비 16.4m, 잔존 면적 약 344.4㎡(105평)이 넘는 현재까지 알려진 한성백제기 수혈 건물지 중 가장 큰 규모의 건물지가 발견되기도 하였는데, 그 규모로 미루어 공공 건물지일 가능성이 높다고 판단된다.

이 일대에서는 남-북 방향과 동-서 방향의 교차 도로도 발견되었다. 남-북 도로의 경우 현재까지 확인된 길이는 110m 남짓 되는데, 조사구역 밖으로도 계속 연장되고 있어 규모는 더 커질 것으로 보인다. 도로의 너비는 7.5~8m이고, 깊이 20~30cm 정도로 기초를 굴착한 후 가운데 부분에 너비 4.5~5m 가량의 잔자갈을 볼록하게 깔아서 노면을 만들었다. 동-서 도로는 남-북 도로의 중간 지점에서 동편으로 연결되는 양상으로 22m 가량 확인되었고, 조성 방법은 남-북 도로와 동일하다. 이러한 도로는 궁성 내 중요 공간을 분할하거나 관청과 같은 중요 시설을 감싸던 핵심 도로이거나 한강변에 인접해 있는 서쪽 성벽을 따라 조성된 물자의 운송로였을 것으로 추정된다. 이로부터 당시 도시 구획의 일면을 엿볼 수 있으며, 후대의 조방제 확립에 영향을 미쳤을 가능성도 배제할 수 없다. 또한 구상유구 안쪽으로 29기가 군집을 이루는 장방형 수혈군이 열을 맞춰 발견되었는데, 이 일대는 궁전으로 물품을 조달하기 위해 궁전 외곽에 조성한 창고 구역으로 추

정된다.[9]

최근에는 풍납토성 외부에 조성되었을 것으로 추정되는 해자에 대한 발굴조사가 시작되었다. 2015년부터 2011년 발굴된 동남벽 외부 지역에 대한 시굴조사 결과 해자로 추정되는 퇴적층이 토성벽에 인접하게 맞물려 존재할 가능성이 제기되어 현재 토성벽쪽으로 확장 조사가 진행되고 있고, 토성 바깥으로는 해자 조성 당시의 생활면으로 추정되는 유물포함층이 확인된 상태이다. 향후 발굴조사 성과가 기대되는 대목이다.

2) 몽촌토성

풍납토성과 더불어 또 다른 궁성으로 추정되고 있는 몽촌토성은 상대적으로 궁실과 관련된 유구가 많이 확인되지는 않았다. 궁실과 관련된 주요 시설물로는 적심석을 갖춘 지상 건물지 1기, 판축성토대지 1개소, 연못지 2개소 등을 들 수 있다.

그 중에서도 지상건물지는 서남지구의 고지대에서 집중 확인되었다. 그 중 적심 기초의 지상건물지는 지름 5~10㎝ 가량의 작은 강자갈을 2~3겹 다져서 기단 및 기둥의 적심으로 만든 특이한 기초로 되어 있으며, 정면 3칸 이상, 측면 2칸의 동향 건물로 판단된다. 이 건물지의 아래에서도 장방형의 건물지 기단 일부로 추정되는 석렬이 확인되었는데, 단변이 3m, 장변이 최소 15m 가량되는 지상 건물지로 추정된다. 판축 성토대지는 적심 기초 건물지로부터 동쪽으로 약 25m 가량 떨어진 지점에 있으며, 평면형태

---

9) 신희권, 2010, 「百濟 漢城時代 都城制度에 관한 一考察 -兩宮城制度를 中心으로-」, 『향토서울』 76, 서울특별시 시사편찬위원회, 21-25쪽.

는 동서 및 남북 방향이 각각 10m 가량되는 방형이다. 사변의 방향이 앞의 적심 기초 건물지 각 변과 평행하게 배치되어 있어 서로 마주 보도록 배치된 것으로 이해된다. 이 일대의 지대가 높은 점을 감안할 때, 여기서 발견된 건물지들이 일반적인 생활공간이 아닌 군사적인 목적의 지휘소 같은 곳으로 추정된다.

이러한 증거들을 토대로 몽촌토성이 '북성'과 '남성'으로 이루어진 백제 한성의 '남성'일 가능성이 높다는 주장은 이미 여러 학자들에 의해 가능성이 제시되었고, 필자 또한 그러한 입장을 견지해 오고 있다. 그 기능과 성격에 대해서는 풍납토성은 평소 왕이 거주하던 거성으로서의 정궁正宮으로, 몽촌토성은 비상시를 염두한 방어성으로 정궁에 대한 별궁別宮으로 기능하였을 것임에 틀림없다고 판단된다.

이와 관련하여 당시 별궁이 존재한 것으로 볼 수 있는 기사가 주목된다. 아신왕 즉위년조(392)의 "침류왕의 원자가 한성 별궁에서 태어났다…"는 기록이 그것이다. 필자는 이 기사의 '한성漢城 별궁別宮'을 바로 몽촌토성으로 보는 편이 합리적이라는 견해를 제시한 바 있다. 당시 풍납토성이 종교, 정치, 경제, 대외 교류의 중심지로서 평상시 왕이 정사를 돌보는 것은 물론 귀족들과 상인, 외국 사신들이 드나들며 번화한 도시의 기능을 수행하였을 것을 감안하면, 왕과 왕족들을 위한 별도의 독자적 생활 거처도 필요하였을 것이고, 몽촌토성은 이러한 목적의 별궁 역할을 하였을 것으로 추정된다.[10]

---

10) 신희권, 주9)의 앞글, 30-34쪽.

몽촌토성은 사실 1983년부터 1989년까지 '서울올림픽공원' 조성을 계기로 발굴조사를 실시하기는 하였으나 실제로 몽촌토성에 대한 성격을 규명하기에는 턱없이 부족한 자료들만이 발굴되었다. 예를 들어 토성벽에 대한 단면 조사 등이 제대로 이루어지지 않아 몽촌토성의 축조 시기에 대한 논쟁이 끊이지 않고 있으며, 당시 목책렬로 보고되었던 주혈은 최근의 조사결과 토성 축조를 위한 영정주의 흔적으로 판명되기도 하였다. 최근 풍납토성의 발굴 성과에 비추어 보니 몽촌토성 발굴에 대한 아쉬움은 커져만 갔고, 학계 안팎으로 몽촌토성 재발굴에 대한 요구가 심심치 않게 터져 나오고 있었다. 때마침 2012년 한성백제박물관이 개관하면서 고대하던 몽촌토성 재발굴의 길이 열렸다. 몽촌토성에 대한 재조사는 2013년 가을에 시작되었으니 가히 몽촌토성 발굴이 시작된 지 딱 30년 만에 다시 발굴하게 된 것이다.

재발굴은 몽촌토성 북문지 주변 내성농장 부지에 대하여 우선적으로 실시되었고, 현재도 발굴은 계속되고 있다. 여기서 주목할 만한 성과로는 백제시대 도로를 들 수 있다. 지금까지 발굴된 도로유구는 북문지로 향하는 남서-북동 도로가 2기, 이와 직교된 남동-북서도로 3기 등 총 5기이다. 그중 북동성벽과 인접하여 남동-북서방향으로 진행하고 있는 도로는 성벽과 나란하게 진행하고 있는 양상을 보이고 있어 기 발견된 풍납토성 성벽 안쪽의 남북 도로와도 유사한 양상임을 알 수 있다. 도로의 노면은 기반토 부스러기와 잡석을 단단히 다져 조성하였고, 너비는 1호 도로의 경우 측구를 포함하여 약 18m 정도나 된다. 이러한 도로의 발견은 당시 몽촌토성의 위상을 한눈에 보여주는 것으로 몽촌토성이 한성의 '남성'일 가능성을 보여주기에 충분한 자료라 할 만한다.

이밖에 백제시대 문화층 위에 조성된 통일신라시대 문화층에서도 도로 유구 및 굴립주 건물지, 구들주거지, 우물, 주거지 35기가 발굴되었다. 이러한 발굴 성과로부터 몽촌토성은 백제시대 이후에도 신라에 의해 지속적으로 점유 사용되었음 물론 도로유구의 존재 등을 볼 때, 신라시대에도 상당히 중요한 거점으로 활용되었을 가능성을 상정할 수 있게 되었다. 다만, 이 지역에서는 백제시대 문화층 위에서 바로 통일신라시대 문화층만이 발굴됨에 따라 475년 고구려가 한성을 함락한 이후 몽촌토성에 일정 기간 점유하며 한강유역의 중요 기지로 삼았을 가능성에 대한 부분은 일정 정도 재고가 불가피하게 되었다.[11] 물론 고구려 유구로 지목된 온돌건물지가 발견된 곳은 현 조사지역과는 멀리 떨어져 있는 서남지구이기 때문에 아직 단정할 만한 단계는 아니지만 이번 발굴조사 지점이 성벽의 운용에서 핵심이라고 할 수 있는 북문지 인접 지역임을 감안하면 고구려 유구 또는 유물의 부재는 이러한 추론과 관련된 민감한 사안이라 하지 않을 수 없다. 이렇듯 475년 한성 함락 이후 몽촌토성이 고구려나 신라에 의해 지속적으로 운용되었을 가능성은 풍납토성과 결정적으로 차이가 나는 대목이다. 향후 이 일대에 대한 추가 발굴조사 성과와 추후 서남지구에 대한 재발굴을 통하여서 몽촌토성의 성격을 제대로 밝힘은 물론, 나아가 백제, 고구려, 신라를 둘러싼 한강유역 유적들의 재사용 문제에 대해서도 본격적으로 연구할 수 있는 단초가 마련되기를 기대한다.

---

11) 이형구, 2015, 「몽촌산성에서 발굴된 백제 유적과 통일신라 유적의 역사적 의의」, 『신라사학보』 34, 신라사학회, 353-354쪽.

4. 왕릉

도성을 구성하는 요소로서 왕릉의 존재도 빼놓을 수 없다. 풍납토성과 몽촌토성의 남쪽으로는 석촌동 고분군, 방이동 고분군, 가락동 고분군(현재는 멸실) 등이 조사되었거나 복원, 정비되어 있어 궁성과 가까운 위치에 왕족의 무덤이 함께 조성되어 있었음을 추정할 수 있다.

석촌동 고분군 일대는 북쪽으로 한강과 접하며, 그 동쪽으로는 낮은 구릉이 있고, 서쪽으로 탄천이 흐르는 범람원 지역으로 강안 제방 남쪽으로 펼쳐진 배후습지 지역이다. 석촌동 고분군은 성내천을 사이에 두고 풍납토성에서 동남쪽으로 약 3km 떨어진 곳에, 또 몽촌토성과는 직선 거리로 약 2.3km 떨어진 곳에 위치한다. 몽촌토성과 석촌동 고분군 사이 지역은 방이동 고분군이 있는데, 해발 40m 내외의 구릉 지대이다.

석촌동 일대는 해발 10~15m 내외의 지지대이기 때문에 자연 재해에 안전하지 못하였다. 『삼국사기』에도 한강 범람 기사가 있으며, 을축년(1925) 대홍수 때도 석촌동 고분군이 피해를 입어 일부 훼손되었을 것으로 추정된다. 석촌동 고분군 일대는 이러한 자연적인 피해 외에도 1970년대 커다란 지형 변화를 겪게 된다. 잠실지구 개발 계획에 따른 하중도 물막이 공사로 부리도 남쪽의 본류가 사라지고, 북쪽의 지류가 본류가 된 것이다. 구하도의 흔적은 현재 석촌호수로 남아 있을 뿐이다.

석촌동 고분군은 1911년 일제가 실시한 조선 고적 조사의 일환으로 처음 확인되었다. 이 시점에 백제 한성기 고분으로 인식되었으며, 일부 고분에 대해 간략한 조사가 이루어졌다. 1912년에는 유적에 대한 전반적인 조사가 이루어졌고, 이때 석촌동 일대의 고분 분포도가 작성되었다. 1916년에 간행된 이 분포도에는 묘제의 형식을 따라 갑총甲塚과 을총乙塚으로 나누어 표시하였다. 이를 통하여 갑총 23기, 을총 66기의 존재를 확인할 수 있다. 같은 해에 고분의 분포와 현상에 대한 간략한 조사가 이루어지는데, 『조선보물고적조사자료』에는 석촌동 일대 고분 분포 현황에 대해 "직경 5간(약 9m) 이상인 것이 약 95개소, 그 이하인 것이 22개소, 이 외의 불확실한 다수는 돌과 흙이 섞여 있고, 소수 흙으로 된 것이 있다."고 기술하고 있어 앞서 간행된 분포도보다 훨씬 많은 고분이 있었음을 짐작하게 한다.[12]

최근에는 일제강점기에 작성된 석촌동 일대의 고분 분포도와 항공사진, 지적도, 행정문서 등을 검토하여 일부 고분의 위치와 성격을 추론함은 물론 당시 이 일대에 293기의 고분이 밀집돼 있었다는 새로운 연구 성과도 소개되었다(조가영, 2012).

한편 방이동 고분군은 1971년 조사 당시에 알려진 것이 8기였다. 고분은 대체로 직경 10m 내외의 원형 봉토 안에 경사면을 파고 석실 또는 석곽을 만들어 시신을 안치하고 부장한 형식의 석실 봉토분이다. 매장 주체부를 이루는 석실은 각기 조금씩 다른 형식을 취하고 있는데 1 · 4호분은 궁륭상의 천장을 하고 있고, 5호분은 장방형의 석곽 형태를, 6호분은 주실과 부곽이 분리된 터널형의 횡혈식 석실분이다.

서울과 인근 지역에서는 최근 서울 우면산, 하남 광암동, 성남 판교 등지에서 백제시대 고분군이 조사되었다. 이들 유적은 출토 유물의 시기 면에서 석촌동 고분군과 유사한 것으로 볼 수 있다. 특히 이 고분들은 모두 횡

12) 신희권, 2015, 「한성백제유적의 역사와 유적 현황」, 『한성백제유적의 세계유산적 가치 조명』, 2015년 한성백제유적 학술회의, 30-31쪽.

혈식 석실을 매장주체부로 하며 능선상에 입지하는 공통점을 갖고 있어 방이동 고분군의 묘제 성격을 이해하는 데 중요한 자료가 되고 있다.

이상을 종합해 보건대 개로왕대 도성의 경관 요소 중 가장 중요한 궁성과 왕릉은 모두 도성 안에 조성되었고, 왕릉은 궁성의 남쪽에 위치하였음을 알 수 있다. 묘제의 성격이나 출토유물의 연대 등을 보면 석촌동 일대가 적석총의 비율이 높고 유물의 시기가 이른 반면 방이동 일대는 횡혈식 석실분 위주에 토기의 연대 또한 석촌동보다는 다소 떨어지는 것으로 밝혀졌다. 이러한 사실로부터 한성시기 백제의 왕릉은 석촌동 일대에서 조성되기 시작하여 방이동에 이르러서 마감되는 것으로 생각된다. 그리고 석촌동과 방이동 사이에는 300기에 가까운 많은 수의 고분이 존재했음을 추정할 수 있는데, 이미 도시화로 그 존재 여부를 확인할 길이 없는 것이 안타깝다.

5. 강변 제방

앞서 성곽 부분에서 보았듯이 개로왕대에 사성의 동쪽으로부터 숭산의 북쪽에 이르기까지 제방을 축조하였음[緣河樹堰]을 알 수 있다. 필자는 앞서 사성을 삼성동토성으로, 숭산을 검단산으로 보았다. 이와 같은 제방 축조 목적은 한강의 범람으로부터 도성 전체를 안전하게 보호하기 위함으로 사료된다. 즉 도성의 홍수 피해를 방지하는 한편, 한강을 타고 침략해 오는 적군으로부터 도성을 방어하기 위해 축조하였을 것임에 틀림없다.

1937년에 작성된 자료에 의하면 송파에서 풍납토성 사이에는 길이 400m 정도에 높이 9~12m의 토벽이 확인되고 있는데, 이 토벽은 개로왕대에 축조된 제방의 일부가 분명하고, 이 토벽은 삼성동토성에서 시작되었을 가능성이 높다. 또한 풍납토성부터 검단산에 이르는 구간 역시 제방이 있었을 것으로 생각되며, 일부 구간에는 암사동토성과 구산성지 등과 같은 토성도 쌓았을 것으로 추정된다.

이에 대해 여호규는 "개로왕대 한강 남안에 축조한 제방은 도성 좌우에서 외곽 방어성 역할을 하던 구간을 연이은 것이다. 따라서 사성蛇城 동쪽~숭산崇山 북쪽 구간의 제방은 중심 성곽 외곽으로 확장된 시가지를 감싸면서 군사방어적 기능까지 수행하였을 가능성이 높다. 사성蛇城 동쪽~숭산崇山 북쪽 구간에 축조한 제방은 단순한 제방이 아니라 나성羅城의 성격을 강하게 띠었던 것이다."[13]라고 하며 개로왕대 제방의 군사적 성격을 강조한 바 있다.

앞서 최근 서울시에서 삼성동토성의 위치를 확정하기 위한 학술조사 용역을 실시하였음을 언급하였다. 이 과정에서 삼성동토성의 일부로 추정되는 지점과 탄천을 따라서 부분적으로나마 제방의 흔적이 관찰된다는 놀라운 결과가 제출되었다. 안타깝게도 현재는 고대의 지형이 모두 변형되어서 육안으로는 백제 당시의 지형을 추정하기가 곤란하지만 고지형 분석에서 이러한 결과가 나왔다는 점은 바로 개로왕대의 제방 축조 기사와 직결시킬 수 있는 결정적인 증거로 삼을 만하다. 이에 필자는 사성을 삼성동토성을 확정함과 동시에 개로왕대 도성의 서쪽 경계를 바로 삼성동토성 동쪽의 탄천으로 보고자 한다. 즉 북쪽의 한강과 서쪽의 탄천, 동쪽과 남쪽의 남한산

---

13) 여호규, 주5)의 앞글, 10쪽.

으로 둘러싸인 안쪽 일대가 바로 한성의 범위로 판단된다.

한편 개로왕대에는 제방을 쌓고, 궁실을 수리하는 등 대규모 토목공사를 벌였음을 알 수 있다. 이러한 토목 기술과 관련하여 '흙을 쪄서 성을 쌓았다(증토축성烝土築城)' 기사가 눈에 띈다. 과연 이 기록이 무슨 의미인지에 대해서도 약간의 논란이 있다. 풍납토성을 포함하여 김해 봉황토성, 경주 미탄사지의 탑기 등에서 판축층 사이에 불다짐한 흔적들이 발견된 바 있다. 이렇게 불다짐된 층은 실제로 그 강도가 일반 판축층과는 비교할 수 없을 정도로 강한 편인데, 이 유적들이 대부분 저습지나 강변에 위치한 관계로 습기를 통제하거나 판축토 내의 수분을 제거하기 위한 목적으로 채용한 기술로 이해된다. 이러한 불다짐 기술을 '증토축성' 기록과 연관지어 설명하는 견해들이 있다. 한편 중국의 오호십육국 중 하나인 대하국大夏國 혁련발발赫連勃勃의 통만성統萬城 축조에 보이는 '증토축성烝土築城' 기록으로부터 축성에 석회를 사용하였다는 주장도 제기된 바 있다. 최근에는 몽촌토성 동북부 구간의 판축토에 석회가 포함되어 있다는 보고를 토대로 백제 한성기의 토목공사에 석회가 사용되었을 가능성도 제기되었다(심광주, 2010). 현재로서는 문헌 기록에 나오는 '증토'가 실제로 불다짐을 한 것인지 아니면 석회를 사용한 증거인지 불확실하지만 고대로부터 이용된 판축 기술의 하나로서 판축층을 강화하기 위한 방편으로 채용된 것만은 분명하다 할 수 있다.

Ⅲ. 맺으며

이상에서 나름대로 개로왕대 한성의 도성 경관에 대한 종합적인 고찰을 시도해 보았다. 그러나 기록의 부족이나 고증의 한계 등 실증 자료의 부족으로 그 실체를 밝히지 못한 여러 요소들은 여전히 아쉬움으로 남는다.

대표적으로 사찰과 같은 도성 내 종교 시설을 들 수 있다. 『삼국사기』 침류왕 2년(385) 기록에는 "한산에 절을 창건하였다[創佛寺於漢山]"라고 명기되어 있으나, 아직까지 한산을 비롯한 도성 지역에서 백제시대 사찰이 발견된 적은 없다. 다만 현재의 하남시 춘궁동 일대에서는 통일신라~고려시대로 추정되는 '동사지'와 '천왕사지' 등 백제시대 이후의 사찰 유적들이 존재하는 것으로 밝혀진 바, 이 일대가 백제시대부터 창건된 절들이 있었던 지역일 가능성을 배제할 수 없다.

한편 최근에는 한성 백제기 도성의 경관을 추론하는 시도들도 이어지고 있다. 당시의 지형을 복원하여 그 곳이 어떻게 이용되었을 지를 추정하는 것이다. 최근에 발표된 논문에 따르면 "도성(풍납토성과 몽촌토성) 중심으로 보았을 때, 인근의 충적단구는 도성과 외부를 연결하는 물류기지 및 교역장, 석촌동 일대의 단구는 묘역으로 활용하였을 것으로 판단된다. 한편, 풍납동토성과 연결된 암사동 일대의 자연제방, 한강 북쪽 건너편 교문동의 자연제방과 구하도 및 배후습지, 미사리 하중도의 자연제방과 매몰구하도, 고덕동 및 하남 일대의 자연제방과 배후습지 등은 상당한 규모로서 대규모 일반취락이 입지하면서 전작 혹은 수도작을 행하여 도성의 경제적 기반이 되었을 것"으로 판단하고 있다.[14]

이러한 작업들은 이미 난개발로 그 지형조차 파악하기 어려운 한성백제 시대 도성의 경관을 추론하고 복원하는 데 상당한 도움이 될 수 있을 것이다. 실제로 삼성동토성의 예와 같이 아직까지 그 실체의 일면을 엿볼 수 있는 단서들은 남아 있을 것으로 기대된다. 그러나 이 또한 현실적인 여러 제약으로 인하여 그것을 확인하는 방법을 찾기는 쉽지 않을 것으로 생각된다. 그럼에도 불구하고 이러한 시도에 발맞추어 역사적, 고고학적으로도 관련 자료들을 최대한 활용하고 발굴하여 비록 완전하지는 않더라도 당시 도성의 모습에 최대한 가까운 그림을 그려 낼 수 있도록 노력을 아끼지 말아야 할 것이다.

14) 이홍종, 2015,「한성 백제기 도성권의 지형경관」,『고고학』14-1, 중부고고학회, 64쪽.

〈그림 3〉 백제 한성도읍기 후기 도성 관련 유적 분포도[15]
(①풍납토성 ②몽촌토성 ③삼성동토성 ④아차산성 ⑤석촌동고분군 ⑥방이동고분군
⑦가락동 고분군(멸실) ⑧미사리유적 ⑨이성산성 ⑩남한산성)

15) 신희권, 2014, 「백제 한성도읍기 도성 방어 체계 연구」, 『향토서울』 86, 서울특별시 시사편찬위원회, 30쪽.

참고문헌 I

민덕식, 2013,「서울 三成洞土城에 대한 연구」,『향토서울』85, 서울특별시 시사편찬위원회.

신희권, 2015,「중국의 고대 왕성과 풍납토성」,『고대 동아시아의 왕성과 풍납토성』, 풍납토성의 성격규명을 위한 학술세미나.

신희권, 2015,「한성백제유적의 역사와 유적 현황」,『한성백제유적의 세계유산적 가치 조명』, 2015년 한성백제유적 학술회의.

신희권, 2014,「백제 한성도읍기 도성 방어 체계 연구」,『향토서울』86, 서울특별시 시사편찬위원회

신희권, 2010,「百濟 漢城時代 都城制度에 관한 一考察 -兩宮城制度를 中心으로-」,『향토서울』76, 서울특별시 시사편찬위원회.

심광주, 2010,「漢城百濟의 '烝土築城'에 대한 硏究」,『향토서울』76, 서울특별시 시사편찬위원회.

여호규, 2002,「漢城時期 百濟의 都城制와 防禦體系」,『백제연구』36, 충남대학교 백제연구소.

이도학, 1992,「百濟 漢城時期의 都城制에 관한 檢討」,『한국상고사학보』9.

이형구, 2015,「몽촌산성에서 발굴된 백제 유적과 통일신라 유적의 역사적 의의」,『新羅史學報』34, 신라사학회.

이홍종, 2015,「한성 백제기 도성권의 지형경관」,『고고학』14-1, 중부고고학회.

조가영, 2012,『石村洞 古墳群 造成 硏究』, 서울대학교 대학원 석사학위논문.

최종택,「아차산성」,『韓國考古學專門事典 城郭 · 烽燧篇』, 국립문화재연구소, 2011.

충청남도역사문화연구원, 2008,『百濟史資料譯註集 -韓國篇 I -』.

한국토지공사 토지박물관, 2003,『南漢行宮址 第4 · 5次 調査報告書』.

한성백제박물관, 2015,『몽촌토성 내성농장부지 및 북문지 외측일원 발굴조사 1차 자문회의 자료집』.

한성백제박물관, 2015,『몽촌토성 내성농장부지 및 북문지 외측일원 발굴조사 2차 자문회의 및 현장설명회 자료집』.

종합토론

개로왕의 꿈, 대국 백제

좌장 노태돈 (서울대학교)

토론

노중국(계명대학교)

여호규(한국외국어대학교)

문안식(전남문화예술재단)

김무중(중원문화재연구소)

양정석(수원대학교)

양기석(충북대학교)

김수태(충남대학교)

김영심(한양대학교)

이남석(공주대학교)

신희권(서울시립대학교)

종합토론 1부

종합토론 2부

I. 발표 내용과 비판

좌장 노태돈 : 지금부터 종합 토론 시간을 가지도록 하겠습니다.

종합 토론은 전반부와 후반부로 나누어서, 전반부는 약정 토론이 있고 후반부에는 발표, 토론자들이 함께 어울려서 난타전을 벌이는 그런 순서로 진행하도록 하겠습니다. 먼저 종합 토론 전반부에서는 약정 토론자 선생님들께서 오전에 발표해 주신 발표자 선생님들의 발표 내용을 가지고 토론을 진행하도록 하겠습니다. 오늘 제일 먼저 발표하신 선생님이 양기석 선생님이신데, 총론적인 기조발표를 해 주셨기 때문에 특별하게 약정 토론자를 정하지 않았습니다. 그 대신에 종합 토론 2부에서 토론할 때 제일 먼저 양기석 선생님의 기조 발제문을 가지고 논의하도록 하겠습니다.

그러면 종합 토론 전반부의 제일 첫 순서는 김수태 선생님의 발표 내용을 가지고 여호규 선생님께서 약정 토론을 하시도록 하겠습니다. 여호규 선생님 부탁합니다.

1. 백제 개로왕대의 대외관계

1) 백제와 고구려, 신라의 관계

여호규 : 예. 방금 소개받은 한국외대 사학과에 있는 여호규입니다.

오전에 김수태 선생님 발표 아주 잘 들었습니다. 다만 워낙에 김수태 선생님께서 개로왕대 백제와 고구려, 신라, 왜, 송, 북위. 당시 백제가 전개했던 대외관계 전반을 상호 유기적으로 연관을 시켜서 고찰하고 계시기 때문에, 사실은 백제사가 주 전공이 아닌 저로서는 토론 준비하는데 많은 어려움이 있었습니다. 제가 이해한 범위 내에서 간략하게 몇 가지 질의를 하도록 하겠습니다.

저희들이 토론한 내용이 녹취를 해서 책으로 나오는 것으로 알고 있습니다. 워낙에 내용이 많기 때문에 두 단락 정도로 나누어서 질문 드리고, 김 선생님이 답변하시면 그다음 부분 또 질문 드리는 것으로 하겠습니다. 백제와 고구려, 신라까지의 관계를 먼저 질문을 드리고요. 김 선생님 답변을 들은 다음에 왜, 송, 북위와의 관계에 대해서도 묶어서 질문 드리는 것으로 하도록 하겠습니다.

먼저 간단한 사실관계 확인 문제인데요. 지금 본문 67쪽 중간에 보면 두 번째 문단 막 시작하는 부분입니다. '450년대에도 송을 중심으로 유연, 하, -아마 대하를 지칭하시는 것 같은데요.- 북량, 토욕혼, 북연, 고구려의 결속이 이루어지고 있었다.'라고 하셨는데,

사실은 북위가 439년에 북량을 끝으로 5호 제국을 전부 다 통합을 합니다. 그래서 여기에 언급된 나라 중에서 하, 북량, 북연은 450년 시점에는 이미 멸망한 상태여서 확인이 필요한 부분 같고요.

그다음에 87쪽 제일 아래쪽 하단 부분인데요. 아래에서 두 번째 줄입니다. '465년 이후만을 놓고 보면 고구려의 대송외교는 단 두 차례에 그치고 있으며'라고 기술이 되어 있는데, 사실은 『송서宋書』 고구려국전高句驪國傳에 보면 '송宋 태종太宗 태시泰始 연간(465~471)하고 후폐제後廢帝 원휘元徽 연간(473~476) 중에 공헌이 끊이지 않았다.'라고 되어 있고요.[1] 『송서』 본기本紀들을 제가 어제 집에 가서, 책으로 확인한 것은 아니라서 좀 불안한 감이 없지 않아 있는데요. 제가 가지고 있는 DB 자료로 확인을 해 보니까 467년, 470년, 472년, 475년, 478년 다섯 차례가 확인이 되고요. 다만 475년은 10월로 되어 있습니다. 개로왕이 9월에 사망을 하니까 그것을 뺀다고 하면 일단 현재로서는 본기에서 세 차례가 확인이 됩니다. 그래서 이 역시 사실 확인이 필요한 부분 같습니다.

그다음에 개로왕대의 고구려와의 공방전과 관련된 부분인데요. 먼저 첫 번째는 공방전 관련 기사에 대한 사료 비판의 과정이 필요하지 않나, 이런 생각을 해 보았습니다. 왜 그런가 하면 개로왕 즉위년에 고구려가 백제를 침공했고, 거기에 대해서 신라가 원병을 파견해서 라제 또는 제라 공수동맹이 확인된다고 얘기를 하셨는

1) 태종(太宗) 태시(泰始)와 후폐제(後廢帝) 원휘(元徽) 연간에 공헌이 끊이지 않았다.[太宗 泰始 後廢帝 元徽中 貢獻不絕] 〈『송서(宋書)』 만이열전(夷蠻列傳) 고구려국(高句驪國)〉

데요. 문제는 이 기사가 신라본기에만 나오고 있습니다. 백제본기에도 확인이 안 되고, 고구려본기에도 확인이 안 되는 기사입니다. 따라서 이 기사는 어떤 형태로든 사료 비판의 과정을 거친 다음에 이 기사의 의미에 대해서 의미 부여하는 작업이 필요하지 않을까. 그런데 현재 제가 좀 급하게 본 이와 관련된 백제사 책에서 이루어진 연구 성과에서는 크게 사료 비판 과정들이 많이 진행된 것 같지는 않아서 앞으로 사료 자체에 대한 검토가 있고 그다음 단계에 이 사료에 대해 의미 부여하는 작업들이 필요하지 않을까 그런 생각이 들었고요. 그런 면에서 개로왕 15년조에 나오는 469년 8월에 장수를 보내서 고구려의 남쪽 변경을 침공했고, 10월에는 쌍현성을 수즙하고 청목령에 대책을 설치했다는 이 기사인데요. 이 기사도 전후 기사들과의 맥락 검토가 진행될 필요가 있다, 이런 생각을 해 보았습니다. 왜 그런가 하면 잘 아시는 것처럼 백제는 아신왕대에 고구려 광개토왕의 공격을 받아서, 아신왕대의 백제본기나 고구려본기, 광개토왕릉비의 기사들을 종합해 보면 일단 예성강과 임진강 유역을 상실한 것으로 확인이 됩니다. 그리고 임진강 유역을 수복하기 위해서 관미성을 공격하지만 실패를 합니다. 이렇게 본다면 5세기 전반에 백제와 고구려의 국경이 어디였을까, 이게 좀 고민이 되는데요. 현재 남아있는 사료만 놓고 봤을 때는 한강과 임진강의 분수령일 가능성이 상당히 높고, 이러한 양상이 혹시 개로왕대까지 지속된 게 아닐까 하는 생각을 해 보았습니다. 왜 그런가 하면 오늘 아침 모두에 양기석 선생님께서 도미열전 얘기를 하셨는데요. 그 도미열전에 보면 도미부부가 천성도泉城島라는 데서

〈그림 1〉 관미성의 위치

도망을 가서 만나서 거기에서 고구려로 가는 것으로 되어 있습니다. 그래서 천성도가 백제의 추격을 뿌리치고 막 도착한 지점으로 되어 있습니다. 그런데 이 천성도는 여러 가지 자료들을 종합해 보면 『삼국사기』의 천정구현泉井口縣, 교하현交河縣으로 비정이 가능할 것 같고요. 저는 이게 관미성關彌城〈그림 1〉이 아닐까 생각을 하고 있는데, 대체로 천성도는 어쨌든 관미성이 아니라 하더라도 천정구, 교하군이고 지금의 오두산성烏頭山城 일대일 가능성이 대단히 높습니다. 그렇게 본다면 임진강과 한강이 만나는 오두산성 일대가 일종의 양국 국경의 점이지대 지역일 가능성이 높고요. 그렇게 본다면 개로왕대까지도 한강, 임진강 분수령이 양국의 국경을 이루었을 가능성이 높습니다. 그런데 위 기사에 쌍현성은 그 전에 문안식 선생님도 많은 고증을 해 주셨습니다마는 대체로 임진강과 마식령산맥 사이, 청목령은 임진강과 예성강의 분수령인 마식령산맥 일대로 비정을 할 수가 있습니다. 그렇게 보면 백제가 개로왕대에 임진강 유역을 일단 점령을 하고 그다음에 마식령산맥 일대까지 진출했다고 봐야 하는데, 문제는 475년 고구려의 백제 한성 공격 기사에서는 임진강 유역과 관련된 공방전이 전혀 확인이 되지 않습니다. 그런 면에서 469년 기사는 뭔가 좀 다른 검토가 필요하다는 겁니다. 이와 관련해서 가장 주목되는 부분 중의 하나가 뭐냐면 현재 학계에서 논란이 많이 되고 있는, 백제가 한성을 함락당하고 웅진으로 내려갔던 웅진 시기에 한강, 임진강, 예성강 유역 기사들을 면밀히 분석해 보면 사실은 임진강과 예성강 유역입니다. 그쪽 지역을 영유한 일련의 기사들이 하나의 군群을 이루고 있는데요. 그런데 재미있는 것은 그 기사 중의 첫 번째 기사가 495년에 해당하는 동성왕 17년 기사인데, 동성왕 17년 기사에서 백제와 고구려가 예성강 하류에 있는 치양성을 둘러싸고 공방전이 전개되는 것으로 나와 있습니다. 그렇게 본다면 혹시 이 469년 기사는 웅진기에 한강, 예성강 유역 영유 기사와 관련해서 그 전제로서 설정되어 있는 기사로 볼 수도 있지 않을까 하는 거고요. 그런 의미에서 이 기사는 별도의 사료 비판 과정이 필요하다는 것이고, 그 밑에 아신왕이나 무령왕조에 있는 기사들을 들어놓은 것은 지금 개로왕 15년조 기사와 대단히 유사한 기사들이 여러 차례 반복돼서 나온다는 겁니다. 그렇기 때문에 이들 기사의 상호 연관성을 검토한 다음에 469년 기사의 사실성 문제들을 검토하고 그다음 단계에서 이 기사에 대해 의미 부여하는 작업들을 해야 하지 않을까, 그런 생각이 들었습니다.

그와 연관해서 김수태 선생님께서는 여러 가지 검토를 하신 다음에 최종적인 결론으로 개로왕대의 양국의 공방전은 455년과 469년, 그다음에 한성이 함락되는 475년 세 차례 일어났다, 이렇게 파악을 했습니다. 그러면 455년 기사와 469년 기사를 개별적으로 놓고 파악을 한다면 475년 이전에는 오히려 백제가 임진강 유역을 회복하고 북진하던 유리한 상황으로 일단 결론적으로는 그렇게 해석이 됩니다. 그런데 삼국사기 개로왕 18년조에 보면 북위에 보낸 국서를 전제로 해 놓은 다음에 제일 말미에 이런 기사가 나오죠. 고구려 사람들이 여러 차례 변경을 침범해서 상표上表를 해서 북위北魏에 걸사乞師했다 이렇게 나오는데, 이것은 바로 고구려가 472년 이전 시기에 백제를 여러 차례 공격했다는 이 기사와 지금 김 선생님이 결론 내린 이 부분이 서로 부합하지 않는 그런 면이 있습니다. 만약에 북위에 보낸 국서에 나타난 내용이나 이 구절을 본다면 472년 시점에서 백제가 고구려 침공 위협을 굉장히 크게 느끼고 있었다고 봐야 하는데, 그렇다면 실제로 백제가 무엇을 계기로 어떠한 형태로 그런 침공 위협을 느꼈는지 이 점을 신라를 포함한 삼국 전체 공방전이나 국경선 변화 이런 것들을 검토하면서 보완할 필요가 있지 않을까, 그런 생각이 들었습니다.

그다음에 하나는 나제동맹과 관련된 부분인데요. 김 선생님께서는 고구려가 454년, 455년에 신라와 백제를 연이어 공격한 것을 나제동맹의 와해 시도로 해석을 하셨습니다. 그런데 앞서 여러 선생님들이 말씀하신 것처럼 일본서기를 보면 464년 단계에 신라 왕경에 고구려 군대가 주둔한 것으로 확인이 되고 있는데요. 그렇다면 나제군사동맹이 실질적으로 작동한 시기가 과연 언제부터일까, 또 나제동맹의 실질적 내용이 시기별로 변화하는 상황 이런 것도 있지 않을까. 그래서 그런 부분들이 그 이후에 나오는 475년이나 481년 기사들과 비교하면서 검토될 필요가 있다는 생각을 해 봤고요.

그다음에 450년에 신라 하슬라何瑟羅 성주城主가 고구려 변장을 살해한 사건 같은 경우는 신라가 고구려 장수를 기습 공격한 것이다, 이렇게 해석을 하셨는데 사실은 이 기사에 나오는 하슬라는 대체로 강릉으로 비정이 되고 실직은 삼척으로 비정이 되는데, 그렇게 본다면 강릉이 실직보다 북쪽에 있다는 면에서 실직도 신라의 영역으로 봐야 합니다. 이 기사 자체는 살해당한 것은 고구려 변장이지만, 사실은 고구려 변장이 먼저 신라 영역인 실직 지역으로 들어와서 수렵이라든지 이런 행위를 하니까 그것을 신라가 저지한 것으로 보는 것이 좀 더 타당하다. 그래서 이것을 단순히 신라에 의한 기습공격이라고만 단정하기에는 고구려 역시 신라 영내로 들어가는 행위가 있었다는 것을 유의할 필요가 있지 않을까, 그런 생각을 해 보았습니다.

좌장 노태돈 : 예. 그러면 김 선생님 응답해 주십시오.

김수태 : 몇 년 전에도 제가 율령 발표할 때 여호규 선생님께서 잘 가르쳐 주셨는데, 오늘도 또 많은 도움을 주셔서 고맙습니다.

다 제가 성질이 급하고 급하게 쓴 탓이다 생각을 하는데요. 사실 확인 부분 중에서 67쪽 김종완 선생님 저술 보고 인용한 것에서 제가 다시 확인해 보겠습니다. '450년대에도' 이렇게 했는데 '450년대까지' 이렇게 했으면 조금 낫지 않을까 생각을 하고 있고요. 그다음에 87쪽 하단 부분은 그것도 제 서술의 잘못이라고 생각하는데, 472년 이후의 고구려 대송외교는 계산하지 않고 472년 이전에 467년, 470년까지의 변화상을 비교하는 가운데서 세 차례, 세 차례 그렇게 설명을 하는 것 같습니다.

그다음에 개로왕대 고구려의 공방전 관련 기사 455년, 469년. 솔직히 말씀드려서 여 선생님께서 지금 지적해 주셨다시피 사료 비판의 문제는 전혀 생각을 못해 봤습니다. 지적하신 대로 왜 이 기사가, 고구려의 백제 침공기사가 신라본기에만 나올까 이렇게 막연하게만 생각해 봤지, 그것이 신빙성이 있는지 없는지 그 부분은 전혀 생각을 못해 봤습니다.

그다음에 469년 부분도 그 침공 기사도 그냥 또 당연하게 생각했고, 10월 쌍현성과 청목령 그 부분의 위치 부분은 조금 생각하다가 그냥 뒷부분은, 10월 그 부분은 별로 의미를 부여하지 않고 8월에 이 부분만 생각을 했는데, 전에 여 선생님이 쓴 백제문화사는 읽어 봤지만 아까 여 선생님한테 다시 빌려서 웅진시대의 백제 영유 기사 문제와의 관계에서 논의한 것을 잠깐 봤습니다. 제가 돌아가서 다시 따져 보겠지만 여 선생님께서 생각하시는 진출 부분이라는 것도 육로로만 가능한 것인가, 수로 부분은 없는가 그것은 제가 과거에 '백제 성왕대의 변경'이라는 글을 쓰면서,[2] 웅진시대 한성 영유 기사 부분의 신빙성 부분을 하면서 해로 부분, 수로 부분의 가능성. 그다음에 475년 고구려의 한성 침공 같은 경우도 일반적으로 육로 부분도 이야기하고 했지만 그때도 해로 부분은 어떻게 되는가. 그때 쓸 때도 고민하고 했지만 더 이상 나아가지를 못했습니다. 국경선 부분은 여 선생님께서 주 전공이다시피 한데, 저로서는 가장 자신 없는 부분이지만 한 번 더 생각해 보겠습니다. 그런데 고구려가 백제와 신라를 공격하는 데는 정형성이 있는 것 아닌가. 그것을 꼭 정형성이라고까지 할 수 있는지는 모르지만 454년에 신라를 치고 455년에 백제를 치고 그다음에 468년에 고구려가 신라를 치고 469년에 백제가 고구려를 공격하는, 몰렸다는 그런 사실에서는 가능성이 있지 않은가 하는 생각을 가지고 서술을 했습니다. 그리고 그 내용 관계에서 472년 무렵이 되면 백제가 고구려의 침공 위협을 느꼈다, 무엇을 계기로 그렇게 된 것인가 하는 부분은 백제의 대고구려전 쓰면서 백제가 대송외교와 함께 대북위외교를 하면서 백제 나름대로는 고구려를 압박한다 싶지만 고구려의 대외외교도, 북위외교라든지 대송외교라든지 그런 게 또 백제의, 조금 이따 다시 나오겠지만 왜와의 관계성이라든지 고구려의 대왜외교의 가능성 문제 그런 여러 부분이 관계되는 상태에

2) 김수태, 2006, 「백제 성왕대의 변경-한강유역을 중심으로」, 『백제연구』 44.

서 오히려 백제가 위협을 느낀 것 아니냐 하는 그런 생각은 과거에 하고 그런 식으로 피력했던 것 같습니다. 지금 쌍현성, 청목령 이런 위치 비정 문제 이런 부분은 다시 한 번 제가 더 깊게 생각해 보도록 하겠습니다.

그다음에 나제군사동맹의 성립 시기와 그 성격에 대해서는 지금 455년, 469년 기사를 부인하게 되면 자연적으로 475년 문주왕이 한성 침공 이후에 백제를 도와주는 것이 되고 나제동맹이라는 것이 그때 처음으로 가동하는 것처럼 자연적으로, 여 선생님 논리대로라면 그렇게 되는데 저는 과연 그렇게 될까. 그리고 여기에 써 주셨다시피 신라 왕경에 고구려 주둔, 거기가 왕경인지 아닌지 또 시기도 논란이 있고 등등 한데 그런 논란을 염두에 둔다면 그렇게 475년 이후로까지 설정해야 하겠나 하는 의문이 개인적으로 따릅니다.

그다음에 450년 하슬라何瑟羅 성주城主 그 부분은 여 선생님이 말씀하신 대로 그렇게 생각하고 있고 그렇게 서술하려고 했는데 압축하는 과정에서 표현이 서투른 것 같다는 생각이 듭니다. 그것은 조금 더 분명하게 하도록 하겠습니다.

2) 백제와 왜, 송, 북위의 관계

여호규 : 그러면 백제와 왜나 송, 북위와의 관계에 대해서 간략하게 질의를 드리도록 하겠습니다. 이것은 사료를 가지고 얘기를 하기보다는 김 선생님께서 왜나 송, 북위와의 관계의 성격에 대해서 쭉 분석을 하시고 결론을 내리고 계십니다. 그래서 거기에 대해서 조금 보완을 했으면 좋겠다는 질의를 드리도록 하겠습니다.

먼저 왜와의 외교 정책의 주목표를 대고구려 고립화 정책으로 보셨습니다. 물론 당연히 고구려의 남진을 저지하기 위한 여러 가지 목적에서 하는 것은 맞는데, '고립화'라는 표현이 되려면 이 시점에서 왜도 충분히 고구려를 고려하고 있어야 하고, 왜와 고구려 사이의 관계들이 형성될 수 있는 모종의 가능성들이 있어야만 왜를 끌어들이는 것이 고구려를 고립화한다고까지 표현할 수 있지 않을까. 그런 면에서 고구려와 왜의 관계가 먼저 검토된 다음에 '고립화'라는 표현이 가능하지 않을까, 그런 생각이 들었고요.

그다음에 이것은 김 선생님뿐 아니라 저희 학계 전반적인 상황 같은데, 대체로 당시 백제와 왜와의 관계에서 백제가 왜보다 높은 위상을 차지했다는 점을 강조하는데 실제 양국이 송으로부터 받은 책봉만 놓고 보면 그렇게 결론을 내릴 수가 있습니다. 그런데 이렇게 결론을 내릴 경우에 자칫 저희들이 놓치는 부분이 있지 않을까 그런 생각입니다. 실제 왜 5왕과 관련된 기사들을 쭉 검토를 하면서 왜가 송에 사신 파견한 시기들을 보면 백제와 겹치는 시기도 있지만 그렇지 않은 경우도 많습니다. 이것은 어쨌든 이 시기에 왜가 독자적으로 대송외교를 추진하려고 했고, 그런 면에서 김 선생님께서 파악하시는 것처럼 양국이 대송외교를 경쟁적으로 했고 백제의 대송외교가 왜를 견제하려는 목적이 굉장히 강했다, 그런 결론에 타당성을 부여하는 게 아닌가 하는 생각이 드는데 어쨌든 왜가 백제와는 별개로 독자적인 대송외교를 추진했다는 점에도 유의할 필요가 있겠다는 생각이 들었고요. 그런 면에서 바로 개로왕이 곤지를 왜에 파견해서 왜와의 관계를 성공적으로 정립하고 대고구려 공격을 위한 국제질서 개편에 왜를 참여시켰다고 결론을 내리셨는데, 역시 이 부분이 몇 가지 검토가 더 필요한 것 아닌가 하는 생각입니다. 뭐냐면 아까도 계속 나왔던 것처럼 개로왕이 지진원을 파견했는데 이게 혼인 형태가 아니라 왜왕의 채녀가 되었고 화형까지 당했다는 사실이죠. 이것은 뭔가 양국 사이의 관계가 갈등이 있는 그런 상황이라는 것을 보여 주고요. 특히 이것은 김 선생님께서도 말씀을 하고 계시는데 제일 중요한 것은 아신왕대를 전후한 시점이나 550년대는 백제가 왜병을 동원한 흔적들이 확인이 됩니다. 그런데 사실은 475년에는 도성이 함락되고 있는 상황인데 왜병이 동원되는 그런 움직임들은 전혀 확인이 안 되고 있습니다. 이렇게 본다면 과연 개로왕이 왜와의 외교를 백제의 의도대로 성공적으로 이끌어갔다고 평가할 수 있을지 앞뒤 시기와 비교해 봤을 때는 제 생각에 점수를 많이 주기는 쉽지 않다는 생각이 들었고요.

그다음에 송과의 관계 문제인데, 백제가 대송외교 하는 것을 하나는 왜에 대한 견제라고 하셨고요. 또 하나는 고구려에 대한 포위망을 구축하고 송, 고구려의 관계를 단절시키는 목표를 추진했다고 파악을 했습니다. 그러면서 송의 입장에서도 백제를 통해 자신과 충돌한 적이 있는 고구려를 견제할 수 있었다고 파악을 하고 있습니다. 그런데 역시 이러한 결론은 너무 백제 중심적인 해석이 아닌가 그런 생각이 들었습니다. 즉, 송의 대외정책을 좀 더 고려할 필요가 있지 않을까 그런 생각입니다. 잘 알려져 있는 것처럼 북연北燕 풍홍馮弘의 망명을 둘러싸고 고구려와 송은 한 차례 갈등관계를 빚습니다. 이것은 대체로 438년을 전후한 일시적 상황이었고요. 양국은 양국의 필요성에 의해서 곧바로 이 사태를 종결짓습니다. 이 부분은 지금 사회를 보고 계신 노태돈 선생님께서 상세히 논증을 하신 바가 있는데요. 이렇게 본다면 당시 송의 입장에서는 역시 북위를 견제하는 것이 대외정책의 가장 주안점이었고요. 그렇게 본다면 역시 백제보다는 북위와 접경하고 있던 고구려가 더 중요한 외교 대상이었고, 이 점은 당연히 백제인들도 충분히 인지를 하고 있지 않았을까. 그렇게 본다면 대송외교를 통해서 고구려에 대한, 송을 끌어들여서 포위망을 구축한다든지 송과 고구려의 외교관계를 단절시키는 목표를 설정하려고 추진했다, 이것은 당시 백제인들의 대외 인식능력을 결과적으로 낮게 평가하는 그런 상황이 되지 않을까 하는 생각을 해 보았습니다.

그리고 고구려가 462년에 약 23년 만에 북위와 국교를 재개하게 되는데, 이 부분을 김 선생님께서는 고구려가 송과 연계한 대북위 포위망의 일원에서 이탈한 것으로 그렇게 파악을 하셨습니다. 그런데 463년 송서 본기 기사를 보면 고구려와 유연이 같이 송에 사신 파견한 것으로 되어 있습니다, 같은 시점에. 같이 갔는지까지는 모르겠습니다마는 같은 시점에 파견한 것으로 되어 있고요. 이때 송 효무제가 고구려에 대해서 통역사표通譯沙表 극선왕유克宣王猷라고 평가를 하고 있습니다.[3] 대체로 여기에서 사표는 유연으로 보이는데요. 이런 양상은 사실 472년에도 유연과 동일 시점에 송에 사신을 파견하고 있습니다. 즉, 고구려의 경우에는 자기의 필요성에 의해서 북위와 국교를 재개했지만, 여전히 북위를 견제하기 위한 차원에서 송이나 유연과 연계를 하면서 북위를 포위하는 일종의 양면외교를 계속 펼치고 있었다고 보는 게 당시의 상황을 좀 더 객관적으로 보는 게 아닌가, 그런 생각을 해 보았습니다.

그다음에 472년 대북위외교의 문제인데요. 이 부분을 김 선생님께서는 백제가 대내적, 정치적 안정과 또 국제적으로는 외교적 성장을 바탕으로 고구려를 고립화시키기 위해 추진한 정책이라고 해석을 하셨습니다. 현재 백제사 연구자들 사이에서 농도의 차이는 있지만 이런 평가들이 상당히 많은 것 같습니다. 그런데 제가 생각하기에는 김 선생님이 말씀하신 것처럼 460~462년에 북위와 송

---

3) 대명(大明) 7년(463, 고구려 장수왕 51)에 이렇게 詔書를 내렸다. "使持節 散騎常侍 督平 ·營二州諸軍事 征東大將軍 高句驪王 樂浪公 璉은 대대로 충의로 섬기어 바다 밖의 藩屛이 되었오. 짐의 조정에 충성을 다하여 포악 잔인한 무리를 없애는데 뜻을 두었고, 사막의 나라와 교류하여 짐의 덕화를 크게 떨치었오. 마땅히 벼슬을 더하여 節義를 드러내려 하오. 이에 車騎大將軍과 開府義同三司로 삼고, 持節 ·常侍 ·都督 ·王 ·公의 칭호는 그대로 인정하오."[七年 詔曰 使持節 散騎常侍督平營二州諸軍事征東大將軍高句驪王樂浪公璉 世事忠義 作藩海外 誠係本朝 志剪殘險 通譯沙表 克宣王猷 宜加褒進 以旌純節 可車騎大將軍開府儀同三司 持節常侍都督王公 如故] 〈『宋書』 夷蠻列傳 高句驪國〉

의 관계가 화친관계로 돌아선 점이 하나 있고요. 그리고 또 하나 중요한 점은 역시 467년 5월에 북위가 황하를 넘어서 산둥반도 지역과 회수 유역으로 진출을 합니다. 그래서 대체로 469년 초가 되면 이 작전이 일단락되게 됩니다. 그러면서 송은 북위가 회수를 넘는 것을 저지하는 데 온 국력을 기울이고요. 그것을 진두지휘했던 과정에서 크게 군사적으로 성장하는 인물이 바로 남제를 건국하는 소도성으로 보입니다. 그리고 또 471년부터 송의 경우에는 내부적으로 정치적인 불안정 상태에 빠지게 됩니다. 이렇게 본다면 현재 확인되는 사료는 백제가 467년에 한 번 송에 사신 파견하고요. 471년에 송에 사신 파견한 게 확인됩니다. 즉, 북위가 산둥반도와 회수 유역을 점령하기 전에 한 번 갔다가 그 상황이 종료된 다음에 다시 송에 갔던 거죠. 그리고 471년 시점에 송에 파견되었던 백제 사신이 그 사이에 일어났던 정세 변화를 충분히 파악했을 것으로 보입니다. 따라서 472년에 대북위외교의 가장 중요한 요인이라는 것은 역시 백제가 북위의 팽창적인 대외정책을 활용해서 고구려를 견제하려고 했던 것으로 보는 게 가장 타당하지 않을까 생각됩니다. 즉, 백제의 대내외적 성장보다는 국제 정세 변화가 더 중요한 요인으로 작용했다고 보이고요. 사실은 물길이 백제와 수로로 연결해서 고구려를 공격하려고 북위에 제안했던 것도 역시 당시 북위가 팽창적인 대외정책을 펴고 있으니까 그것을 활용해서 자기와 각축을 벌이고 있던 고구려에 대해 견제를 하려고 했던 그런 게 아니었을까. 즉, 백제의 대북위외교나 물길의 대북위외교를 당시의 정세 변화와 연관시켜서 파악을 할 수 있지 않을까, 그런 생각이 들었습니다. 이상입니다.

김수태 : 첫 번째, 아까 제가 발표에서 말씀드렸다시피 '고립화'라는 용어가 적절할 것인가, 기존의 연구에 쓰여 있듯이 '포위망 구축' 이렇게 할 것인가 그 부분은 앞으로 조금 더 고민을 해 보겠습니다.

그리고 이번에 백제에서 보다 보니까 여전히 덜 고민했고 덜 푼 문제인데, '백제 개로왕대의 대고구려전' 쓰면서도 상당히 고민한 부분은 개로왕대 고구려와 왜의 관계가 어떤 관계인가, 그다음에 왜왕 무의 상표문에 나온 고구려 정토 내용이 나오니까 서로 간에 어떤 상호관계에 있는가. 그다음에 최근에 노 선생님 책에서도 지적되어 있지만 고구려 장수왕이 한성을 침공하고 왜 물러갔을 것인가, 왜를 의식한 점이 있다 그 부분은 충분히 생각할 수 있습니다. 그런데 그 상호관계가 어떻게 전개되는가 하는 부분을 저 나름대로 똑 부러지게 정리를 하기가 어려웠습니다. 여기에 대해서 이런저런 연구들이 있어서 꾸준히 보고 있지만, 지금 제 입장이 어떻다 말하기가 상당히 어려워서 말씀을 못 드렸는데 그 부분도 한 번 더 염두에 둘까 합니다.

그리고 고구려가 왜와 외교관계를 맺었든 안 맺었든 그것을 넘어서 백제가 왜와 관계를 맺어서 고구려에 대한 압박을 하려고 하는 그 부분은 저는 충분히 가능하지 않나 이런 생각을 하고 있습니다. 그다음에 제가 조금 힘들여서 강조한 부분인데, 여 선생님께서는 지금 왜의 대송외교와 백제의 대송외교가 무슨 상호관계가 있느냐 이런 뜻으로 느껴지는데, 그러니까 다시 말씀드린다면 왜가 독자적으로 대송외교를 한 것이 아니냐 이렇게 정리를 하셨는데, 그러면 왜가 왜 독자적인 대송외교를 했는가, 왜의 대송외교 목표는 무엇인가. 목표라는 것은 분명히 백제를 의식한 것은 틀림없지 않을까 그런 생각이 듭니다. 그리고 여 선생님도 아까 지적했다시피 백제의 대송외교와 왜의 대송외교가 어떨 때는 같은 해에 이루어지고 어떨 때는 차이가 있고 하는데, 제 개인적으로 그것도 제가 상상을 가지고 억측을 했는지 모르지만 그 연도, 연도 사이는 여 선생님께서 마지막까지 설명했다시피 460년을 중심으로 해서 흘러가는 그런 여러 가지 정황적으로 볼 때 서로 유기적인 연관성은 충분히 상정할 수 있지 않나 하는 그런 생각은 가지고 있습니다.

그다음에 곤지 왜 파견 부분에 475년 한성 함락에 대한 왜병 동원이 확인되지 않는 점에 유의할 필요가 있다 했는데, 이 부분에서도 고민한 것은 뭐냐면 그러면 백제와 왜의 관계를 이야기할 때 지금까지 쓰인 용어로 한다면 백제와 왜의 우호관계, 백제가 왜보다 우위의 관계, 왜가 백제보다 우위의 관계 이렇게 설명했는데 고민은 했습니다. 그러니까 비유왕대 백제의 외교관계 우호적인 것과 개로왕대 백제와 우호적이라 한다면 농도를 갖다 놓고 시기적인 변화라든지 어떻게 규정할 수 있는가 하는 부분은 고민했지만 딱히 적절한 용어가 생각나지 않았습니다. 그래서 그 부분은 충분히 염두에 두고 있고, 저도 이 글에서 이야기했지만 나제동맹은 작동했는데 더 밀접할 수도 있는 왜는 왜 그렇게 군사를 보내지 않고 그다음에 475년 이후에, 그것은 제가 백제의 대왜관계와 남조를 쓰면서 그 이후의 부분, 웅진 시대의 중국하고의 관계, 왜의 관계 그 부분에서 조금 더 설명을 해 놨습니다. 이 글을 보충할 때 그 부분을 조금 더 언급하도록 하겠습니다.

그리고 백제와 송의 관계, 고구려와 송의 관계를 이야기하셔서 첫 번째 질문은 다시 지금 확인했지만 제가 여 선생님께 오해하도록 서술한 것이 아닌가 싶은 생각이 드는데, 그 내용은 460년대의 상황을 서술한 부분이고, 440년대 상황은 서술했다시피 여 선생님 지적하신 내용과는 똑같은 내용이라고 말할 수 있습니다.

그다음에 고구려가 462년 송과 연계한 대북위 포위망의 일원에서 이탈한 것으로 한다, 이탈했는데 어떻게 463년에 그렇게 했느냐 그렇게 이야기를 했는데 그렇게 말하면 할 말은 없게 되지만, 462년 이후에 고구려의 대북위외교와 고구려의 대송외교만 비교해 보면 그 이전에 송나라 중심으로 해서 북위에 대한 포위망을 구축했던 그것하고 뚜렷한 변화가 있다는 것은 쉽게 파악할 수 있지 않나 싶은 생각이 들고, 이 점에서 고구려의 입장에서 보는 게 좋은가 백제의 입장에서 보는 게 좋은가 하는 그런 부분도 있는데, 저는 백제 쪽의 입장에서 설명하다 보니까 조금 더 강하게 표현한 것 같습니다. 그 부분도 표현하는 데 좀 더 신경 쓰도록 하겠습니다.

그리고 472년 백제의 대북위외교 부분을 가지고 설명했는데, 그것은 저도 동감이 됩니다. 제가 백제 국가적인 성장 그것만이 중요한 요소가 아니고 국제적인 정세의 변화도 중요한데 어디가 더 중요하냐 할 때는 최종적인 것은 국제관계 영향이 가는 것이죠. 가는 것이고, 지금 저한테 많은 도움을 주지만 아까 발표에도 말씀드리고 마무리에도 그런 이야기를 했지만 472년 이후에 북위와 고구려, 백제, 송의 관계를 과거에 쓸 때보다는 따로 독립시켜서 조금 더 자세하게 써보고 싶은 생각은 지금 가지고 있습니다. 그래서 백제 사신이 이 당시의 외교 정세 파악하고 이런 부분이 어떻게 되는 것인가 등등을 조금 더 고민을 하고 있는데, 그래서 그 뒷부분은 다루지 않았는데 한 번 더 그것도 생각해 보겠습니다. 백제 개로왕대의 대외관계니까 471년 이후 대송외교, 그다음에 472년 대북위외교, 그다음에 오늘 또 논란의 여지가 있겠지만 개로왕이 보냈던 대북위 교서에 나오는 내용과 관계해서 조금 더 뒷부분을 보충할까 이런 생각도 지금 하고 있습니다. 그래서 그때 여 선생님께서 지금 말씀하신 그런 부분을 참고로 해서 더 반영하도록 하겠습니다. 감사합니다.

좌장 노태돈 : 예. 두 분 간에 내면적으로 아주 치열한 논쟁이 이어졌다고 여겨집니다. 이번 토론에서 하나 유의된 점은 472년에 백제가 돌연 북위에 청병을 하는 사신 파견과 국서를 보냈는데, 바로 그 전에 467년에서 469년 사이에 북위와 송 간의 관계에서 중요한 정세 변동이 있었습니다. 즉 산둥반도 일대와 그다음에 지금의 중국 강소성 북부지역에 해당하는 회하 이북 지역에 대한 지배권이 송에서부터 북위로 넘어가게 됩니다. 산둥반도와 회하 이북 지역은 백제가 남조로 사신을 파견할 때 거쳐 가야 하는 연안 항로의 주요 부분입니다. 이 지역에 대한 지배권을 북위가 장악함에 따라서 백제는 중국 대륙에서의 정세 변동을 바로 직접 체험하게 됩니다. 그

래서 북위의 팽창세를 절실하게 느꼈고, 그것이 472년에 북위에 대한 사신 파견 청병으로 이어지는 그런 상황을 낳았던 게 아닌가 하는 토론자의 지적인데, 그 점은 유의할 만한 파악이 아닌가 싶습니다.

이상으로 여호규 교수의 약정 토론을 마치겠습니다.

이어서 김영심 교수의 발표에 대해서 문안식 선생의 약정 토론이 있겠습니다.

양기석 : 들어가기 전에 두어 가지만 보충 질의를 해도 되겠습니까?

좌장 노태돈 : 예. 하십시오.

양기석 : 아까 여 선생님께서 핵심적으로 많은 것을 질의하셨는데, 455년 개로왕 즉위년에 고구려가 백제를 공격한 기사가 신라본기에만 나오죠? 이에 대해 사료 비판이 필요하다고 하셨는데, 저는 이 문제에 대해서 백제본기 개로왕 기사에 대해서 즉위년부터 13년 기사가 공백이 되어 있지 않습니까. 백제측의 자료가 멸실되었지만, 신라 쪽은 남아 있는 것으로 보면 되겠지요. 그렇게 해석을 하면 자연스럽지 않을까 생각이 됩니다.

두 번째는 나제 또는 제라 동맹이 실질적으로 작동한 시기는 언제인가 하는 질문을 하셨는데, 이것을 455년부터 얘기를 하게 되면 일본서기 웅략기 8년 즉 464년 기사와 잘 안 맞는 부분이 생기는데 이것을 나제동맹의 단계적인 과정으로 이해하면 어떨까 합니다. 그러니까 455년에 두 동맹 세력간에 첫 번째 시도가 있었고, 그다음에 475년에는 어쩔 수 없이 백제가 한성 뺏기고 국난을 당한 어려운 시기 아닙니까. 그때는 손이라도 벌려야 하는 입장이었는데 왜에게 청병을 하자니 너무 멀고 시간이 걸려요. 그래서 가까운 신라 쪽으로 구원병 요청을 하니까 두 상황은 불가피했다고 하더라도 실질적으로 나제동맹이 발효됐다고는 볼 수 있습니다. 이것이 두 나라 간에 주고받는 것이 자연스럽게 연결되는 것은 역시 동성왕대가 해당되지 않을까 생각됩니다. 특히 481년에는 고구려군이 경주 왕도까지 쳐들어오는 아주 위급한 상황이기 때문에 그때 백제가 신라를 적극 도와주고 가야까지 끌어들이면서 하다가 동성왕대에는 왕실간에 결혼까지 서로 하면서 충청북도 일원에서 두 나라 군대가 고구려의 침공에 대해 서로 협조하는 관계로 발전시켜 나가지 않았습니까. 그렇게 두 나라간의 동맹관계가 실질적으로 작동하는 것은 동성왕대이고, 그 앞선 시기에는 이런 두 가지 사례를 통해 서로 동맹을 이루는 단계적인 과정으로 파악을 하면 어떨까 하는 생각이 듭니다. 이상입니다.

좌장 노태돈 : 예. 거기에 대한 다른 의견이 있으면 종합 토론 때 또 하도록 하죠.

김영심 교수의 발표에 대해 문안식 선생님 약정 토론해 주십시오.

2. 백제 개로왕대의 지방통치 방식

문안식 : 김영심 선생님께 우선 죄송하다는 말씀을 드리고자 합니다. 원래 약정 토론문 준비 안 하기로 되어 있었어요. 방금 여호규 교수님께 "선생님 이거 뭡니까?" 여쭤보니까, 어제 저녁에 다시 약정 토론문을 준비하자 해서 댁에 가서 준비하셨다는 겁니다. 저는 오늘 아침에 김영심 교수님을 뵈었을 때도 "선생님, 저는 원래 계획대로 토론문 준비가 전혀 준비가 안 되어 있는 상태입니다."라고 말씀드렸어요. 이런 상태에 있어서 송구스럽다는 말씀을 먼저 드리고요. 그래도 토론자의 책무를 다 하기 위해 김영심 선생님께 두 가지 문제만 여쭙고자 합니다.

먼저, 『일본서기』 신공기神功記 49년 조에 남만南蠻 침미다례忱彌多禮 관련 기사가 있습니다.[4] 제가 남만 침미다례가 위치한 것으로 비정

---

4) 함께 탁순국에 모여 신라를 격파하고, 비자발(比自㶱)·남가라(南加羅)·탁국(㖨國)·안라(安羅)·다라(多羅)·탁순(卓淳)·가라(加羅)의 7국을 평정하였다. 또 군대를 옮겨 서쪽으로 돌아 고해진(古奚津)에 이르러 남만(南蠻) 침미다례(忱彌多禮)를 무찔러 백제에게 주었다. 이에 백제왕 초고(肖古)와 왕자 귀수(貴須)가 군대를 이끌고 와서 만났다. 이 때 비리(比利)·벽중(辟中)·포미지(布彌支)·반고(半古)의 4읍이 스스로 항복하였다. 그래서 백제왕 부자(父子)와 황전별(荒田別)·목라근자(木羅斤資) 등이 의류촌(意流村 : 지금은 주류수기(州流須祇)라 한다)에서 함께 서로 만나 기뻐하고 후하게 대접하여 보냈다. 오직 천웅장언(千熊長彦)과 백제왕은 백제국에 이르러 벽지산(辟支山)에 올라가 맹세하였다.[俱集于卓淳 擊新羅而破之 因以 平定比自㶱 ·南加羅 ·㖨國 ·安羅 ·多羅 ·卓淳 ·加羅 七國 仍移兵 西廻至古奚津 屠南蠻忱彌多禮 以賜百濟 於是 其王肖古及王子貴須 亦領軍來會 時比利 ·辟中 ·布彌支 ·半古 四邑 自然降服 是以 百濟王父子及荒田別 ·木羅斤資等 共會意流村(今云 州流須祇) 相見欣感 厚禮送遣之 唯千熊長彦與百濟王至于百濟國 登辟支山盟之] 〈『일본서기』 권9 신공 49년(249+120)〉

되는 전남 서남해지역 출신입니다. 그래서 어제 저녁에 거기에서 올라왔습니다. 그것 관련해서 문제를 하나 여쭤 보고 싶습니다. 신공기 관련 기록도 있고, 또한 양직공도 백제전에 보면 지미止迷와 마련麻連 등과 같은 백제 옆에 마한 방소국들이 열거되어 있습니다.[5] 그다음에 지금 영산강 유역에서 산재되어 있는 나주 반남면이나 다시면 같은 마한 묘제를 대표하는 옹관 고분들의 존재〈그림 2〉, 또한 전기 석실분이라고 하기도 하고 영산강식 석실분〈그림 3〉이라고 말하는 데 백제 한성 계통과는 다른 영산강 고유의 묘제의 축조 전통이 6세기 중엽까지 유지되고 있는 점. 그 외에 『삼국사기』 백제본기 동성왕 20년 조에 보이는 498년에 백제가 무진주까지 친정했다는 기록 등을 주목할 필요가 있습니다. 이와 같은 측면에서 봤을 때 개로왕 때를 전후하여 백제의 지방체제가 구축되면서 전국에 걸쳐 일원적인 방식으로 이루어진 것이 아니라, 지역별 차이가 존재하지 않았을까 추정됩니다. 예컨대 왕 · 후제와 담로제, 혹은 공납제 같은 통치방식이 노령 이남지역 등 변경지역에서는 어떠한 방식으로 시행되었을까 여쭤 보고 싶습니다.

두 번째, 하나만 더 여쭤 보고 싶습니다. 이것은 옆에 계시는 여호규 교수님과 조금 차이가 있어서, 선생님 말씀해 주시는 방어선 구축과 관련된 것을 질의 드리고자 합니다. 오늘 주제가 '개로왕의 꿈, 대국 백제'인데요. 개로왕 때의 백제의 정국운영과 국력은 태

5) 주변의 소국으로 반파, 탁, 다라, 전라, 신라, 지미, 마련, 상기문, 하침라 등이 부속되어 있다.[旁小國有 叛波 卓 多羅 前羅 新羅 止迷 麻連 上己文 下枕羅等 附之] 〈양직공도(梁職貢圖)〉

〈그림 2〉 나주 반남면 신촌리 9호분 출토 옹관

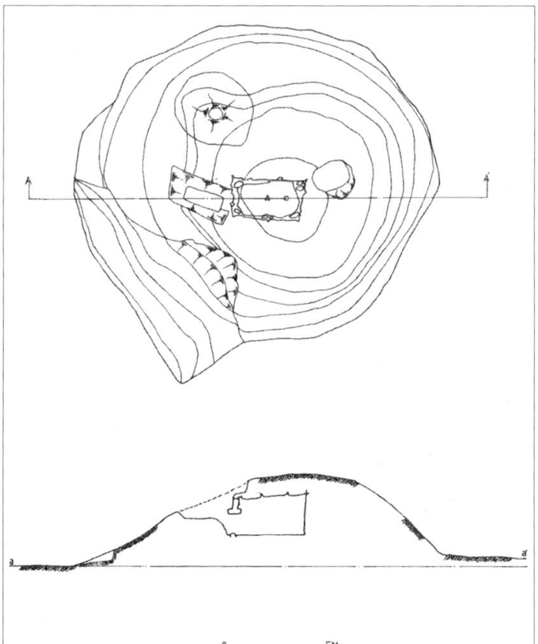

〈그림 3〉 해남 월송리 조산 고분(영산강식 석실분)

양이 작렬하는 정오 무렵이 아니라, 열망과 노력이 물거품으로 돌아가는 한성백제의 노을이었던 것 같습니다. 개로왕의 온갖 노력은 노을과 같이 사라져 망국과 천도로 이어졌고, 그다음에 다시 웅진과 사비로 내려가서 신새벽이 다가왔던 것 같습니다. 그럼에도 불구하고 오늘 학술회의에서 논의하는 주제가 '개로왕의 꿈'을 말하고 있으니까, 그 꿈과 관련해서 질문을 드리고자 합니다. 그러면 개로왕이 희구하고 갈망하였던 영역 확장의 측면에서 꿈이 뭐였을까. 이것은 근초고왕과 근구수왕 때의 고토 수복이 아니었겠는가? 이런 생각이 듭니다. 이러한 관점에서 개로왕 말기에 이룩한 청목령 목책 설치, 쌍현성 수즙 등은 대단히 중요한 의미가 있다고 생각합니다. 이와 관련하여 여러 견해 차이가 있겠지만 마한과 대방과의 경계, 그다음에 한성백제 전성기 때의 북방한계는 어디였을까? 등의 문제를 살펴볼 필요가 있습니다. 또한 백제본기 온조왕조에 보이는 패하의 위치를 임진강으로 설정할 것인지 아니면 예성강으로 설정할 것인지에 대해서도 생각해볼 필요가 있습니다. 그런데 조선시대의 상황을 보면 황해도와 경기도의 경계가 마식령산맥이 됩니다. 예성강 계선이 되죠. 또한 패하를 예성강 중류지역에 위치한 평산군 저탄 부근으로 보는 견해를 따르면, 그 남쪽이 경기도 금천이고 이곳을 넘어가면 황해도 평산입니다. 저탄 일대는 평양으로 올라가는 굉장히 중요한 전략적 요충지입니다. 오른쪽으로 가면 조금 전에 여호규 선생님 말씀해 주신 신계 수곡성을 거쳐 수안-곡산 방면으로 가는 방원령로가 있습니다〈그림 4〉. 그다음에 금천에서 저탄을 넘어 북쪽으로 직진하면 평산을 거쳐 자비령을 넘어갈 수가 있고요. 좌측으로 빠져 가면 연안-배천을 거쳐서 해주-사리원 방면을 통해 북상할 수 있는 길목이 저탄이죠, 여기에서는 배를 이용하지 않고 얕은 여울을 통해서 도강 가능한 직로에 해당됩니다. 그래서 백제의 북변 경계는 패하 즉, 저탄 부근으로 추정됩니다〈그림 5〉.

다만 근초고왕 때에 공격한 평양성의 위치를 황해도 신원의 장수산성 혹은 대동강 북안의 토성리 토성 등 비정하는 지역에 따라 일부 의견 차이가 있겠지만, 박사 고흥 등 일련의 학자들과 테크노크라트에 대한 추호정책이 실시된 점 등을 도려하면 백제가 근초고왕 때에 일시적으로 자비령 이남 혹은 멸악산맥 이남은 일시 정벌했을 가능성도 없지 않습니다. 그렇지만 근초고왕 말기에 수곡성을 상실한 후 백제와 고구려 양국의 경계선은 저탄을 비롯한 예성강 계선이 아니었을까 추정됩니다. 그리고 근구수왕, 침류왕과 진사왕을 거쳐 아신왕 때까지 양국 사이에 치열한 전투가 벌어지면서 백제가 점차 남쪽으로 밀려난 것으로 보입니다. 마침내 광개토왕의 강력한 남진정책에 밀려 백제가 관미성을 내준 후 한성이 포위당하는 지경에 이르렀고, 광개토왕릉비에 보이는 58성 상실 등 수세에 처했을 가능성이 높습니다. 그 상황 속에서 임진강 북쪽은 고구려가 영유하고, 그 남쪽은 백제에게 돌려준 것으로 이해하고 있습니다. 임진강을 경계로 하는 양국의 국경선은 405년에 아신왕이 죽은 후 65년이 흐른 469년 무렵까지 이어진 것으로 추정됩니다. 이런 상황은 백제가 삼국사기에 보이듯이 청목령에 목책을 설치하고, 쌍현성을 수축하면서 변화가 일어난 것으로 추정됩

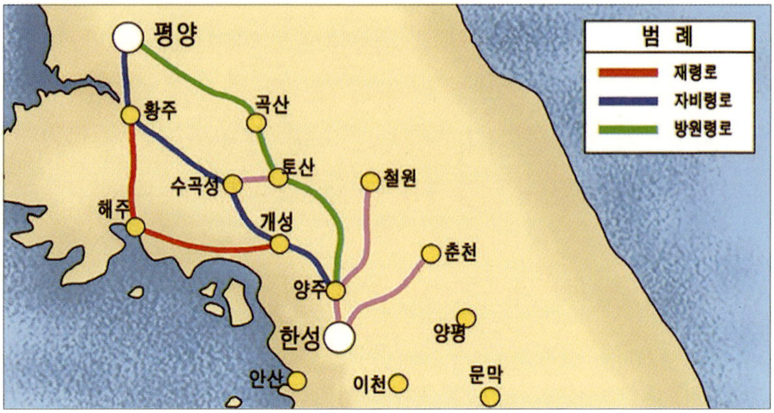

〈그림 4〉 백제 한성기 북방 교통로

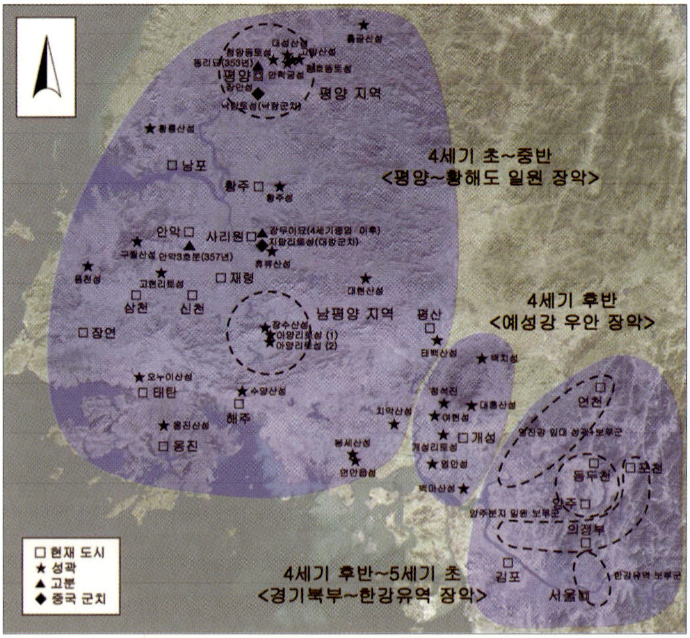

〈그림 5〉 고구려의 남부전선 확장도(신광철, 2011)

니다. 백제가 임진강을 건너서 다시 전성기 때의 북계였던 마식령 산맥까지 도달한 의미가 있습니다. 그래서 개로왕의 꿈과 희망은 영토 회복의 측면에서 봤을 때 마식령산맥 혹은 예성강 계선까지 진출하는 것이었다고 억측을 해 보고 싶고요. 그러면 백제가 임진강을 건너 예성강 계선까지 그렇게 쉽게 올라갈 수 있겠는가? 하는 문제가 남습니다. 저는 관미성을 북한 땅 개성 옆의 개풍에 있는 백마산성으로 보고 있습니다. 백마산 정상부에는 10리 정도의 석성 흔적이 남아 있고요. 우물이 10여 개 이상이 존재한 거대한 성곽입니다. 바로 그 밑에까지 바닷물이 들어왔다는 기록들이 남아 있고요. 그다음에 아신왕이 고구려 광개토왕에 밀렸던 석현성은 개성 북방에 있는 청목령 일대로 추정합니다. 이렇게 봤을 때 고구려 평양 천도 이후에 삼국 정세는 고구려가 주도권을 장악하고 있었지만, 개성과 개풍 및 금천과 장단 등은 현재의 군사분계선과 마찬가지로 인구 밀도가 떨어진 일종의 방치된 지역으로 놓여 있지 않았을까 추정해 봅니다. 이렇게 봤을 때 국력을 정비하고 내정이 안정된 백제가 일시적으로 청목령 일대까지 순간적으로 밀고 올라가면서 장단의 쌍령 일대에 쌍현성을 수즙하고, 청목령 목책을 설치하는 전성기 때의 북방 계선까지 회복하지 않았을까 추정합니다. 이런 관점에서 선생님의 고견을 듣고자 질문을 드립니다. 이상입니다.

좌장 노태돈 : 김영심 선생님 대답하세요.

김영심 : 사실 두 번째 질문과 관련된 내용은 제가 발표문에 쓰지 않았어야 할 것을 쓴 것 같습니다. 제가 이쪽에 대해서는 전에 연구를 별로 한 적이 없어서 그동안에 어떤 이야기들이 되고 있는가에 대해서만 기술한 것이고, 이 문제에 대해서는 문안식 선생님께서 훨씬 면밀하게 고찰을 하셨거든요. 그래서 두 번째 문제는 답하기 힘든 것 같습니다.

첫 번째 문제를 말씀드리겠는데요. 기본적인 인식 자체는 문안식 선생님과 저도 크게 다르지 않습니다. 백제가 마한 잔여세력, 그러니까 전라남도 지역까시 영역으로 편입한 것은 언제이고, 또 어떻게 지배를 했는가에 대한 기본적인 의문이 그동안 제가 지방통치에 관한 논문을 쓸 때 항상 자리 잡고 있었습니다. 그런 과정에서 문안식 선생님이 지적을 하셨던 영산강 유역의 대형 옹관 고분이라든가 또 신공기 기록, 양직공도 이런 것들을 다 검토를 해 봤었는데요. 우리가 그동안 백제의 지방통치 방식에 대해서 이원적인 지배라고 해서 직접적으로 지배한 지역과 간접 지배 내지는 공납 지배한 지역 이런 것들을 많이 설정해 왔는데, 한편으로는 그런 생각을 해 보았습니다. 국가를 통치하는데 있어서 기본적으로 지향한 것은 일원적인 지배체제, 뭔가 하나의 방식으로 전 지역을 지배하는 방식이 아니었을까 합니다. 전 지역이 반드시 영산강 유역을 포함한 전라남도 전체라는 의미는 아닙니다. 제가 생각할 때는 당시의 백제가 지배할 수 있는 범위 내의 지역입니다. 그 범위가 개로왕대 단계에 어디까지였는지는 정확하지는 않죠. 그렇지만 범위에 들어가는 지역에 대한 지배는 국가에서 한 가지 방식으로 하고자 하는 목표가 있었고, 그것을 계속 지향해갔을 거다, 이런 생각이 들었고요. 그래서 우리가 그동안 너무 다른 방식으로, 이쪽은 직접 지배, 저쪽은 간접 지배 이렇게 하는 것보다도 전체적으로 하나의 방식을 추구해 나갔는데, 결국에는 지배의 강도, 통치의 강도에 있어서는 차이가 날 수밖에 없었다, 이런 생각을 하게 된 것입니다. 담로제도 그런 틀 속에서 단지 봉건제적인 방식의 분지를 독자적으로 지배하는 것보다는 중국의 군현과 같은 형태의 통치를 계속 지향해 나간 것으로 본 것이라고 할 수 있겠습니다.

그리고 방어선 구축 문제는 제가 사실 잘 모르겠습니다. 광개토대왕대에 백제가 상실했던 58성 700촌의 위치 비정도 차이가 있는 것 같고요. 임진강에서 한강 이북까지 상실했고, 그것이 5세기 초까지는 계속 이어졌다고 보는 견해가 많습니다. 그런데 개로왕대에 이렇게 왕권 강화를 추구해 나갔으니까 뭔가 이 지역에 대해서도 그 전에 회복을 하지 않았겠느냐 이렇게 이야기를 하시는데, 이 부분은 제가 자신있게 말씀드리기 어렵습니다.

좌장 노태돈 : 예. 김영심 교수의 응답이 있었습니다.

사실 왕 · 후제에 관한 건 개로왕대의 일뿐만 아니라 그 뒤에 웅진, 부여기로 넘어간 시기까지 연결되는 문제이기 때문에 그것에 대한 좀 더 다양한 논의는 종합 토론 시간에 하도록 하죠.

그러면 그다음으로 '한성 도읍 후기 백제 묘제의 전개양상'을 발표하신 이남석 선생님에게 약정 토론자로서 김무중 선생님께서 말씀해 주겠습니다. 선생님 부탁합니다.

3. 한성도읍 후기 백제 묘제의 전개양상

김무중 : 네. 방금 소개받은 김무중입니다.

오늘 이남석 선생님의 강의라 할까, 발표 잘 들었습니다. 시기적으로 보면 마한에서부터 백제, 그리고 또 한성기에 국한하지 않고 웅진기까지, 공간적으로 보면 한성의 중심지인 석촌동을 비롯한 왕릉군에서부터 영산강 유역까지. 그리고 유구나 무덤의 종류는 주구묘부터 다양한 묘제의 흐름을 전반적으로 정리를 해 주신 것 같습니다. 그래서 저도 몰랐던 자료들을 알게 되었고요. 공부가 된 부분이 많습니다.

선생님의 발표 내용을 하나하나씩 짚어 가면서 할 상황은 아닌 것 같고요. 대체적으로 제 느낌은 이렇습니다. 큰 흐름에 저도 동의하는 바가 있습니다만, 세부적으로 몇몇 부분에 있어서는 동의하기 어렵고 또 근거가 부족하지 않느냐 하는 그런 느낌을 가지고 있습니다.

우선 사실관계 확인입니다. 마한 묘제 말씀하시면서 특별히 구조나 상세한 내용을 설명할 시간이 없어서 생략하신 것 같습니다만, 관 · 곽이 없이 소홀히 취급하는 그런 느낌을 가지고 있다는 표현들이 본문에 자주 보이는데요. 과연 그게 어떻게 이해하여야 하는지에 대한 문제이고요. 또 하나는 횡혈식 석실분이 도입이 되고 그게 한성백제 왕릉군의 주묘제로 채택되면서 나중에 마치 횡혈식 석실만 남게 된다는 표현이 있습니다. 그에 대한 중간 과정이 설명이 안 돼서 잘 이해하기가 어려운 부분이 있는데 설명을 부탁드리고요.

다음으로 선생님이 말씀하셨던 석촌동 일대의 기단식 적석총에 대한 성격 문제인데, 세부적으로는 내부 구조가 흙으로 성토된 것과 적석한 것도 있고, 또 그러면서 외곽에는 기단을 붙인 것처럼 보이긴 합니다. 이런 것들이 상부 구조물이 다 삭평이 되면서 매장주체부가 확인이 되지 않는다는 점. 그래서 송산리고분군의 방형 기단 유구라든가 최근에 조사된 공주 수촌리유적의 방형 적석 유구들을 보았을 때 제단의 성격일 가능성을 염두에 둘 필요가 있지 않겠냐 하는 말씀이신 것 같습니다. 그런 점에서 다양한 가능성을 상정해 두면서 세부 자료를 꼼꼼하게 파악을 해야 하는 고고학의 학문적 성격을 봐서 당연하다고 생각이 되는데, 문제는 4호분 같은 경우죠. 석촌동 4호분의 2단 위쪽에 보면, 지금 사진이 나오고 있습니다만 방형의 구조에 돌출부가 연결된 형태입니다. 그래서 선생님도 발표하실 때 이전에 횡혈식 석실로 가능성을 제시한 바가 있는데 비판을 많이 받았다, 그래서 이번에는 발굴자인 임영진 선생님의 의견을 존중해서 석실분이 아니라고 다시 철회를 하셨는데, 공교롭게도 요즘에는 횡혈식 석실이라는 의견이 많이 있습니다. 그래서 무덤일 가능성이 있지 않겠냐 하는 생각이고요. 만약 무덤이 아니라고 한다면 과연 저 시설은 무엇일까 하는 것입니다. 다른 고분에는 흔적이 별로 없어서 쌍분인 1호분 남분과 북분 사이에 매장주체부가 있느냐 없느냐를 가지고 논쟁이 있고, 2호분은 원형의 성토된 부분만 남아 있고, 3호분은 적석으로만 차 있단 말이죠. 그런데 4호분은 유독 그렇게 남아 있는데, 과연 그러면 어떤 시설이었을까. 제단이었으면 어떤 구조라고 해석을 해야 할까 하

〈그림 6〉 석촌동 4호분 내 추정 횡혈식 석실

는 게 또 문제가 될 것 같습니다. 그 점에 대하여 보충 설명이 되고, 근거가 채택된다면 제단일 가능성을 염두에 둘 수 있을 것 같습니다. 그런데 자세히 보면 모서리는 정연하게 각을 만들었고요. 그리고 석축이 4~5단이 있습니다. ㄴ자로 둑이 남아 있는 아랫부분이 아마도 성토된 하부 구조일 것 같은데, 거기까지 바닥이 내려간 벽석이 끝나는 부분이 바닥이었을 가능성도 염두에 둘 필요가 있지 않을까 합니다. 여하튼 너무 소홀하게 취급하기에는 선생님이 석실분이라고 강조했던 설명대로 너무 정연한 구조였기 때문에 그런 점에서 제단으로 보는 것에는 동의하기 어렵다고 생각합니다.

그리고 이런 세부적인 사실관계 외에도 대체적으로…, 우선 여기까지만 할까요?

이남석 : 그러시죠. 이 그림 잘 보여 주셨는데요. 아까 제가 얼핏 말씀드렸듯이 저도 처음에 백제 석실분 공부할 적에 정확하게 횡혈식 석실

묘 평면구조로 봤거든요. 그런데 백제 무덤으로 보면 연도 입구만 가운데에 달렸기 때문에 이것은 때에 따라서는 초기형으로 볼 수 있다 생각해서 저도 92년도에 횡혈식 석실묘 연원을 이야기하면서 여기에서 횡혈식 구조가 비롯됐다고 글을 썼습니다.

그런데 그 당시 발굴조사에 참여하셨던 선생님께서 직접 말씀해 주셨는데, 당시 다른 선생님께서도 현장에 오셔서 이것을 횡혈식 무덤으로 보셨다는 거죠. 보시고 나서 "너 왜 발굴 이렇게 했느냐?"라고 말씀하시면서 "무덤은 벽체 면이 안으로 맞는 것인데, 왜 밖에서 맞게 했느냐? 너 밖으로 면을 일부러 맞춰놓은 것 아니냐?"라고 하셨답니다. 그래서 발굴하신 분이 "아니다. 나온 대로 팠다."라고 하셨답니다. 당시 조사하신 분들도 초기에 무덤인 줄 알았지만 현장에서 아닌 것으로 판단했다는 겁니다.

그래서 제가 검토해 봤습니다. 그런데 가장 큰 문제가 뭐냐면 외면축이 되어 있다는 것입니다. 무덤이면 내면축이 되어야 하는데 바깥으로도 면이 맞아 있다는 겁니다. 그리고 안에는 네모지게 방형 구조가 되어 있는데, 중요한 것은 내부에 채워진 흙이 무덤 내부의 함몰토가 아닙니다. 도면을 다시 보면 아시겠지만 정확하게 기단 판축처럼 수평으로 판축한 층이거든요. 나중에 그것을 보면서 이거 참 이상하다, 이상하다 하면서 저는 만약에 4호분의 무덤이 있다면 그 위에 있어야지 이건 아니라고 판단했습니다. 다시 말하면 내부의 수평 판축층을 기단 시설이라고 생각해서 이 자료를 다시 분석하면서, 이것이 나름대로 어떤 의미를 가질까 했는데 아까 말씀드렸듯이 공주 송산리 고분군의 방단 적석 유구가 사실 이것과 똑같거든요. 똑같은데 상면에 전면이 부석이 되어 있는데, 그 위에 매장시설이 있다면 몰라도 밑에는 없거든요. 다시 말씀드리면 4호분도 삼단축, 송산리 고분군 방단 적석유구도 삼단축인데 삼단축 위에 매장시설이 있다면 몰라도 이것은 아니라는 결론을 가지고 말씀 드렸습니다.

제가 왜 이 말씀을 드리냐면 이것은 지금까지 축적된 내용을 종합하면, 바닥의 수평판축층 위에 부석된 바닥과 내부의 네모진 모서리를 보이는 벽면은 내면의 벽체처럼 서 있는데, 바닥과 이 벽체는 내외면이 면을 이루고 있는 상태이므로 건물의 벽체와도 같이 살필 수 있다는 것입니다. 그렇기 때문에 이 석축면을 벽체로 볼 경우에 중앙에는 건물지가 들어가 있지 않았을까 저는 생각합니다. 잠정적입니다마는 상층의 퇴적토상에 기와도 좀 남아 있고, 출입구형처럼 생긴 것은 이 건물에 이르는 길로 봐야지 않나 하는 생각이 지금 생각입니다.

제가 판단하기에는 4호분 중앙의 내부 구조라는 것이 아무리 뒤에 훼손되었다고 해도 만약에 무덤 내부라면 내부 형상을 갖추고 있어야 한다는 거죠. 그런데 왜, 모르겠죠, 누가 나중에 무덤 다 파내고 거기에 다시 기단을 만들기 위해서 흙을 다져 쌓았다면 모르겠지만, 그것이 아니라면 내면에 남아 있는 토층 자체가 무덤 내부는 절대로 아니라는 겁니다. 저희가 고고학을 계속 해왔지 않습니까, 그 토층토는 건물 기단 토층토이지 무덤 내부에 남아 있는 토층토는 아니기에 그렇게 말씀드리고 싶습니다. 다시 말씀드리면 제가 앞서 이게 무덤이냐 아니냐 한 것은 두 번째 문제이고요. 현재 남아 있는 상태에서는 매장 주체부를 확인할 수 없다는 것이 제 기본적인 얘기입니다.

그리고 제가 처음에도 말씀드렸지만, 저는 백제 무덤 전체에 대한 검토를 하면서 개별 유구의 구조 분석도 중요하지만, 백제 고분문화의 전체 흐름을 보는 것도 상당히 중요하다고 생각합니다. 그런 관점에서 전체 고분문화의 흐름 속에서 개별 무덤을 이해하려고 많은 노력을 했는데, 부분적으로 미세한 구조변화에 대한 근거도 빈약한 것은 사실입니다. 인정합니다. 그러나 이는 앞에서도 제가 말씀드렸듯이 자료의 부족으로 인한 한계를 부정할 수 없습니다. 저는 일목요연하게 가지고 있는 생각이 묘제에 대해서, 혹은 상장의례와 관련된 무덤에 대해서는 기본적인 전제가 있어야한다고 생각합니다. 무덤은 적어도 돌연변이식으로 돌출되어 조영되는 것이 아니라, 어떤 상황 즉 사회 환경의 변화에 따라서 순차적으로 채용되거나 변화한다는 생각을 가지고 있습니다.

그런 인식에 기초하는데, 아까 선생님께서 마한 묘제를 물어보셨습니다. 시실 우리는 마한 묘제를 거의 인식하지 않고, 제가 백제 묘제라고 하는 주구토광묘라든가 혹은 분구묘 혹은 관곽토광묘를 마한 묘제라고 하는 것이 일반적입니다. 그러나 이 묘제 분명히 말씀드리지만, 빨리 보면 2세기까지 올라가지만 3세기대에 집중되는 것으로 편년되고 있습니다. 따라서 마한 묘제라고 하는 주구토광묘나 분구묘 등은 대체로 3세기대에 집중되고, 1세기~2세기 묘제는 없다는 거죠. 그런데 제가 생각하기에 청동기시대 이래 집중적으로 무덤 조영의 전통을 감안할 경우, 1~2세기 묘제의 공백은 합리적인 설명이 불가능한 문제입니다. 이러한 관점에서 저는 마한 묘제 인식이 잘못 된 것이 아닐까 생각해 보았습니다. 마한 묘제가 기본적으로 없었던지 아니면 우리가 찾지 못했다는 생각 때문에 그것을 꾸준히 살펴봤습니다.

살펴봤는데 다행히도 최근에 이것을 입증할 자료가 나오고 있습니다. 고고학에 대해서 잘 아시겠지만, 이게 어느 유례가 한 번 나오면, 앞으로도 계속 나오게 되어 있습니다. 한 3~4년 전에 마한 묘제를 재인식하고 나서부터 구체화되기 시작했는데, 그 대표적인 예가 군산대학교 내의 미룡동 유적이라고 할 수 있습니다〈그림7〉. 미룡동유적은 군산대학교박물관에서 작년에 조사했는데 처음에는 조사를 하고 나서도 이게 무덤인지 아닌지 고민이 많았습니다. 그냥 지면상에 땅도 안파고, 표면을 걷어내니까 토기만 여기저기 흩어져 있었던 겁니다. 그런데 이 토기가 지금까지 우리가 보지 못하던 거의 3세기 이전으로 편년될 수 있는 토기였거든요. 그러니까 이후에 많은 분들이 이 유적을 보고 이른 시기로 편년되지만 구체적인 유구속성에 대해서는 고심을 하게 되었습니다. 당시 저는 기존 마한묘제의 부재이유에 대한 고민과 함께 분구묘의 갑작스러운 출연 등에 대해 고민하던 와중에 군산 미룡동고분과 같이 반지상화된 무덤이 마한무덤일 가능성이 매우 높은 것으로 판단했습니다.

제가 왜 이 말씀을 드렸냐면, 주구토광묘라는 무덤이 들어오면서 한반도에 분구묘가 발생됐다고 하는 생각이 들기 때문입니다. 분구묘의 매장시설 자체를 보면, 관 내부에 유물을 모두 넣고 땅을

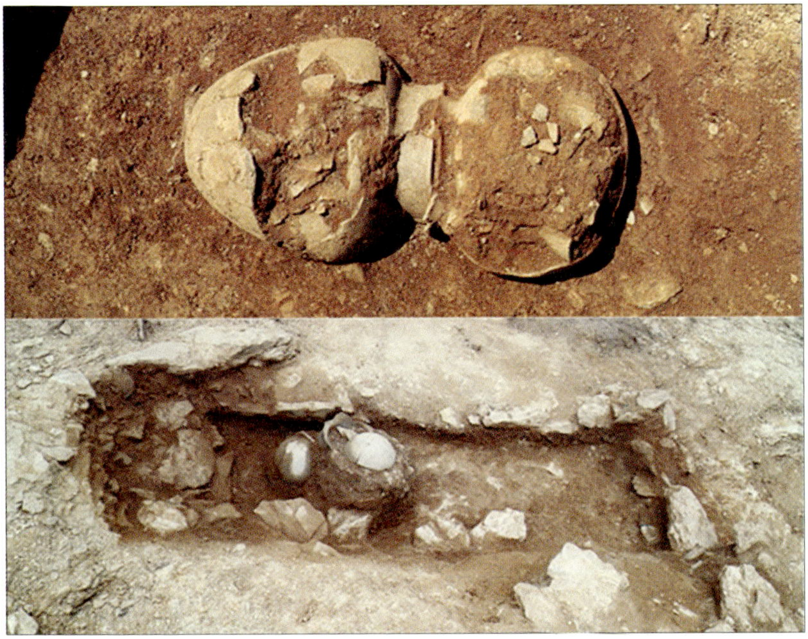

〈그림 7〉 군산 미룡동 고분군의 옹관묘와 토광묘

파지 않거나 대강 정지를 하고 지상에 묻는 형태거든요. 그래서 이것이 전통적 기법이라면 이전에도 있었을 것이라는 생각으로, 미룡동 자료를 보니깐 그렇게 되어 있더라는 거죠. 그래서 그것을 보면서, "이거 맞겠다."한 것입니다. 다시 말씀드리면 마한 시대의 묘제는 무덤자체의 의미가 크다는 거죠. 매납 과정의 상장의례는 별도의 행위로 구분된다는 겁니다. 일반적으로 무덤 조영에 있어서 상장의례를 진행하면서 시신을 관에 넣고 땅을 파서 매납 하는데, 마한묘제는 땅 위에 올려놓고 돌을 덮든지 흙을 덮든지 하는 묘제적 특징을 살필 수 있는데, 미룡동 무덤의 구조를 검토해 보니까 맞더라는 겁니다.

미룡동 자료를 보면 1세기, 적어도 3세기 내에 땅을 대강 정지하거나 파지 않고 관을 놓은 다음 흙이나 돌로 덮은 그런 묘제로 정리 할 수 있고, 나아가서 이것이 마한 묘제라면 해결이 되거든요. 그러면 왜 그동안에 마한 지역의 무덤이 발견되지 않았나, 이런 의문은 그 무덤 자체가 잘 남아 있기 어려웠던 거죠. 왜냐하면 땅을 파지 않고 지상에 놓은 거니깐, 유실될 수밖에 없거든요. 이러한 전통은 광주에 있는 신창리 옹관묘, 또 화순에서 조사한 용강리 같은 예에서도 확인할 수 있는데, 대부분 매장부의 흔적이 분명치 않고 유물만 남아 있어요.

그렇다면 이러한 마한묘제의 전통을 살펴볼 경우 1세기 이후, 3세기 이전의 마한묘제는 없는 것이 아니고 발견 못했다고 생각해 볼 수 있겠다고 판단했습니다. 따라서 지면에 봉토 봉석묘로 구성된 이 묘제가 바탕에 있고, 그 뒤에 나타나는 것들, 그러니까 주구토광묘라든가 관곽토광묘 혹은 분구묘 같은 것은 이 묘제를 기반으로 해서 다음 단계에 전개된 것이라고 볼 때 개념이야 어떻게 됐든지 간에 이것을 마한 묘제로 보는 데 큰 문제가 없겠다는 생각을 했습니다.

그리고 이러한 마한묘제가 이후 서울 한성지역에 횡혈식 석실묘로 정착되는 과정을 어떻게 설명하느냐 하는 것이 질문이 되게 되어있는데요. 석촌동 무덤을 보면 방금 말씀드린 묘광을 파거나 혹은 별도의 곽을 설치하지 않고 목관에다가 유물과 시신을 넣어서 지상에 묻는 형태, 아니면 지반을 정지해서 묻는 형태의 묘제가 석촌동에서도 그대로 확인이 된다는 것이죠.

다시 말씀드리면 기단식 적석총으로 분류된 묘제를 제외한 나머지 묘제 환경을 보면, 제가 말씀드린 봉토·봉석묘라는 것으로 정리가 될 수 있습니다. 따라서 석촌동유적을 포함한 한성 백제의 묘제 특징은 마한사회의 봉토·봉석묘에 기초한 묘제전통을 기반으로, 이후 고총고분의 새로운 묘제가 채용되면서 변화되고 이후 횡혈식석실묘라는 선진묘제가 채용되면서 정착, 발전된 것이 아닌가 이렇게 생각을 합니다. 참고로 말씀드리면 이러한 견지에서 석촌동 무덤을 다시보고자해서 다시 살펴 본 것입니다.

석촌동 무덤은 단일 고분군 내에 너무 다양한 묘제가 많습니다. 그런데 지금까지의 사례로 보면 시기적으로 연속되지 않으면 동일 시기에 그렇게 반복되어 여러 가지 묘제가 사용된 자료는 없습니다. 그래서 저는 이러한 특징을 살피면서 석촌동고분군 내 다양한 묘제의 특징에 대하여 고민을 해보았습니다. 이렇게 다양한 분류가 가능하게 된 것은 조사된 결과를 가지고 무덤 묘제를 분류했기 때문이라는 거죠. 매장부 같은 경우에도 관에 시신을 넣고, 유물을 넣어서 지반에 놓는데 땅을 조금 파고 넣는지 덜 파고 넣는지는 큰 의미가 없습니다. 관을 놓고 위에다 돌을 덮었을 경우에는 나중에 조사 과정에서 확인되는 모습은 적석목관묘로 되게 되어 있습니다. 그리고 돌로 안 덮고 흙으로 덮으면 목관토광묘로 되게 되어 있구요.

그렇잖아요. 이것 자체는 묘제는 한 가지인데, 몇 가지로 구분이 되는 된다는 것이죠. 그런데 돌로 덮었던 것이 남지 않았으면, 여기 이렇게 석곽묘로 분류했지 않습니까. 이것은 남겨진 자료를 가지고 그렇게 분류를 했기 때문에 그것은 문제가 있다고 보고, 저 나름대로 매장 주체부라는 하나의 기준을 가지고 묘제를 구분했을 때 하나의 묘제, 아까 말씀드린대로 마한 전통을 가진 봉토 · 봉석묘로 분리 구분이 되었습니다. 따라서 석촌동 무덤을 이렇게 본다면 기단식 적석총을 논외로 할 경우, 석촌동 무덤의 묘제는 일단 마한 전통을 가지고 있는 봉 · 봉토묘가 석실묘로 전환한 것으로 이야기가 될 수 있지 않을까 합니다. 세 번째 질문이네요. 세 번째 질문까지 갈음하도록 하겠습니다.

좌장 노태돈 : 예. 김무중 선생님, 지금 이남석 선생님 말씀 중에서 더 추가로 질문하실 것 있으면 하십시오.

김무중 : 예. 세부적인 사실 얘기인데요. 하나하나가 질문과 답변이 길어서 그렇습니다만 선생님 발표에 대한 토론 내용을 간략하게 세 가지로 정리했는데요. 우선 첫 번째가 이런 것 같습니다. 큰 범위에서부터 세부 내용으로 좁혀가야 할 텐데, 도성과 주변의 왕릉군의 경관의 문제입니다. 아까 신희권 선생님이 전체 도성의 경관을 말씀하셨는데 그중에 석촌동, 가락동, 방이동 고분군은 백제만의 고분군인가 하는 그런 문제가 하나 있을 것 같습니다. 안타깝게도 사실은 그 뒤에 나옵니다만 석실분을 먼저 얘기하면 선생님이 다양성을 주장했다고 생각을 하는데, 각각의 매장 과정이나 매장 흔적을 살펴보면 차이가 보입니다. 예를 들면 백제는 꺾쇠와 관못을 쓰는

경우, 그다음에 두 번째, 고구려 같은 경우에는 관고리와 관못을 사용하고요. 신라 같은 경우는 주로 시신만을 넣는 경우입니다. 그런데 연속되는 경우는 여러 가지 잔존 유형이 남을 수 있다는 것은 저도 인정을 합니다. 그러나 기본적으로 매납하는 장구의 종류는 세 나라가 다릅니다. 그렇기 때문에 왜 그랬을까, 바꿔 말하면 원래 어떤 모습이었을까를 상정하는 것이 매우 중요할 텐데, 거기에서 석실분의 구조나 여러 축조 방법들이 판단하는 데 중요한 내용일 것 같습니다. 세부적인 내용은 그렇다 하더라도요. 그래서 선생님께서 말씀하시듯 '한성 지역에 있는 석실분은 모두 백제의 고분군이다, 그리고 다양하다는 표현만으로 모든 것을 백제 고분이다 횡혈식석실이다' 라고 말할 수 없는 부분이 이 세 종류의 장구 때문에 그렇습니다.

또 하나는 '전체 고분군이 백제 것이다' 라고 했을 때 아니라고 말씀드릴 수 있는 게 있습니다. 백제 석촌동 고분군의 표본이 되는 모식도가 있습니다〈그림 9〉. 3호분 동쪽 고분에 하층, 중층, 상층으로 아래에서부터 위로 올라가면서 있는데, 상층은 3호분과 연결되고, 하층인가는 대형 토광묘하고 관련됨이 지적되고 있습니다. 그런데 거기에 옹관묘 6기가 있는데, 하층에 1기, 중층에 4기, 상층에 1기가 있습니다. 그 중 5기가 추후에 다시 정리를 해 보니까 고구려 토기로 판명되었습니다. 이를 어떻게 설명할 거냐는 거죠. 또 2호분 주변에 신라 석곽묘가 있습니다. 횡혈식 구조가 아니고 수혈식 석곽인데 신라 유물들이 들어가 있단 말이죠. 그렇다면 석촌동 고분군 전체가 대부분 백제 무덤이겠지만 그 뒤(백제 멸망

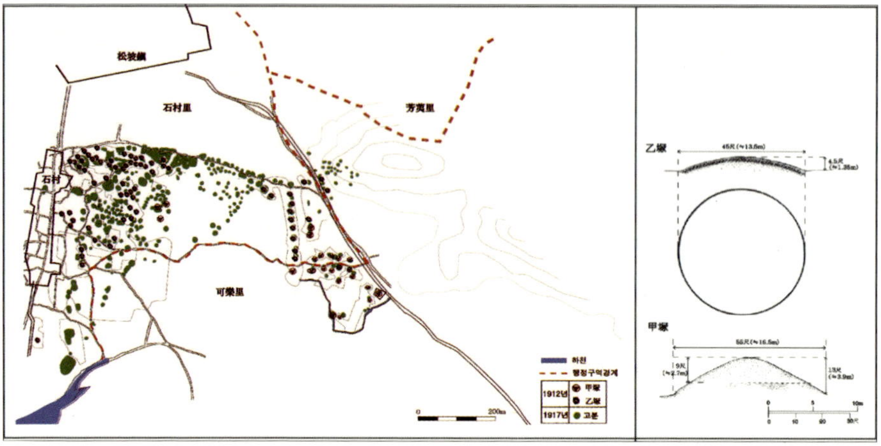

〈그림 8〉 석촌동 고분군 1916년 간행 분포도와 1917년 작성 분포도의 중첩(조가영, 2012)

후)에 여러 가지 변형 과정도 있었고, 또 우리가 역사적으로 알 수 있는 고구려가 일시적이든, 80년 가까이 있었든, 그다음에 551년에 신라가 진출했던 이런 사실도 고고학적으로 해석하는 것도 염두에 둘 필요가 있지 않을까 합니다.

세 번째는 제단설 문제인데요. 선생님 의견과 같이 여러 가지 조사한 결과 가지고 다시 생각해 봐야겠다는 데 대해서 한 가지 배웠다고 생각을 합니다만, 문제는 송산리나 수촌리 같은 경우는 방단기단이나 적석유구가 1기 뿐입니다. 물론 면적이 좁고 단독 구릉이라는 입지와 관련되는지 모르겠으나, 석촌동이나 가락동 일대의 고분은 신희권 선생님 발표에서도 나왔습니다. 갑총 흙무덤 23기, 을총 돌무덤인데 모두 기단식 적석총은 아닐 것이고 즙석봉토분도 있을지 모르겠는데 66기입니다. 그런데 이 중에 89기만 설명되어 있었습니다. 현재 연구 성과는 300기 가까이 분포하고 있었습니다〈그림 8〉. 그렇게 비율을 보면 적석총이 많고, 고분군에 특정된 지점이 아니고 분산되어 있다. 그것도 하나 문제가 있지 않을까 생각됩니다. 왜냐면 선생님께서 상장의례를 말씀하셨습니다. 상장의례라면 무령왕릉과 관련된 정지산의 예에서와 같이 뭔가 특정된 장소가 아닌 백제 한성기에는 규칙성이 없이 여러 곳에 분산되어 있다는 그런 해석으로 갈 수가 있어서 여기에서 단정하기 어렵다는 것이 제 의견입니다. 이상입니다.

좌장 노태돈 : 거기에 대해서 이남석 선생님, 짧게 대답해 주세요.

이남석 : 마지막 한 가지 제가 발표를 제대로 안 해서 그러는데, 수촌리 고분군의 적석유구가 하나의 유구는 아닙니다. 여러 번 반복해서 쌓여진 것이 무너져 있는 것입니다. 그러니까 반복해서 여러 번 사용된 것이거든요. 그 지역에서 제단을 여러 번 만든 것으로 판단이 되어 있는 겁니다. 그것은 아까 발표가 제대로 안 된 것 같아서 다시 추가 말씀을 드린 것입니다.

질문 내용을 대체로 보면 경관에서 한성 지역에 왜 백제 것만 있느냐, 저는 그렇게 생각하지 않습니다. 백제시대 이후의 유구도 있습니다. 예를 들면 우면동도 있고요, 광암리에도 있고요. 저는 사례에 따라서는 한성지역 안에도 있어야 한다고 생각합니다. 그런데 그것이 어떤 것이냐 하는 검토가 되어야 하는데, 아마 석촌동 2호분인가 옆에도 정확하게 석곽 구조 가진 것은 신라에 의해 조영

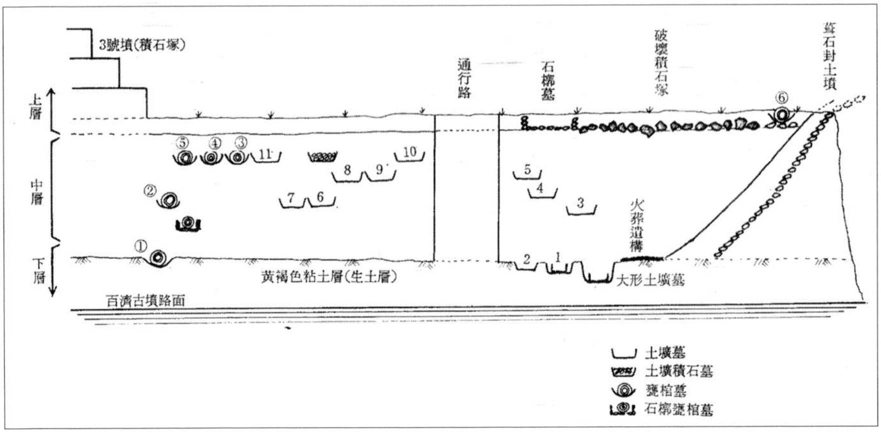

〈그림 9〉 석촌동 3호분 동쪽 고분군 유구 모식도(보고서)

된 것입니다. 따라서 한성지역 내에 백제 이외의 구분이 충분히 있을 수 있다고 생각합니다. 물론 이것은 조사자들이 잘 판단해서 구분해 내야 하기 때문에, 그것에 대해서는 부정하지 않습니다. 있어야 한다는 생각을 하고요.

다만 아까 석촌동 3호분 동쪽 층위와 관련하여 유구 전체에 대해 말씀하셨는데, 제가 그 부분에 대해서 석촌동 유적에 대한 의문을 갖게 된 것이 동쪽 3호분 옆에 있는 모식도 때문이기도 합니다. 아시겠지만 여기 그림이 있어서 석촌동 3호분 동쪽에 대형 토광묘라고 해서 토광 예닐곱 개와 옆에 즙석봉토분이 있고요. 그 위에 3호분이 있어서 순서가 어떻게 되어 있냐면, 한쪽에 즙석봉토분이 있고, 즙석을 덮으면서 대형 토광묘가 조성되고〈그림 9〉, 그 위에 3호 적석묘가 있습니다.

물론 그림은 모식도이기 때문에 깊이를 정확히 제시 안했다는 한계가 있으나, 실제로 그렇게 깊은 것은 아닙니다. 넓습니다. 넓은 지역에 입지한 고분에 대해 임의로 작성한 모식도이기 때문에 순차로 놓은 것이거든요. 그런데 여기서 주목되는 것이 여기 있는 것 전부 제가 언급하면 즙석봉토분, 토광묘, 옹관묘, 3호 적석묘 라는 4가지의 묘제 유형이 함께 있는 겁니다. 그것도 시대로 보면 즙석봉토분 옆에 대형 토광묘가 붙어 있고, 토광묘 밑에 옹관묘 있고요. 그 위에 다시 3호 적석묘가 있다는 거죠. 그 좁은 범위에 그렇게 밀집되어 있는 다양한 무덤이 대체로 4세기대로 편년되는 건데요. 어떻게 이렇게 있을 수 있느냐는 것이거든요. 일반적으로 고구려식의 기단식 적석총의 잔존 정황에서 묘제 조형 방식으로 보면 그건 안 되거든요. 왜냐면 정확히 묘역 설정이 이루어질 뿐만 아니라, 특히 지금까지 백제 무덤이 조사된 정황을 보면 유사한 시기에 지표에서 인지된 무덤 위에 겹쳐서 무덤이 조영되는 경우는 없습니다. 그런데 여기는 그렇게 되어 있거든요.

그것은 상장의례든지 묘제 의식이 남달랐기 때문에 그렇다고 봐야 하는데, 우리는 그 점을 지금까지 개별 묘제로 구분해서 따로따로 분류하다 보니까 이런 문제가 생겼다는 거죠. 저는 이것을 보면서 어떻게 생각했냐면 즙석봉토분이나 3호 적석총 이것은 사실 매장 시설이 확인 되지 않은 것이지 않습니까. 그리고 옹관묘와 대형 토광묘는 매장시설만 남아 있는 거잖아요. 가정입니다마는 대형 토광묘나 옹관묘가 즙석봉토 됐을 가능성도 있죠. 또 3호 적석총이나 파훼 적석총으로 분류된 것이 혹시 토광묘 위에 있을 수도 있거든요. 그러나 우리는 이게 확인이 안 된 상태에서 지금 어떻게

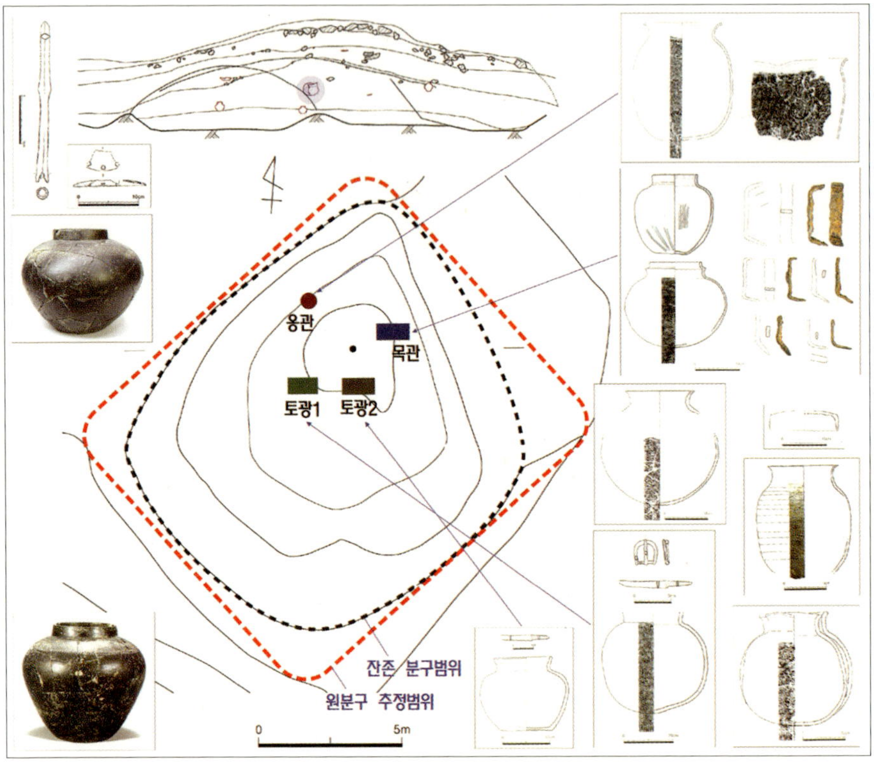

〈그림 10〉 서울 가락동 2호분

하고 있습니까. 정확히 내용이 파악이 안되었는데 모두 무덤이라고 판단하고, 이게 왜 그렇게 있는지는 생각하지 않는다는 거죠. 다시 제 방식대로 설명을 한다면 3호 적석총만 예외로 한다면 옆에 있는 즙석봉토분은 발굴을 해야 할 겁니다. 그게 관련 제단시설인지 매장시설인지 봐야 하는데, 아마 70년대 조사한 가락동 2호분이라고 되었죠, 윤세영 선생님께서 발굴하신 거요〈그림10〉. 그

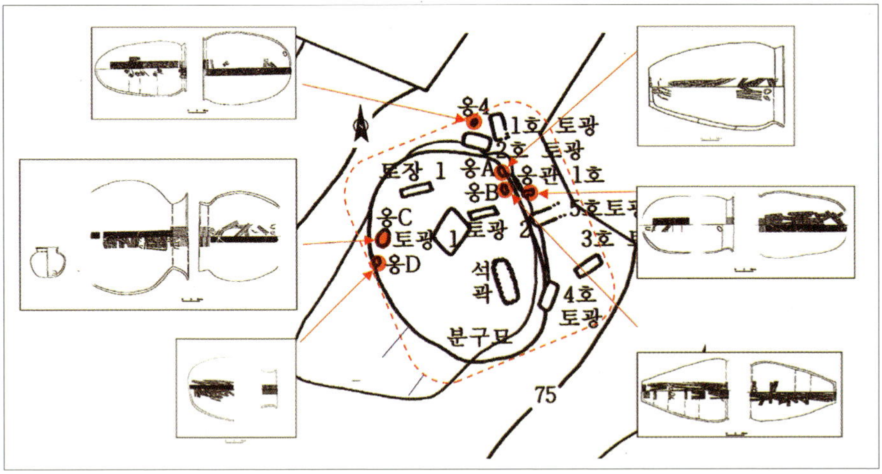

〈그림 11〉 천안 두정동 분구묘

거 보면 아시잖아요. 무덤 조사했는데 토기만 나와서 무덤이 어떻게 됐는지 모르는데 자꾸 중복되어 있지 않습니까.

제가 아까 군산 미룡동 마한 분묘를 주목한 이유도 그렇습니다. 지면에 매장부를 조사한 후 그 위에 재차 무덤을 조영하면서 자꾸 쌓아 놓습니다. 이러한 모습은 가락동 고분도 그렇게 되어 있고요. 제가 2000년도에 조사한 천안 두정동 유적도 그렇거든요〈그림 11〉. 근데 조사 당시의 인식으로는 분구묘와 비슷해서 그렇게 보았는데 지금 보니까 다른 특징이 있다는 거죠. 〈그림11〉의 모식도 현황으로 보면 그 당시에 판단된 묘제를 가지고 정리해 놓은건데, 사실은 제가 생각하기에 지금처럼 묘제를 구분해서 보면 이게 왜 그렇게 있는지 다시 봐야 할 필요가 있다고 생각합니다.

그래서 저는 이 부분 3호 동쪽에 있는 유구 모식도의 분포정형은 석촌동 유적의 잔존 정황을 가장 적나라하게 보여 준다고 생각하거든요. 어떻게? 뒤죽박죽 있다는 거죠. 그런데 뒤죽박죽 있는 것이 왜 그렇게 있는지 설명할 필요가 있는데, 이에 대한 설명이 결여된 상태에서 모식도가 정교하고 절대적 층위인 양 자료로 활용되는 우를 범하게 되는 것이죠.

두 번째보다는 세 번째, 제단 문제로 넘어가서 보겠습니다. 제단 문제에서 여러 가지 말씀하셨는데, 우선 제가 제단이라고 꼭 단정지어 보는 것은 아닙니다. 상장의례 전 단계로 매장이 이루어지는 전 단계의 행위가 이루어진 모든 시설이 여기 있을 거라고 생각하는데 복합적 기능을 가졌다고 생각합니다. 하지만 상장의례는 잘 아시지 않습니까. 무덤이라는 것은 상장의례가 다 지난 다음에 시신 처리하기 위해서 마지막으로 한 시설이거든요. 상장의례가 어떻게 이루어지느냐에 따라서 무덤은 전혀 달라질 수 있다고 보거든요.

제가 아까 말씀드린 마한 같은 경우에도 상장의례에 대해 우리는 전혀 몰라요. 하지만 이건 알 수 있죠. 백제는 270일의 빈장기가 있다는 것을 알 수 있습니다. 하지만 웅진도읍기에 빈소 따로 있고 무덤 따로 있다는 데 대해서는 저는 동의하지 않습니다. 왜냐면 『한원翰苑』에 보면 빈 · 분이 함께 있다고 되어 있거든요. 이러한 관점에서 볼 때 공주 송산리 고분군을 보면 빈 · 분이 함께 있거든요. 그렇다면 오랜 기간에, 거의 3년에 가까운 빈장 기간이 무덤 내부에서 이루어졌다면, 그 시설이나 관련 부분도 우리가 주목해야 하거든요.

제 생각은 그렇게 오랫동안 상장의례가 이루어졌다면 시신처리는 정교하게 이루어지기 어려웠을 수도 있다고 생각합니다. 특히 이와 같은 상장례의 전통이 마한의 습속이라면요. 또는 아까 말씀드린 대로 빈장기간에 시신처리의 과정에서 제례공간이 지속적으로 중첩되어 쌓고, 쌓고, 쌓고 해서 저런 형태로 남았나 하는 의문도 가질 수 있다는 겁니다. 물론 그것이 완전한 정답은 아니라고 생각합니다. 그래서 아까 말씀드린 제단의 존재상에 대한 이해도 이러한 측면에서 보면 이해되지 않는다는 게 아니죠. 선생님 말씀하시면서 제단이 정형적이지 못하고 저렇게 많느냐 하고 의문을 제기하셨는데, 한성지역에서 백제가 무덤을 조형하는데 약 200년 이상 지속되었습니다. 그리고 무덤군이 석촌동 · 가락동 · 방이동 일대에 몰려 있지 않습니까. 아까 말씀드렸듯이 여기서 일제강점기에 조사한 토총이나 석총 가지고 석총 자체를 전부 적석 유구로 보시려고 그러면 저는 그 부분은 동의하지 않거든요. 왜냐면 석총 자체가 즙석봉토분도 석총으로 표시가 되어 있을 뿐만 아니라 고분의 분포도 지표상에서 확인된 정황일 뿐입니다. 그런데 즙석봉토분은 무덤이지 적석유구가 아니거든요. 그러나 지금까지 적석총으로 보고된 적석 유구는 대체로 석촌동 고분군의 서쪽에 치우쳐 있는데, 그쪽이 상장의례가 이루어진 지역이라고 추정한다면, 고분군의 서쪽 외곽에서 거의 200년 동안 도읍지에 많은 집단들이 반복해서 계속적으로 여기서 상장의례가 이루어졌다면, 지금 남아있는 숫자가 적다고 생각합니다. 더 많고 더 복잡해야 한다고 생각하거든요. 그런데 우리가 한 가지 생각하면 제단을 만들어 놓고 동일한 곳에서 계속 수리해 쓰는 것이 아니라, 필요할 때 만든다고 저는 생각합니다. 여기 남아 있는 정황으로 봐서요. 발굴 조사된 자료를 보면 석열이 무질서하게 중복되어 있다는 것은 아마 사용한 후 폐기하기를 반복하는 과정에서 무질서하게 중복 조영된 것으로 판단됩니다. 또 거기에 매장지가 있는 것은 당시 시신의 매장에 대한 관념이 크지 않았기 때문에 상장례가 끝난 지역주변에 다시 매장했기 때문에 그런 현상이 남아 있지 않나 생각해 볼 수 있지 않을까 합니다. 물론 저도 석촌동 고분이 기단식 적석총이었으면 좋겠습니다. 저도 2007년까지 계속 기단식 적석총 무덤을 썼습니다. 그러나 무덤의 조영과 전통에 대하여 지속적으로 연구하다 보니깐 이게 좀 문제가 있다고 해서, 다시 한 번 검토할 필요를 느낀겁니다. 우선 '제단'이라는 용어보다는 고구려식의 기단식 적석총으로 보는 것에 문제가 있다고 보았습니다. 전용 매장시설보다는 상장의례와 관련된 어떤 시설이 있었는데, 아까 4호분에서 보셨듯이 그 위에 시신을 놓고 의례행위가 있었을 가능성이 높다는 겁니다. 고구려 적석총으로 단정하기 보다는, 다른 환경으로 이해해야 하지 않느냐 하는 것이 적석총에 대한 견해입니다.

마지막으로 석실묘 말씀하셨는데 이건 참 그렇습니다. 제가 왜 이 말씀을 드리냐면 선생님께서 질문하신 것 충분히 저도 동의합니다. 왜 동의를 하느냐면 저도 백제 석실묘 참 많이 압니다마는 4세기 후반부쯤에 백제 석실묘가 유입됐다고 하는데 아까 말씀드렸듯이 그게 어떤 실물 자료로 하는 것이 아닙니다. 일본 4세기 그것도 보면 횡혈식 석실묘로 나타났다고 되어 있고, 부분적으로 보면 그런 정황으로 봐서 아마 그때쯤 가능할까 하는 생각을 합니다. 또 좀 더 말씀드리면 석실묘의 유입 동기에 대해서도 아마 백제가 4세기 후반부에 대동강 유역 진출하니까 그것을 기해서 이게 들어오지 않는가 하는 정황적 증거를 가지고 얘기를 하는 겁니다. 그런데 제가 왜 이 말씀을 드리냐면 저도 지금까지 4세기 즈음에 혹은 5세기 전반부에 한성도읍기 백제 석실묘의 정형적 모습이라는 것을 본 적이 없으니까요. 그런데 다만 지금 남아 있는 석실묘의 후대에 조영된 자료를 가지고 비교 검토하면 이게 백제 것이다 아니다 하는 정황 판단이 가능하다는 거죠. 다시 말씀드리면서 서울 지역에서 조사된 무덤 중에서 무덤 외부 추가장의 흔적과 축조 석재, 바닥시설 등 상당부분이 웅진시대 이후 석실묘의 사례와 비교 가능합니다. 따라서 세부 속성이 어떤지 간에 이것은 백제시대에 축조된 것으로 봐야 한다는 게 저는 기본전제입니다. 왜냐면 서울지역에서 조사된 고구려나 신라의 석실묘와는 다른 모습이니까요. 그런데 재미있는 것은 말입니다. 아주 이상한 것은 석실묘가 조사될 경우 토기가 백제 것이 확실하면 석실묘의 구조가 다양하든 규칙이 없든 간에 백제시대 석실묘로 인정됩니다. 그런데 토기가 없거나 조금만 이상해도 논란이 됩니다. 이게 좀 안타깝다는 생각입니다.

아까 선생님이 말씀하시면서 석실묘의 구성요소에 대하여 말씀하셨습니다. 그런데 저는 한성기 백제 횡혈식석실묘의 구성요소에 있어서 명확한 규칙을 적용하기는 많은 한계가 있다고 생각합니다. 예를 들어서 매납장구로서 관못 · 관고리 같은 경우, 원형 관정이 백제에 많지는 않습니다. 그런데 공주 지역에는 제법 원형이 많고요. 특히 제가 79년도에 공주 웅진동 고분군에서 웅진천도 직후의 석실묘 한 서른 기 정도 발굴 조사한 적이 있는데, 그때 관고리 그리느라고 정신없었습니다.

그리고 나머지 구성요소와 축조방법에 대해 말씀하시는 것도 웅진천도 이후 정형화된 횡혈식석실묘가 조영되기 전까지 초기유형은 구조상에서 매우 다양한 모습을 보이고 있습니다. 그렇다면 구조적 다양성을 보인다고 해서 백제 석실묘가 아닌 것입니까? 만약에 무덤을 조사해서 이것이 백제 것이 아닐 것이라는 전제로 아닌 속성을 찾는다면 찾을 수 있겠지만, 만약에 그것이 백제 거라는 전제, 왜 그것이 거기 있을까 하면 충분히 다 이해할 수 있는 거거든요. 하지만 근래까지도 상당수의 연구자들이 한성기 백제 석실묘의 존재를 인정하지 않았지 않습니까. 사실 석실묘의 존재를 인정하기 시작한 것도 최근의 일이기 때문에 이러한 부정적 인식이 더 많은 것 같습니다. 석실묘 구조 형식 같은 경우 초기 발전 단계에서 많은 건축적 기법에서 채용이 될 수 있는 것이거든요. 그래서 저는 서울 지역에서 석실묘 조사를 해서 성격, 축조를 재해석하는데, 물론 다양하게 검토는 할 수 있겠습니다만, 기본적인 전제로 제가 아까도 말씀드렸던 것처럼, 그것이 백제 것일 수 있다는 전제로 놓고 보면, 전체 속성 100개 중 아마 90개는 백제 것이고 10개는 아닐 겁니다. 10개 가지고 백제 것이 아니라고 하는 것 보다는 90개 가지고 백제 것이라고 보는 것이 훨씬 합리적이지 않나 하는 생각에서 계속 그 말씀을 드리는 겁니다. 이상입니다.

좌장 노태돈 : 예. 아마 두 분이 말씀 나누면 한 이틀은 더 하셔도 끝나지 않을 것 같습니다. 이남석 선생님께서 말씀하신 것은 석촌동 고분군이라고 일컬어지는 일련의 축조물들이 고구려식 기단식 적석총은 아니다 하는 그 말씀이시고, 그 성격에 대해서는 앞으로 더 논의해 보자는 말씀이십니다. 종합 토론 2부에서도 거기에 관한 의견이 있으면 제시해 주실 수 있도록 하고요. 일단 이남석 선생님의 발표에 대한 약정 토론은 이것으로 마치겠습니다.

이어서 신희권 선생님 발표에 대한 약정 토론을 하도록 하겠습니다. 양정석 선생님 약정 토론 해 주시죠.

4. 한성의 도시 경관과 토목공사

양정석 : 예. 방금 소개받은 양정석입니다.

앞에서 다루었던 내용들도 워낙 하나하나가 굉장히 중요한 주제들이다 보니까 다양한 얘기가 나왔던 것 같습니다. 더불어서 한성의 왕성에 대한 연구도 중요한 주제가 아닌가 생각이 됩니다. 그런데 문제는 다른 부분들에 비해서 조금 더 넓게 보고 그리고 또 하나하나 구성 요소들을 찾아야 하는 부분들이 있기 때문에 이것을 하나의 틀로 만들기가 쉽지 않은 부분이 아닌가 생각이 됩니다. 그런데도 이렇게 정리를 해주셨다는데 대해서 신희권 선생님께 읽어 볼 수 있는 기회를 주셔서 감사드립니다.

저도 지금 도성에 대한 관심을 가지고 계속 공부를 하고 있습니다만 특히 중국의 도성의 변화, 발전 과정들을 기본적인 틀로 생각하시고 그것을 바탕으로 해서 다양한, 아무래도 우리나라가 영향을 많이 받을 수밖에 없으니까요. 그런 부분들에 대해서 지속적으로 정리를 해 주고 계시는데요. 여기에서도 그런 것 같습니다. 일반론적인 부분들을 바탕으로 해서 고대 도성의 발전을 3단계 정도로 보시지 않은가 하는 생각입니다. 한다면 한성 1기, 한성 2기, 그러니까 개로왕대가 한성 2기 정도 되는 것 같습니다. 그리고 웅진, 사비로 가서 최종적인 단계 이렇게 보지 않는가 생각이 됩니다. 그리고 최종적인 단계에 가게 되면 외곽에 곽성이 존재한다고 하시는 것 같습니다. 우리가 일반적으로 외성이라고 하는 부분인 것 같습니다. 백제 같은 경우에는 그런 흐름들로 설명을 할 수 있지 않을까 생각이 되는데요. 저 같은 경우에는 옆에 있는 신라와 같이 비교를 해 본다면 신라 같은 경우에는 사실 마지막 단계까지도 곽성, 외성 이런 게 만들어지지는 않습니다. 그래서 저 같은 경우에는 이런 부분들을 '무성곽형 도성'이라고 정의를 내려 본 바가 있긴 한데요. 일단 일반론적으로 본다면 신희권 선생님의 얘기에 의하면 신라는 백제에 비교해서 보면 조금 더 발전된 단계로 나가지 않은 것 같은 느낌이 드는 것도 사실입니다. 그런데 또 한편으로 생각해 보면 우리가 지금 얘기하고 있는 일본의 경우에는 대부분의 도성이 전부 다 곽성이 없습니다. 그래서 이게 지금 어떻게 보면 발전 단계라는 부분도 얘기할 수 있겠지만, 조금 다른 부분이 있는 것 아닌가. 아니면 계보가 다르거나 서로 다르게 받아들인 게 있지 않았을까. 왜냐면 외성이 굉장히 중요하다면 아무리 힘들어도 반드시 해야 하는 것이고, 그렇지 않고 중요도가 다른 것들이 좀 더 있다고 하면 아무리 중요하다고 하더라도 중요하지 않을 수도 있는 것 아닌가. 그러니까 선택이란 부분이 있지 않은가 하는 생각이 들었습니다. 이런 부분들은 지금 개로왕대 만들었던 시기에도 역시 비슷하게, 지금 보면 공주나 사비로 갔을 때의 부분하고는 또 다른 그 당시의 패러다임이 있지 않았을까 하는 생각도 같이 하게 되어서 이 부분에 대해서 조금 관심을 가지고 얘기를 드렸습니다.
두 번째는 선생님께서는 풍납토성을 평소 왕이 거주하는 거성으로서의 전궁, 그리고 몽촌토성을 비상시 방어성으로서 정궁에 대한 별궁으로 이해하고 계십니다. 그러니까 마치 조선시대의 양궐제와 같은 느낌마저도 들었습니다. 즉, 이 두 성을 백제의 궁궐로 이해하고 계신 것 같습니다. 그렇다면 우리 조사된 게 많지는 않지만 풍납토성 내에서 개별 건축물들뿐만 아니라 내부 구조에서도 궁궐의 성격들이 나와 주는 게 필요하지 않을까. 왜냐면 조사가 이미 어느 정도까지는 되어 있기 때문에 말입니다. 그런 부분들에 대한 얘기가 되어야 할 것 같고요. 몽촌토성 같은 경우에도 같은 수준까지는 아니더라도 일정 수준 정도 의미를 부여할 수 있는 무언가가 있지 않아야 할 것인가 하는 생각이 들었습니다. 그래서 발표자께서 생각하시는 근거가 어떤 것인지. 왜냐면 풍납토성이나 몽촌토성에서는 궁궐 안에 있는 건물이나 궁궐 안에 있는 구조와 관련되는 부분들도 있지만 그 외의 모습들, 궁궐 내부의 모습이 아니라고 생각할 수 있는 부분들도 일부 확인이 되고 있기 때문에 그런 구조에 대해서 설명을 해 주신다면 좋지 않을까 생각이 듭니다. 그리고 또 선생님께서는 개로왕대 한성의 도시 경관을 설명하시면서 여러 가지 말씀을 많이 해 주셨는데요. 결국에는 한성의 왕경 혹은 도성으로서의 범위라든지 구조를 어떻게 보시느냐가 중요한 것 같습니다. 오늘은 발표하시면서 그런 부분을 일부 소개해 주셨지만, 모식도 같은 거라도 설명해 주신다면 훨씬 더 간결하게 잘 보이지 않을까 생각이 들었습니다.

마지막으로 고분 문제가 사실 중요할 수밖에, 특히 왕릉이라면 더더욱 중요할 것입니다. 백제의 왕릉을 선생님께서는 석촌동 일대에서 조성되기 시작해서 방이동에 이르러서 마감되는 것으로 서술하고 계십니다. 만약에 그렇다면 당시 도성의 중심인 궁성에서 굉장히 먼 곳에 왕릉을 조형하기 시작해서 점차 궁성에 가까워지는 것으로 왕릉의 조형이 다가가고 있는 것이 됩니다. 이러한 인식은 일반적인 경우라고 하면 시간의 흐름에 따라서 도성이 확장되고 넓어지면서 외곽으로 확대 · 발전한다고 생각하는 경우들이 많이 있고, 그 경계선으로서의 외성 이런 것들을 상정하기도 합니다. 물론 그러면서 이때 이미 외성 밖에 무엇을 만드는 이런 것까지는 아니라고 하더라도 경향성 같은 얘기가 나오게 되는데 그것과는 좀 반대로 보이는 것 같습니다. 그래서 이런 부분에 대해서 어떻게 생각하시는지 궁금해서 말씀을 여쭈었습니다.

좌장 노태돈 : 예. 신 선생님 응답해 주십시오.

신희권 : 크게 네 가지 정도 질문을 해 주신 것 같은데요. 제가 고대 도성 발전 단계 자체를 3단계로 정확하게 구분하지는 않았습니다. 그런데 우리가 그 개념을 이해할 때 소위 말하는 소규모의 뭔가가 분화되기 전 단계의 궁성이자 왕성이자 도성처럼 사용되던 그러한 시기가 있었지 않았을까. 저는 그것을 풍납토성 단계 정도라고 보고 얘기를 했고요. 그다음에는 사실 도성이라는 개념은 기본적으로 중국식의 도성 제도에서 우리가 그 개념을 이해할 필요가 있기 때문에 중국식의 예를 들어 보면, 사실 중국과 한국의 가장 기본적인 차이는 입지의 차이가 아닌가 생각을 합니다. 중국 같은 경우 대체로 완전히 평지에 도성을 구축하기 때문에, 실제로 왕들이 거주하는 궁성 외에 외곽에 반드시 방어용 외곽성을 두르게 되는데, 그런 것들은 당연히 전체 도성 방어 측면을 중시하다 보니까 인공적인 시설물을 구축해야만 했던 상황이었다고 생각을 하고, 그런 것들은 실제로 중국 역사에서 보면 이미 신석기시대부터 그러한 방어형 성곽이 기본적으로 도시 출현의 가장 기본이 되는 시설이었기 때문에, 그런 개념에서는 우리보다 더 발달된 단계의 외곽성까지 갖춘 그러한 것들을 우리가 일반적인 도성으로 이해할 필요가 있지 않느냐는 차원에서, 개념 비교 차원에서 얘기를 했던 것인데 공교롭게도 백제 같은 경우는 한성 단계에는 4번의 질문과도 비슷한 문제이지만 굳이 외곽에 성을 쌓을 필요가 없는 그 정도의 자연적인 입지를 가지고 있었다. 그게 한강과 그다음에 남한산 자체가 한강 지류 탄천 쪽만 연결이 되면 사실 남한산 자락이 하남까지 거의 뻗어있기 때문에 한강과 남한산 사이에 있는 모든 지형은 굳이

외곽성을 쌓지 않더라도 하나의 도시로 자리 잡는 데 상당히 유리한 지형이었고, 저는 신라 경주도 거의 그렇지 않을까 생각합니다. 경주 같은 경우에 사방이 완전히 둘러싸인 분지 지형이기 때문에, 굳이 외곽에 성을 쌓지 않더라도 군데군데 산속에 산성 몇 개만 가지고 있으면 아마 방어적인 역할을 수행하는 데 큰 무리가 없지 않았을까. 이런 것들이 단계의 차이도 있겠지만 기본적으로는 도성의 입지가 그런 것을 결정하는 더 중요한 요인이 되지 않았을까 생각을 하는데요. 사비 같은 경우는 사실 부소산성하고 서편에 백마강 그리고 동편에 일부 산이 있지만 그러한 산들이 연결되지 않는 지형을 나성이라는 인공적인 성을 쌓았던 것이죠. 그래서 사비 같은 경우는 보다 중국식의 개념에 가까운 그러한 도성제가 들어온 것 같고, 고구려 같은 경우는 평양성 단계가 되면 그러한 발전 단계에서 삼중성 단계로 발전하는 게 아닌가. 그래서 고구려, 백제, 신라도 약간씩의 차이가 있는 것처럼 기본적으로 중국과 한국의 차이도 있고 또 시기가 더 늦은 경우임에도 불구하고 일본 같은 경우는 중국, 한국과는 또 다른 차이가 있다는 생각에서 약간은 개념적인 측면을 강조했던 것입니다.

두 번째 질문에서는 풍납토성과 몽촌토성을 궁궐로 볼 수 있는 근거들이 무엇인가. 조금 더 구체적으로 얘기를 해 보면 구조적인 측면에서는 사실 지금 풍납토성이나 몽촌토성이나 발굴 자체가 거의 전체적으로 이루어진 게 아니기 때문에 현재까지 발굴된 증거만을 놓고 말씀을 드려 보면, 일단 풍납토성 같은 경우는 중앙을 기준으로 해서 약간 북쪽에 중요한 시설들이 밀집되어 있었던 것

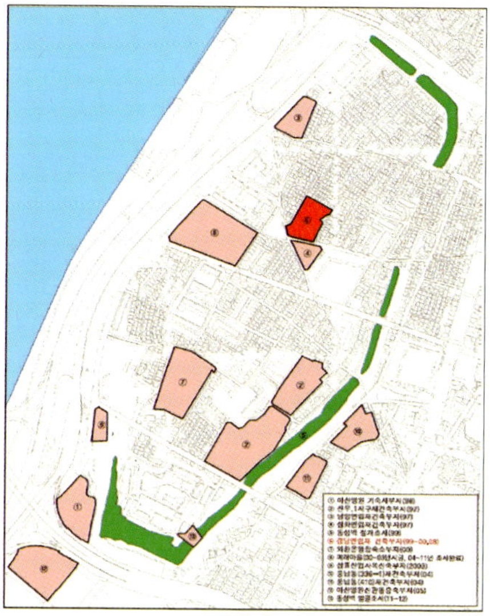

〈그림 12〉 풍납토성 발굴조사 현황과 경당지구

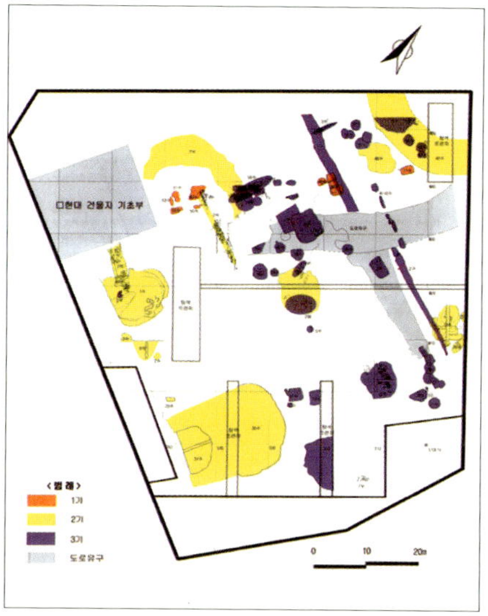

〈그림 13〉 풍납토성 미래마을지구 도로유구

같습니다. 발굴 결과도 가장 중간에 해당하는, 중앙의 북편에 해당하는 소위 경당지구〈그림 12〉라고 하는 곳에서 신전 성격의 건물, 그리고 그 앞에 어정이라는 게 발굴됐고, 그 서편으로 경당지구에 가까운 쪽에서 아까 사진에서 보여 드렸던 적심건물지, 기와건물지들이 나오고 있습니다. 그래서 풍납토성의 중앙 북편 쪽에 약간 지대가 높은 쪽으로는 궁궐 내지는 관청, 종교시설 뭐 신전 건물로 본다면. 그런 것들이 집중적으로 들어 있었을 것 같고요. 97년에 발굴했던 현대리버빌 부지 같은 경우에는 그러한 시설은 나온 적이 없고 아주 커다란 수혈 주거지만 집중적으로 발굴이 됐습니다. 그러한 수혈 주거지들은 일반 주거지라고 하기에는 굉장히 규모가 컸기 때문에, 대략 길이가 10m, 너비가 보통 7~8m 정도 되는

70~80㎡ 정도의 대형 수혈 주거지입니다. 이런 것들은 풍납토성을 제외하면 다른 유적에서는 거의 취락의 가장 위계가 높은 사람들이 거주하는 그 정도 규모의 주거지였기 때문에, 풍납토성으로 본다면 성벽 안쪽, 즉 중앙에서 멀어지는 쪽에는 그런 대형의 수혈 주거지들이 밀집되어 있고, 그런 것들은 역시 궁궐 안에 거주했던 고급 관료들의 주거지가 아니었을까〈그림 14〉. 이런 것들이 외곽을 따라서 조성되어 있을 것이라고 생각을 하고. 일부 시굴조사 결과에서는 지금 영어마을 부지 같은 데서는 또 100m 가까운 범위에서 연못 퇴적층 같은 것들이 확인돼서, 그런 것들은 소위 『삼국사기』 기록에 나오는 궁남지 같은 그런 흔적들도 찾을 수 있다. 그래서 이러한 증거들이 나름대로 풍납토성 단계에서도 구획을 달리하면서 조성이 되었고, 그리고 내부에서는 사진에서 보여 드렸던 남북과 동서로 교차하는 도로들도 있습니다〈그림 13〉. 그래서 도로가 100m를 넘는, 성벽의 안쪽에 순환도로 성격의 도로도 나오고 중앙으로 직교하는 도로도 나오고 이런 것들이 도시 구조의 커다란 흔적들이라고 생각을 하고 있습니다.

반면에 몽촌토성 같은 경우는 입지 자체가 풍납토성과는 전혀 다릅니다. 남한산의 구릉지를 이용해서 만든 곳이기 때문에, 내부에 평탄한 면이 거의 없습니다. 면적으로 따졌을 때는 6만m^2 정도가 된다고 보고서에는 되어 있는데, 풍납토성의 4분의 1정도 면적이죠. 성벽의 둘레는 3분의 2정도 됩니다. 그런데 실제로 사용 가능한 면적은 평지가 굉장히 작아서 아마 평상시의 일상적인 궁궐보다는 산자락을 이용한 방어적인 측면이 더 강했을 것이라는 생각

〈그림 14〉 풍납토성 내부 도성 추정 구획도(신희권, 2007)

에서 저는 별궁적인 성격이었고, 그 별궁의 성격은 임시적인 피난성, 방어성 이러한 용도였을 것이라고 얘기를 했는데요. 서남지대에서 나온 기단건물이나 적심건물, 그리고 성토대지, 대지를 조성해서 만든 그러한 건물지들은 그럼에도 불구하고 몽촌토성 안에 상당한 위계의 건물이 들어섰었다는 것을 보여 주는 증거가 될 거고, 또 최근에 발굴되고 있는 북문지 주변에, 지금 발굴하고 있는 곳이죠. 여기에서 백제시대 도로가 4~5기 정도가 발굴되고 있는데, 가장 큰 도로 같은 경우는 너비가 18m 정도 되는 범위가 있습니다. 가운데에 구를 두고 양옆으로 조성된, 아마 양방향 교행하도록 그렇게 한 것인지는 모르겠지만 그러한 넓은 도로가 일반적인 마을이나 궁성이 아닌 곳에 존재하기는 쉽지 않았을 것이다. 아직 몽촌토성 발굴 자체가 워낙 부분적으로 이루어졌기 때문에 내부의 시설을 구분한다는 것은 굉장히 어렵지만, 이전에도 이미 몽촌토성은 내부의 도로망을 통해서 상당한 교통로적인 부분들은 강조된 바가 있습니다. 그리고 이번에 발굴된 도로도 문을 따라 돌아가는 순환도로가 있고, 궁 내부로 들어가는, 문 방향에서 그대로 직진해서 들어가는 방향의 도로가 있는 것으로 봐서는 역시 몽촌토성도 나름대로의 구획 작업이 이루어졌을 것이라는 생각을 하고 있습니다. 그래서 이러한 것들은 궁성 내지는 궁성의 구조를 보여 주는 결정적 증거라는 생각을 하고 있고요.
제가 발표 말미에서 그러면 한성이라는 곳의 범위를 어떻게 설정할 수 있겠는가라고 했을 때 제 나름대로는 지금 보시는 지도에 한강과 서남쪽에 보이는 3번 삼성동토성 안쪽 것이 현재 탄천입니다. 그리고 탄천 동편으로 5, 6, 7이 소위 말하는 석촌동, 가락동, 방이동 고분이 있는 곳이고 1, 2번이 풍납토성과 몽촌토성이죠. 그 북쪽으로의 평지 같은 경우는 궁 바깥에 일반인들이 거주했던 거주지라고 볼 수 있습니다. 면적을 작게 본다면 아까 여호규 선생님 말씀하셨던 숭산 북쪽이 이 안쪽에 있는, 항공사진이 더 좋을 것 같습니다. 저기에서 숭산지북으로 되어 있는 그 지점하고, 다시 좀

전 사진을 보여 주시면 역시 남한산 자락이 자연적으로 연결되는 것 같은, 그 안쪽의 범위가 하나 설정이 가능한 상황이고요. 그 바깥으로 가면 오른쪽 귀퉁이에 미사리 조정경기장이 있습니다. 그 일대가 하남시인데요. 9번 이성산성 너머의 골짜기들이 소위 말하는 광주 고골, 춘궁동이라고 했던 그러한 일대입니다. 풍납토성을 위례성이라고 보기 전에 위례성터라고 불렀던 그러한 곳이고, 이성산성도 역시 한산으로 비정했던 그러한 곳들인데, 이성산성을 중심으로도 현재의 하남시 일대까지도 백제시대의 중요한 인식이 있었지 않았을까. 그래서 만약에 조금 더 넓혀본다면 그 오른쪽 자락 끝, 미사리 끝자락으로 연결되는 그 일대가 검단산 끝자락으로 해서 넓게 보면 저렇게까지 볼 수가 있고, 오늘 제가 구체적인 증거, 고고학적 증거가 나오지 않아서 말씀드리지는 못했지만 저희가 도성을 설명할 때 반드시 필요한 시설이 사실은 종교시설 사원입니다. 백제에는 침류왕 때 이미 불교를 도입한 것으로 얘기가 되어 있고, 그리고 그때 한산에 불사하였다는 기록이 있습니다. 분명히 한산 아래 어느 쪽에 사찰을 만들었을 가능성이 있는데, 저는 개인적으로 하남시 춘궁리의 동사지〈그림 15 · 16〉라든가 천왕사지〈그림 17 · 18〉 이 일대가 왜 통일신라, 고려시대의 사찰들이 계속 들어서는가. 저는 그게 아마 백제 때부터 그 지점은 사찰이 있었을 가능성이 상당히 높았다고 개인적으로 생각하고 있습니다.
그래서 만약 그런 부분들을 포괄한다면 검단산을 숭산으로 보는 개념에서 현재 하남시까지도 포괄하는 넓은 범위가 도성으로 볼 수 있지 않을까. 물론 사찰이 도성 바깥으로 들어갈 수도 있겠지

〈그림 15〉 하남 춘궁동 동사지 3층 · 5층석탑

〈그림 16〉 하남 춘궁동 동사지 팔각대좌

〈그림 17〉 하남 천왕사지 심초석

〈그림 18〉 하남 천왕사지 출토 천왕(天王) 명문와

만, 4번 문제와 연결해서 설명을 해 본다면 지금 한성기까지는 저는 소위 말하는 국가적 중요 시설, 궁성, 왕릉, 민간거주구역, 종교시설까지도 다 도성 안쪽에 만들지 않았을까 생각을 합니다. 그래서 고분의 분포 범위도 물론 석촌동이 제일 서쪽 끝이고 방이동이 북쪽으로 올라가는 끝 지점입니다만, 그 중간에도 무수히 많은 고분들이 있었겠죠. 그래서 석촌동 고분군에 3호분을 중심으로 한 이 일대 적석총의 연대들이 지금 정확하게 나온 것은 아니지만, 3호분이나 4호분의 연대를 4세기대로 지금 편년을 하고 계실텐데,

4세기대 고분들이 그쪽에 있고, 방이동 고분이 예를 들어 4세기 말 이후에 조성되어서 신라시대까지 계속 점유된 고분이라면 5~6세기 이후의 고분이겠죠. 그러면 보다 이른 시기 고분 같은 경우, 이남석 선생님도 말씀하셨지만 마한계의 봉토·봉석묘든 뭐든 중간에 있는 이런 고분들이 사실은 더 먼저 조성됐을 가능성들은 있지만, 어쨌든 석촌동이든 방이동이든 그 당시에는 왕릉이라는 무덤시설 자체가 도성 바깥으로 간 것이 아니라 도성 내에 조성이 되었다는 생각을 가지고 있고요. 사비 단계에 가면 역시 능산리 고분이라고 하는 게 바로 나성 바깥에 조성이 되는 거죠. 그래서 나성이라는 개념이 명확하게 인식이 돼서 축조가 된 이후라면 도성 바깥에 왕릉군이 따로 조성될 수도 있는데, 그 직전 단계까지는 도성 안에 무덤도 다 들어섰고, 예를 들어 한성이 함락되지 않고 계속 갔다 그러면 어떻게 될지는 모르겠습니다. 그때는 부득이하게 도성 바깥으로 무덤이 더 확장될 수는 있겠죠. 경주 같은 경우도 아마 대릉원 쪽하고 그다음에 서악동 쪽, 나중에 용강동이나 황성동이 저 북쪽으로 벗어나는 것을 보면 나중에는 무덤 쓸 땅이 부족하면 더 확장될 가능성은 있지만, 이 단계에서는 일단 도성 안쪽에 들어온 것이라고 생각을 하고 있습니다. 이상 답변이 됐는지 모르겠습니다.

좌장 노태돈 : 예. 양 선생님, 더 추가로 말씀하실 것 있습니까?

양정석 : 이따가 하겠습니다.

좌장 노태돈 : 고맙습니다. 장시간 약정 토론 시간을 보내면서 여러 선생님들 많이 피곤하실 줄 알고 있습니다. 한 10분만 쉬고 종합 토론 2부를 시작하도록 하겠습니다. 수고들 하셨습니다.

Ⅱ. 백제 개로왕대를 바라보는 시각

좌장 노태돈 : 그러면 이어서 종합토론 2부를 시작하도록 하겠습니다.

여러분들 많이 피곤하시죠? 엉덩이가 아프고 온 몸이 쑤실 것으로 생각됩니다. 참는 김에 조금만 더 참읍시다.

2부는 지금 우리에게 주어진 시간이 100분 정도 있습니다. 100분 정도 있으니까 이 100분을 발표자 다섯 분에게 발표하신 주제별로 한 주제당 20분씩 배당을 하겠습니다. 그래서 20분씩 발표자께서 말씀하신 내용을 두고 다각도로 질의응답을 하도록 하겠습니다. 하나 부탁드릴 말씀은 되도록이면 질문하실 내용들을 압축해서 초점만 간략하게 질문해 주시고, 응답도 또한 간략하게 해 주시면 감사하겠습니다. 일단은 단상에 있는 여러 선생님들이 질의를 먼저 하시고, 청중 여러분들께서도 나중에 한 주제별로 끝부분에서 질문을 할 수 있도록 진행하겠습니다.

제일 먼저 오늘 기조연설을 하신 양기석 선생님의 말씀을 놓고 여러 가지로 질의응답을 해 주셨으면 좋겠습니다. 양기석 선생님께서 말씀하신 내용 중에서는 특히 개로왕대를 어떻게 볼 것이냐 하는 근본적인 개로왕대를 바라보는 시각 자체를 두고 기존에 개로왕을 부정적으로 보는 시각을 지양하고 조금 더 긍정적으로 봐서 나라를 패망시킨 혼군, 무능한 인군으로 평가하는 것은 다분히 유교적 도덕사관에 입각해서 한성이 함락되는 책임을 개로왕에게 돌려서 도덕적 교훈을 얻겠다 하는 그런 목표랄까요, 그런 의식에 입각해서 제시된 이해 방향이고, 그런 데서 벗어나서 조금 더 객관적으로 개로왕대를 바라봤을 때 어떻게 이해해야 할 것이냐 하는 문제점을 던지면서 개로왕을 개혁적 군주, 즉 대국 백제를 꿈꾸는 혁신적이고 진취적인 군주로 바라봐야겠다는 말씀을 하셨습니다. 과연 이러한 시각이 타당할 것이냐에 대해서 여러 가지로 말씀을 나눠 주셨으면 좋겠습니다.

1. 개로왕에 대한 평가

노중국 : 어쨌든 토론 시작을 해야 하니까 제가 먼저 질문하도록 하겠습니다. 계명대학교 명예교수로 있는 노중국입니다. 저 개인적으로 양 선생님을 놀려서 양개로라고도 했는데요. 방금 사회자 선생님이 정리한 그런 평가에 대해서는 할 수는 있겠다 하면서도 자칫 하면

이게 근래 와서 의자왕 복권운동 시키는 것과도 같은 그런 느낌이 좀 들어요. 내 의도는 그게 아니었는데 어쩔 수 없이 이래 됐다 하는 것, 이것은 좀 무책임하다는 생각이 듭니다. 저는 어쨌든 의자왕은 망국의 군주이고 사실 개로왕도 거의 망하다시피, 일본서기의 평은 거의 망하다 이런 식으로 나오는데 그런 결과를 끌어낸 것 자체는 누구의 탓도 돌려서는 안 된다는 거죠. 그 당시 최고의 책임자인 개로왕 자신한테 돌려야 하지 않느냐 이런 쪽으로 정리하는 게 저 개인적으로는 큰 무리는 없다, 이렇게 보고 싶고요. 그 동안에 거기에 행해져 왔던 일련의 토목공사들. 사실은 본인이 그런 의도가 있었는데 도림이 부추겨서 했던, 본인의 의도가 전혀 없었는데 도림이 부추겨서 했든지 간에 어쨌든 공사 시작이 언제 됐는지 모르지만 지금 봐서는 크게 오랜 시간은 아닐 것 같아요. 짧은 기간 안에 대규모 토목공사를 일으켜서 국고를 당진하고 민력을 피폐시킨 이 자체도 원대한 꿈을 과연 이루기 위해서 그랬느냐 하는 것하고는 좀 다르게 정리를 해 볼 수 있겠다는 생각입니다. 저는 원대한 꿈보다는 그것과 조금 다른 형태의 결과를 가져올 수 있는 것이다, 이렇게 생각을 하고 있고요.

그다음에 하나 발표문에서 질문하고 싶은 것 중에 질문해도 되겠습니까? 이것은 김영심 선생님하고 두 분 똑같이 드릴 텐데요. 두 분의 생각이 다른 것도 있습니다만 공통적인 게 무령왕의 아버지는 곤지다. 그다음에 담로라고 하는 지방통치조직은 개로왕대에 만들어졌다. 이게 두 분의 생각이 같은데, 무령왕의 아버지가 곤지가 맞다면 소위 웅략기에 나오는 개로왕의, 그게 좀 믿기는 어렵습니다만 자기 임신한 부인을 주었다 하는 이런 얘기가 왜 나오게 됐느냐. 저 개인적으로는 이게 일본서기의 편찬자가 했듯이 둘은 이모형제異母兄弟, 어머니가 다른 형제다. 일본서기 편찬자의 얘기입니다. 그런데 누구 아들이고 누구 아들이고 잘 모르겠다 이런 평가가 나오는데, 무령왕은 저는 혈통상으로는 개로왕의 아들이고 그러나 동성왕하고는 이모형제異母兄弟, 어머니가 다른 형제 이런 쪽으로 보는 입장인데, 그 점을 한 번 더 확인을 하고 싶고요.

그다음에 담로 문제는 지방통치조직의 문제인데, 지방통치조직이라고 하는 것은 결국은 중앙집권체제를 뒷받침해 주는 아주 중요한 하나의 징표가 되는 겁니다. 그리고 중앙집권체제가 갖추어졌다고 했을 때는 민을 동원할 수 있는 힘, 노동력 동원의 힘이 상당히 크게 되는데 담로제라고 하는 것이 개로왕대 와서, 이것도 하면 471년인가 이렇게 돼요. 471년에, 이것도 시분입니다. 비로소 정국을 나눠서 향토에 소출을 일으켰다. 471년에 와서야 비로소 담로제가 만들어졌느냐? 이렇게 과연 볼 수 있느냐? 그것은 그 이전에, 예를 들어서 오늘 많이 나왔어요. 풍납토성, 저 거대한 토성을 만들 수 있는 힘. 그다음에 근초고왕이 3만의 정병을 거느리고 고구려를 공격했던 그 힘, 그 노동력 동원의 힘 이런 것은 어떻게 설명을 해야 할 거냐. 어느 면에서는 471년 하고 신라의 지증왕이 주군현제 만드는 것하고는 사실 불과 몇 년 차이가 안 나요. 다른 것은 상당히 시차가 나는데 왜 이렇게 담로제만은 뒤로 미루어봐야 하느냐. 그 점은 아마 인덕기, 일본서기 기년 문제가 되는데, 우리가 흔히 하는 대로 신공기에서부터 인덕 이쪽까지는 120년 인하를 해봐야 한다고 하는데, 백제와 관련된 모든 기사를 다 120년 인하해 버리면 4세기 중엽, 5세기 전반까지의 일본서기에서 백제와 관련된 일을 얘기할 수 있는 것은 사실은 하나도 없게 되는 공백 상태가 된다, 이것은 어떻게 정리를 해야 할 것인가 이런 것과 관계해서 말씀을 해 주면 좋겠습니다.

양기석 : 첫 번째는 개로왕에 대한 평가 문제인데, 사실 개로왕 입장에서는 아무리 공을 내세워도 결국 한 순간에 무너졌기 때문에 패군지장敗軍之將이 불가이언용不可以言勇이죠. 죽어 마땅하고 그야말로 대역죄인이 되는 것은 당연한 겁니다. 다만 제가 말씀을 드린 것은 그 사람을 미화시키거나 국회에 출마시켜서 대선 후보로 옹립하자는 얘기는 절대로 아닙니다. 다만 개로왕 자신이 추진했던 여러 정책이 있는데, 물론 그것도 실제 했는지 안 했는지 자체도 문제가 될 수 있지만 또 많은 분들이 개로왕대로 포커스를 맞춰서 얘기들을 합니다. 그렇다고 봤을 때 그 사람이 정말 권력 남용을 위해서 그것을 했는가 따져 봤을 때, 그 사람이 그런 시책을 펴게 된 진정한 의도가 뭐냐 이런 것을 우리가 면밀히 검토를 해 보면 그런 대로 당면 과제인 왕권을 바로 세우는 것, 그동안 얼마나 백제 왕권이 힘들었습니까. 이것을 실천하려고 노력한 것만큼 우리가 인정을 해 주어야 한다는 겁니다. 예를 들면 백제가 근초고왕대 이후 개로왕대까지 그 과정은 아주 어려웠죠. 침류왕이 단명을 했고, 그 이어서 진사, 아신왕이 오면서 대내적으로 왕위 계승을 둘러싼 권력 투쟁이 계속 벌어졌죠. 그리고 또 밖으로는 광개토왕의 남정이 진

행돼서 아신왕이 굴복할 정도로 타격을 받았고, 내우외환 하면서 거기다가 또 진씨, 해씨 왕비족이 전횡을 일삼고 그야말로 상당히 어려운 시기였습니다. 그런데 이런 것을 개로왕 입장에서는 어떻게 하면 이것을 극복해야 하는가. 그것을 나름대로 실천하려는 의지만큼은 높이 사자, 그런 측면에서 얘기할 수가 있습니다.

그다음에 토목공사 문제인데 그게 도림 이야기로 근거를 두고 얘기를 하다 보니까, 또 최근에는 제가 발표 때도 말씀드렸습니다마는 472년 그 짧은 기간에 한 3년 동안의 일로 얘기를 하는데 사실 제방을 쌓는 것, 삼성동토성에서 구산동이든 아니면 저기 검단산이든 제방 길이가 20몇km 정도 된다는데 그것을 아마 공사를 하려면 3년 동안은 도저히 안 될 겁니다. 그것뿐만 아니라 또 동시에 왕궁도 짓고 왕릉 묘역도 조영하고 갖가지 토목공사가 다 벌인 것을 감안해 보면, 요즘도 그 짧은 기간에 힘들겁니다. 익산에 미륵사지탑도 만들 때 그 큰 사찰 하나 만드는 데도 40여 년간이나 걸리고 그랬는데, 동시다발로 많은 토목공사를 과연 3년 동안 이루어질 수 있었겠느냐. 그래서 저도 전에 학위 논문 쓰고 했을 때도 그것을 분해해서 뭔가 도림 이야기로 포장이 되어서 압축이 된 것이지, 실제 그 내용은 전반부로도 끌어서 해석할 수 있지 않겠는가 하는 얘기를 한 적이 있습니다. 어쨌든 노 선생님 지적대로 아무리 일을 잘하려고 해도 결과가 나쁘면 그것은 꽝입니다. 그것은 맞습니다.

두 번째의 경우를 보면 개로왕이 무령왕의 아버지냐하는 문제는 제가 출생 신고서를 확인 안 해 봐서 잘 모르겠습니다마는 그것은 많은 논란이 있습니다. 무령하고 동성이 곤지 아들이다 하는 것은 다 인지하고는 있는 상태이지만, 다만 『백제신찬』에 있는 탄생설화에 개로왕과 또 관련지은 것은 그것은 어떻게 해석을 해도 작위적인 부분이 많이 있고, 그래서 그것은 흔히들 얘기하는 대로 개로왕대에 단절된 왕계를 곤지계에 연결시키려는 의도 등으로 밖에 우리가 달리 해석할 부분이 없겠습니까? 실제는 친자관계는 아니라고 생각이 됩니다.

그다음에 세 번째, 지방통치제 문제인데, 이것은 아마 인덕기 41년조 하면 473년이죠. 473년이면 개로왕 집권 말기에 해당이 되는데, 이것은 저는 담로제와 연결시켜서 얘기하지는 않았습니다. 우리가 이 기사를 473년으로 고정시켜서 이해를 하느냐, 그것은 사실 일본서기 인덕기 자체에 불안감이 있기 때문에 그대로 받아들이기는 어렵습니다. 다만 개로왕대의 기사로 도미전에 나오는 '편호소민編戶小民'[6]으로 언급만 된 것을 봐도 이런 호등제와 나름대로 연결되는 것을 봐서도 뭔가 지방통치에 대해서 손을 댄 것 같긴 합니다. 만약 이것이 근초고왕대에 됐더라도 개로왕대 와서 보다 더 정비된 것으로 해석해도 무방하겠다는 생각이 듭니다.

다만, 이것과 관련해서 저는 왕·후제라든가 장군제에 나오는 그

6) 도미(都彌)는 백제 사람이다. 비록 호적에 편입(編戶)된 평민이었지만 자못 의리를 알았다. 그의 아내는 아름답고 예뻤으며 또한 절개 있는 행실이 있어 당시 사람들로부터 칭찬을 받았다.[都彌 百濟人也 雖編戶小民 而頗知義理 其妻美麗 亦有節行 爲時人所稱] 〈『삼국사기』 권48 열전8 도미(都彌)〉

런 것과 결부시키는 것에 대해서는 반대입니다. 아직까지는 거기에까지 깊은 생각이 못 미치고 있습니다. 왕 · 후제가 그것과 어떤 관련되어 있느냐의 문제입니다. 왕 · 후제라는 것을, 이야기해도 되겠습니까? 왕 · 후제라는 것은 우선 첫 번째 조건이 개로왕이 아무나 장군, 왕 · 후로 임명하는 것이 아니고 특별한 공로가 있는 경우에 그 공훈자에게 어떤 작위를, 작호든 관작이든 주었을 때 성립이 된다는 것. 그러니까 보통 때 이루어지는 것이 아니라 특수한 공로가 있을 때만 준다는 점. 두 번째, 이 사람들을 논공행상해서 줄 때는 임명 절차가 독특하다는 점. 그게 바로 백제에서 중국의 그런 제도를 백제식으로 잘 활용해서 꼭 중국 왕조로부터 공식적으로 승인을 받아야 하는 이 두 가지 조건을 우리가 먼저 생각을 해야 합니다. 그렇다면 김영심 선생님이 말씀하신 대로 이미 16관등제가 이때 이루어진 것으로 하였습니다. 그러면 이 제도가 만약에 개로왕대부터 또 하나의 제도로 작동이 됐다면 이렇게 중요한 사실이 동성왕대까지 쭉 계속되는데, 삼국사기에는 왜 안 나오느냐 하는 얘기죠. 이런 것을 놓고 보면 작호는 특별한 경우에만 줬기 때문에 결국 그런 일이 없을 때는 발생하지 않는 것으로 볼 수 있습니다. 그러면 이 제도의 연원은 언제인가를 살펴볼 수 있겠는가? 바로 전지腆支가 9년 동안 왜에 질자로 가 있다가 왕이 되기 위해서 돌아올 때 동생들하고 왕위 계승 전쟁이 벌어지죠. 그때 한성인漢城人 해충解忠이라는 사람을 중심으로 한 전지 지지파들의 공로에 의해서 왕위에 오르게 됩니다. 특히 한성인 해충에게 그 옹립의 공로로 전지왕이 어떤 혜택을 줬느냐? '달솔'이라는 관등을 줬습니다. 백제 16관등의 두 번째인 달솔이라는 높은 관등을 줬고, 두 번째는 그것 가지고도 안 되니까 바로 한성 조租 얼마를 주었습니다. 이는 한성에서 받아들인 세곡미 중에 일정 액수를 공로로 가상해서 준 겁니다. 이런 제도들이 백제 초기부터 쭉 있어 왔어요. 이런 것들이 개로왕대에 와서는 뭔가 조금 더 명예롭고 권위 있게 만들어 주기 위해서 바로 중국식의 이런 제도를 활용한 게 아닌가 생각됩니다. 후에 동성왕이 한 단계 진전을 시켜 더 발전시킨 것입니다. 그래서 제가 아까 말씀드린 대로 개로왕대는 지명을 표기한 방식이 시작되다가 조금 후대인 동성왕대에 실질적인 것으로 나오게 됩니다. 이때는 운용의 묘를 더해서 불사후弗斯侯 등 여러 지명들이 등장하게 된 것입니다. 작호에 나타난 여러 지명들은 해당 지역의 지방관이나 담로주가 아니고 그 지역에 일정한 수조권을, 식읍도 아니고 수조권을 주는 그런 형태로 이해할 수 있다는 그런 생각을 했습니다. 다만 그것을 제가 84년도에 처음 글을 쓸 때에는 생각이 미치지 못해서 그런 특수성만 언급해서 이것은 중국 관계에서만 나타나는 현상이고 또 이것은 실질성보다는 당시의 위진남북조 시대에 허봉虛封이 많았거든요. 지명에 관冠해서 작위를 주지만 실질성이 보이지 않는 일이 많았거든요. 중국의 이런 예를 들어서 의례적이라는 말을 했었습니다. 그 뒤로 쭉 생각을 해 보니까 생각이 달라졌습니다. 그러면 그 시기의 지방제도는 뭐냐? 흔히들 얘기하는 담로도 좋고 어떤 시스템이 있었을 것 같아요. 그것을 작호와는 별개로 보면 어떻겠는가 하는 생각입니다.

노중국 : 우리 쟁점백제사 이 토론이 서로 봐주기 없기거든요. 하나 하면 담로 문제를 얘기했을 때 선생님 글 중에서 '개편'이라는 표현 같은 건 있어요. 저는 그것은 가능하다고 봅니다. 개편이라는 것은 뭔가 있기 때문에 이때 와서 다시 그것을 재조정했다 이렇게 되는데, 인덕기 41년조인가 그것을 인용해서 얘기한다면[7] 그때는 '시분始分' 입니다. 처음으로 나누었다. 이것은 개편과 달라요. 그래서 개편을 얘기하면 그냥 개편을 얘기하면 될 거고요. 그다음에 인덕기 41년조를 이쪽으로 473년에 연결시켜서 한다면 '시분始分'이면 이때처럼 처음 만든 것이 되기 때문에 논리 전개가 달라질 수 있다는 것 하나만 말씀드리고요.

그다음에 두 번째로 왕 · 후가 이왕 이야기 나왔으니까 하는데, 지금 선생님 얘기로 봤을 때는 개로왕대에 좌현왕, 우현왕 나오고 장군이 나옴으로써, 그게 개로왕 4년인가 그렇죠?[8] 그게 처음으로 실

7) 41년 봄 3월 기각숙네(紀角宿禰)를 백제에 보내어 처음으로 나라의 강역을 나누고 그 땅에서 나는 산물을 모두 기록하였다.[卌一年春三月 遣紀角宿禰於百濟 始分國郡壃場 具錄鄕土所出]〈『일본서기』 권11 인덕(仁德) 41년(353+120)〉

8) 대명(大明) 2년(458, 백제 개로왕 4년), 여경(餘慶, 개로왕)이 사신을 보내어 표문을 올려 말하기를, "신의 나라는 대대로 특별한 은혜를 입고 문무의 훌륭한 신하들이 대대로 조정의 관작을 받았습니다(世蒙朝爵). 행관군장군(行冠軍將軍) 우현왕(右賢王) 여기(餘紀) 등 11명은 충성스럽고 부지런하여 높은 지위에 나아감이 마땅하오니 엎드려 바라옵건대 가엾게 여기시어 모두 관직을 내려 주십시오." 라고 하였다. 이에 행관군장군(行冠軍將軍) 우현왕(右賢王) 여기(餘紀)를 관군장군(冠軍將軍)으로 삼고, 행정로장군(行征虜將軍) 좌현왕(左賢王) 여곤(餘昆)과 행정로장군(行征虜將軍) 여휘(餘暈)를 모두 정로장군(征虜將軍)으로, 행보국장군(行輔國將軍) 여도(餘都)와 여예(餘乂)를 모두 보국장군(輔國將軍)으로, 행용양장군(行龍驤將軍) 목금(沐衿)과 여작(餘爵)을 모두 용양장군(龍驤將軍)으로, 행영삭장군(行寧朔將軍) 여류(餘流)와 미귀(麋貴)를 모두 영삭장군(寧朔將軍)으로, 행건무장군(行建武將軍) 우서(于西)와 여루(餘婁)를 모두 건

시된 것, 그런 뉘앙스로 방금 들렸는데요. 과연 그게 왕·후제의 상한선이냐, 시작선이냐 아니면 하한선이냐 이것은 좀 고민해 볼 필요가 있다 하는데, 저 개인적으로는 하한선으로 보는 게, 개로왕 그게 송나라에 상표 보낼 때 세몽조작世蒙朝爵이 나오잖아요. 대대로 조정의 작호를 받았다. 이것은 개로왕 4년 이전이라는 얘기거든요. 그런 것과 연계시키면 개로왕 4년조의 그것을 상한선으로 꼭 봐야 할 거냐. 하한선으로 볼 가능성도 열어둬야 하지 않느냐 하는 얘기를 하고 싶습니다.

양기석 : 첫 번째, 인덕기 41년조 기사는 제가 일본서기 사료 비판이 부족하기 때문에 김영심 선생님이 답변을 해 주시면 좋겠습니다. 처음에 개로왕으로 연결하신 분의 원조입니다. 김 선생님이 원조시니까 말씀해 주시고.

두 번째, 왕·후제, 장군호 이 스타일은 개로왕이 첫 번째 실시한 것은 아닙니다. 제가 84년도에 이에 관한 글을 쓸 때도 제가 근초고왕대부터라고 아마 얘기를 했을 겁니다. 왜냐면 장군제가 처음으로 백제에 도입된 것은 372년 동진으로부터 '진동장군鎭東將軍 영낙랑태수領樂浪太守' 그게 첫 번째이거든요. 그러니까 그때부터 백제가 '중국 사람들이 이런 것을 어떻게 운영하고 있구나'를 알았던 것이고, 제가 아까 보여드린 도표에 의하면 비유왕대에 풍야

무장군(建武將軍)으로 삼았다. 〈『송서(宋書)』 이만열전(夷蠻列傳) 백제(百濟)〉

부 태수가 나오는데, 이를 왕 · 후호하고 태수를 분리해서 이해하면 안 됩니다. 왕 · 후 · 태수제하고 따라가거든요. 그런 태수제 임명이 이미 그 전대 비유왕대에 있었거든요. 그런 것들이 잠정적으로 있다가 이것을 본격적으로 채용해서 시행한 것은 개로왕대라는 말씀이지요, 그때 장군호가 처음 된 것은 아니라고 말씀드리고 싶고, 그것을 더 발전시킨 것이 동성왕대입니다. 그렇게 단계별로 나눠서 이해를 하면 어떨까 합니다. 그다음 첫 번째 답변은 김영심 선생님이 해 주시면 좋겠습니다.

김영심 : 아까 이 질문 나오기 전에 노중국 선생님께서 무령왕을 곤지의 아들로 보는 것에 대해서 말씀을 하셨잖아요. 무령왕을 개로왕의 아들로 보는 설이 어느 분의 견해인가를 보니까 문경현 선생님, 그리고 문경현 선생님의 견해를 이어서 주보돈 선생님께서 이야기를 하셨더라고요. 그런데 문경현 선생님은 개로왕이 임신한 부인을 아우인 군군軍君한테 준 것, 이것을 부여계에서 보이는 형사처수兄死妻嫂와 같은 것으로 이해를 하셨더라고요. 부여계에서 많이 보이는 형사처수는 사실 형이 죽었을 때 동생이 형의 아내를 취하는 거잖아요. 그런데 이 경우는 엄연히 형이 살아 있는 상태에서 어찌 보면 형과 아우가 처를 공유하는 형제공처 설화인데, 형사처수가 부여계에서 많이 유행했던 거니까 이것도 성립할 수 있는 일이라고 보면서 무령왕을 개로왕의 아들로 보는 것, 그것은 좀 아니라는 생각이 들었습니다. 노중국 선생님께서는 어떻게 판단을 하셨는지는 모르겠지만, 웅진 시기와 한성 시기의 연결성 차원에서, 그리고

무령왕 즉위의 정당성을 확보하기 위해서 개로왕의 아들처럼 『삼국사기』에는 기록되었다는 생각이 들었고요. 그리고 『백제신찬』의 사료적 가치도 그동안 이야기가 많이 되어 왔던 것 같아서 이 점도 감안해서 곤지의 아들로 상정한 것입니다.

그다음에 제가 여기에서 각주로만 간단히 이야기 했습니다만, 107페이지에 "군군이 서울에 들어왔다." 이러고서 "이미 다섯 아들을 두고 있었다.", 즉 "기이유오자既而有五子"라는 기록이 보입니다.[9] 그런데 "기既"자에 워낙 "이미 기既"자의 이미지가 강해서 군군이 왜에 들어갈 때 이미 다섯 아들을 두었다고 해석될 수도 있습니다. 그런데 찾아보니까 '이윽고 기'자가 있더라고요. 그래서 기록에 나오는 글자 하나 하나에 대해서 꼼꼼히 살피고, 기록에 부합하는 정확한 해석을 하는 것도 중요하지만, 지나치게 경직된 해석을 하거나 한자의 의미 하나에 구애받는 것은 지양해야 하지 않을까 하는 생각이 들었습니다.

노중국 : "이윽고" 하는 그것은 이미 저도 한 번 그 전에 얘기를 했는데요.

김수태 : 양 선생님께 한 가지만 여쭤봐도 되겠습니까?

좌장 노태돈 : 예.

9) 軍君이 서울에 들어왔다. 이미 다섯 아들을 두었다[軍君入京 旣而有五子]. 〈『일본서기』 권14 웅략 5년 추7월〉

김수태 : 노 선생님께서 말씀하셨다시피 개로왕에 대한 역사적 평가, 유교적인 평가에서 벗어나자 이런다면 개로왕에 대해서 지나친 교만과 자만이 화를 자초하다 이래 버리면 그것은 다시 유교적인 것으로 돌아가는 것이 아닌가 싶은 생각이 들거든요.

그리고 오늘 여러 가지 이야기가 있었지만 백제 개로왕대를 역사적으로 평가한다고 할 때, 지금 정치, 외교를 이야기했지만 사회적인 동향 같은 경우도 무시할 수 없다는 생각이 들거든요. 지금 호적 이야기하고 지방통치제도 이야기하고 백제 사람이 고구려로 망명해가고 등등 한다면 이제는, 지금까지의 고대사의 연구 성과, 다른 부분의 연구 성과를 한다면 개로왕대의 권력 강화라는 것이 체제 강화도 함께 이루고 내적 통합도 하지만 통합이라는 자체가 또 분열을 내포하고 있는 것이기 때문에 사회적인 동향, 민의 동향 부분도 일정하게 서술에 들어가야 하지 않나 싶은 생각이 들거든요. 지금 대부분의 설명이 다 중앙에 있는 정치 세력을 놓고 설명하는데, 지방과 관계되는 지방 세력과 중앙 세력의 유기적인 통합이라든지 그런 부분은 충분히 상정해야 고구려라는 엄청난 세력을 상대하고 국제 관계 속에서 하는데, 그냥 중앙에 있는 정치 세력끼리 왕 하고 왕족이라든지 귀족들이 외교 이렇게 하자 등등 이렇게 해서 될 문제는 아니지 않나 싶은 생각이 듭니다. 그래서 개로왕을 역사적 평가를 하고 대국 백제를 지향했다고 한다면, 한 개인의 성품에 맞추는 그것보다는 통합과 분열의 문제가 5세기 중, 아까 선생님 잘 이야기하셨다시피 개로왕이 자기가 처한 시대적인 인식이라든지 당대에 대한 인식도 있었을 것이고 역사적인 백제사에 대한 흐름에 대한 인식도 있었을 거라는 말이죠. 그런 부분을 조금은 상정해서, 어느 정도까지 할 수 있는지는 모르지만 이제는 좀 서술한 상태에서 평가를 해 줘야 긍정적인 것, 부정적인 것 넘어서 파악할 수 있는 것이 아닌가 그런 생각을 저 개인적으로 합니다.

그리고 저한테 노중국 선생님께서 질문을 하시겠지만, 지금 인덕기 기사를 갖다 놓고 선생님께서는 계속 시작, 그것은 처음이다 이렇게 말씀하신단 말이죠. "시분국군강역始分國郡壃埸"은 처음이다 이러셔놓고 개로왕대 대외관계, 상표문에 가서는 그 "시始"자는 처음이 아니고 이미 있는 것을 다시 한 번 더 하는 "비로소 시始"다 그렇게, 아까 "기旣"자 갖다 놓고도 이옥고, 이미 기 이렇게 하듯이 그 부분도 선생님께서 입장을 분명히 해 주셨으면 좋겠다는 생각입니다.

노중국 : 인덕기에 보이는 "시始"자나 개로왕 상표문에 보이는 "시始"자는 저는 말 그대로 똑같이 처음이라는 얘기로 보는데요. 개로왕 상표문에 보이는 시견사, 그 왕 여경이 개로왕이죠. 처음으로 사신을 보내서 상표왈 할 때의 '시'는 개로왕대에 와서 처음으로 보냈다는 얘기입니다. '시'자를 일단 그렇게 해석한다 하는 것만 얘기를 하겠습니다.

김수태 : 그러면 이것도 개로왕대에 처음으로… 그렇게 해석할 수 있다.

노중국 : 그렇게 했을 때 다만 이게 473년에 처음으로 지방통치조직을 만들었다고 하면 그 이전의 상황들을 어떻게 설명할 거냐. 우리가 지방통치조직이 집권화를 뒷받침해 주는 중요한 지표라고 했을 때 개로왕대에 와서야 비로소 집권화가 되었다, 이런 설명이 된다는 거죠. 그 이전 것은 그러면 어떻게 설명할 거냐 하는 문제가 생기기 때문에 질문한 겁니다.

좌장 노태돈 : 그럴 경우에는 인덕기 기사 자체가 불확실하고, 또 기년도 우리가 믿을 수 없는 상황이고 할 때는 그 문제를 굳이 거론할 필요가 없지요. 다른 사항 가지고 이런 시기에 그런 조치들을 취했을 것이다 하면 되지, 굳이 불확실한 인덕기에 매달릴 필요는 없지 않을까 하는 생각이 드네요. 말이 옆으로 빗나갔습니다.

그다음에 왕 · 후제 문제에 들어가기 전에 먼저 양기석 선생님한테 개로왕대의 정치 상황을 말씀하실 때 개로왕이 전체적으로 매우 활기차고 역동적으로 상황을 대처해 나갔고, 또 대고구려 포위망을 구축하려는 시도를 가미하면서 그 일환으로서 북위에 사신을 파견해 국서를 보냈다는 식으로 풀어나가셨는데요. 사실은 북위에 보내는 개로왕의 국서는 우리가 냉정하게 읽어봤을 때 다가오는 위기 상황을 돌파하기 위한 그런 심정, 절박한 심정을 담은 내용이라고 보는 것이 옳습니다. 무엇을 어떻게 능동적으로 대처하려 하였다기보다는, 오히려 어려운 상황에서 적극적으로 이에 대응하려고 한 노력의 표현으로 472년의 백제 국서를 이해함으로서, 개로왕을 감계주의에 입각한 『삼국사기』의 기사처럼 방탕하고 무능한 임금이었다고 보는 일방적인 시각에서 벗어나 객관적으로 그 시대를 이해할 수 있을 것입니다. 고구려의 압박에도 불구하고 이렇게까지 힘들게 노력하며 대응을 했는데도 나라가 망하게 되고 한성이 공략되었던 것은 강약이 부동한 그 시대의 상황에 기인한 것이었으며, 개로왕은 그 시대적 상황을 나름대로 대처하려고 열심히 노력했던 군주였다 하는 쪽으로 이해하는 게 더 옳지 않겠느냐는 거죠.

그다음에 왕 · 후제 문제에 관해서 양 선생님 발표 내용에 대해서 김영심 선생님은 왕 · 후제를 작위적인 것, 의례적인 것이 아니고 실제 운용하였던 실질적인 의미를 지닌 제도가 아닌가 하고 논문에서 개진을 했습니다. 실제 왕 · 후제의 경우에서는 "매라邁羅"〈그림 19〉 같은 지역은 실재하였던 백제의 지명이었고, 또 동일인이 왕 · 후에 피봉됐던 지역을 옮기는 전봉된 사례도 나오고 하니까 왕 · 후제에 대한

〈그림 19〉 매라성(邁羅城)이 기록된 부여 궁남지 출토 목간

이해를 조금 다르게 할 수는 없는가 하는 그런 주장입니다. 발표하신 두 분의 의견이 달리 나오네요. 그 부분에 대해서 더 이야기하실 것 있으면 해 주십시오.

2. 왕 · 후제에 대한 이해

김영심 : 달라지거나 보강하거나 그런 것은 없는데요. 이게 왕 · 후호만 받은 게 아니라 거기에 항상 장군호가 따르잖아요. 『송서』 단계도 그렇고 그 뒤 『남제서』 단계에도 계속 장군호와 왕 · 후호가 함께 나옵니다. 그래서 장군호는 중국의 외교 질서 속에 편입된다는 의미가 중요했고, 여기에 덧붙여 백제 내부에서 위계서열을 표시하는 기능도 가지고 있는 정도라고 한다면, 왕 · 후호는 앞에 지역명이 붙어 있으니까 그 기능이 좀 달랐을 것이다, 이러한 기능의 차이를 구분해서 살펴보아야 한다는 점을 강조했습니다.

좌장 노태돈 : 예. 『남제서』에 표현되었던 왕 · 후의 구체적인 관할 지역에 관한 지명, 이게 실제적으로 어느 정도의 사실성을 지니는가가 매우 중요할 것 같은데, 그런 부분들이 앞으로 조금 더 규명되었으면 좋겠습니다. 이 부분에 대해서는 박현숙 선생님 추가로 하실 말씀 있습니까, 왕 · 후제가 의례적이고 작위적인 것에 그쳤느냐, 대중국 교섭에서만 쓰였던 것이냐, 그렇지 않으면 백제에서 실제적인 의미를 가진 제도였냐는 문제를 가지고 지금 논의를 하고 있거든요.

박현숙 : 저도 생각은 많이 안 했었는데요. 말씀하신 것 중에 노중국 선생님께서 담로제의 시작 문제하고 그다음에 무령왕의 아버지 문제 말씀하셨잖아요. 그래서 그 부분과 관련해서 먼저 잠깐 말씀드리면, 노태돈 선생님이 말씀 드린 것처럼 인덕 41년조 기사는 불완전하기 때문에 거기에 너무 집착하거나 그것을 근거로 하는 것은 더 위험성이 있다고 생각이 들고, 역시 근초고왕대의 군사정벌이라든지 개로왕대의 대토목공사라든지 이런 부분들이 이루어지려면 그 이전에 이미 담로제 또는 지방제도의 역역 동원단이라든지 이런 부분들이 있어야만 가능하다고 생각해서 개로왕대에 담로제가 시작됐다고 보는 것은 좀 늦지 않을까, 이런 생각을 했습니다.

그리고 무령왕의 아버지 문제는 사실은 사료만 봐서는 개로왕인지 곤지인지 굉장히 애매모호합니다. 그리고 어떤 사료를 선택하느냐에 따라서 개로왕으로 볼 수도 있고 곤지로 볼 수도 있는데, 그냥 의문이 드는 것은 다섯째 아들 중에서 분명히 동성왕은 무령왕보다 나이가 어리기 때문에 둘째 동성을 왕위로 일본서기에 했다고 한다는 것은 그러면 첫째 아들은 무령일 가능성이 크다는 거죠. 그러면 만약에 곤지의 아들이었다면 무령을 왕으로 시키는 게 더 타당하지 왜 동성을 왕으로 시켰을까. 그래서 그 부분과 관련해서 역시 개로왕의 아들일 가능성도 무시하기는 어렵지 않나. 오히려 개로왕의 아들일 가능성이 있었기 때문에 바로 왕위에 등극하지 못하고 민간에 있다가 늦은 나이에 곤지의 아들인 동성이 먼저 왕위에 오른 것이 아닌가, 그런 생각을 해 보았습니다.

그리고 왕 · 후제와 관련해서는 저도 별로 공부를 안 했고 어려운 문제인데요. 담로제와 관련시키는 것에 대해서는 저도 조금 회의적입니다. 저도 명예직 뭐 이런 생각을 많이 했었는데요. 오늘 양기석 선생님이 말씀하신 것처럼 그래도 그것을 공표하고 대중 관계 외교문서에서 올리고 나름 서열에 의미를 두고서 했다면 그래도 백제 내에서 일정 정도의 영향력, 그다음에 아까 지역과 관련해서 수조권이라든지 시급이라든지 어떤 의미를 가질 수는 있겠구나, 그런 생각이 들었습니다.

좌장 노태돈 : 예. 고맙습니다. 무령왕의 아버지가 누구냐 문제를 따지는 것은, 현행법에서도 친자 확인 검사는 못하게 되어 있습니다. 그 정도로 하죠.

예, 여호규 선생님.

여호규 : 왕 · 후 · 태수제와 관련해서, 제가 백제사 쪽 연구 성과를 잘 몰라서, 이 부분이 논의가 되고 있는지 몰라서 한 말씀만 드리려고 하는데요. 22쪽 각주 18에서도 양기석 선생님이 말씀하신 것처럼 450년에 송에 파견되는 풍야부가, 여기는 서하태수西河太守로만 해 놓으셨는데 그 앞에 보면 '사가대사私假臺使'라고 되어 있습니다. 이것은 어쨌든 송으로부터 사후 추인을 받겠다는 전제하에서 '사가대사'라는 표현을 쓴 것 같고요. 그런 의미에서는 이미 풍야부가 송에 파견될 시점에 왕 이외에 관인들을 송으로부터, 그게 태수호인지 장군호인지 뭔지는 모르겠지만 관작을 추후 제수받는 그런 게 있었을 가능성이 높고요. 그 점에서 어제 『송서』 왜전을 검토하

다 보니까, 이게 논의가 되었는지 모르겠는데요. 왜 5왕 중에서 두 번째죠. 진이 송에 사신을 파견한 시점이 425~430년 사이가 되는 것 같은데요. 뒷부분에 보면 그런 기사가 나옵니다. 진이 왜수 등 13인에게 장군호를 제정해 주기를 요청했고, 그래서 조를 내려서 허락했다는 기사가 나오고요. 그다음에 451년에 가면 그때는 왜왕한테 책봉호를 송이 주면서 함께 올린 23인에게 군軍, 군郡을 제수했다고 되어 있습니다. 그러면 어쨌든 이미 5세기 전반 단계부터 왜의 경우에는 송으로부터 장군호를 추후 승인받는 절차들이 진행되었던 것으로 보이는데요. 연구가 어떻게 진행됐는지 모르지만 앞으로 백제와 비교해서 이 부분에 대한 구체적인 검토가 있어야 할 것 같고, 아마 이 점은 양 선생님께서 잠깐 언급하신 것처럼 구저라든지 하서회랑 쪽에 있는 여러 세력들의 사가제와 관련된 문제들도 같이 검토가 되어야만 이 부분이 조금 더 의미 있게 논의가 될 수 있지 않을까, 그 생각을 해 보았습니다.

좌장 노태돈 : 양 선생님, 추가로 하실 말씀 있습니까?

양기석 : 없습니다.

좌장 노태돈 : 그러면 이어서 김수태 선생의 발표 내용에 대한 토론을 하겠습니다.

노중국 선생님.

3. 백제의 대외관계

노중국 : 김 선생님 발표에서 백제와 신라 문제, 왜 문제, 송 문제, 북위 문제 다 다루셨는데, 전체를 이렇게 다룬다는 게 사실 쉽지는 않은데도 고생 많이 했죠. 발표하는 과정에서 제 얘기가 조금 나왔기 때문에 한두 가지만 말씀을 드리겠습니다. 문제는 북위와 백제와의 교섭 또는 교류가 현재 우리 문헌 자료에 의하면 472년이 끝이자 마지막입니다. 북위 『위서』 백제전에는 서한이 왔다가 못하고 돌아갔다는 것으로 끝나버렸는데, 『삼국사기』 개로왕 제일 끝에 보면 북위와 교섭을 끊었다, 이렇게 맨 마지막에 한 구절이 더 붙어 있대요.[10] 그래서 처음이자 마지막이 됐는데, 제가 평소에 생각했던 게 북위가 534년인가에 망하고요. 세워진 게 386년이니까 150년 정도의 기간인데, 이 150년 기간 동안에 백제와 북위와의 교섭이 한 번도 없었다? 물론 없을 수도 있겠지만, 그 당시 전체적으로 돌아가는 상황, 송과의 관계, 고구려와의 관계 했을 때 분명히 북위의 존재를 모르고 있으면 더 이상 할 말은 없겠습니다. 알고 있었다면 이것을 전혀 교섭이 없이 한 100여 년 지나서 472년에 처음으로 했겠느냐, 그 사이에 교섭은 충분히 있을 수 있지 않겠느냐. 그러나 그것은 개연성일 뿐이고 그것을 구체적으로 입증해 줄

10) 왕은 고구려가 자주 변경을 침범한다 하여 위나라에 표문을 올려 군사를 요청하였으나, 위나라에서는 듣지 않았다. 왕이 이를 원망하여 마침내 조공을 중단하였다.[王以麗人屢犯邊鄙 上表乞師於魏 不從 王怨之 遂絶朝貢] 〈『삼국사기』 권25 백제본기3 개로왕 18년〉

수 있는 뭐가 있어야 하지 않느냐 이랬을 때 그것을 보여 줄 수 있는 것은 『위서』 백제전에 나오는 개로왕이 올린 상표문인데, 그 상표문은 472년에 보냈습니다만, 거기에 보면 연흥延興 2년(472)으로 나오게 되고, 그다음에 상표문의 끝은 연흥 2년이 조를 내려서 크게 고구려를 질책했다 이렇게 끝나고, 그다음에 연흥 5년으로 넘어갑니다. 그러면 연흥 2년 안에, 거기에 보면 어떤 시기를 보여 줄 수 있는 내용들이 상당히 나옵니다. 경진년庚辰年, 이것은 440년입니다. 경진년이라는 얘기 나오고, 그다음에 후문後聞, 후에 들었다, 그다음에 지금 올린다[今上] 이런 표현들이 나오고, 그다음에 현조顯祖의 조서와 관련해서는 이미 사신이 출발해서 여러 해 됐는데 가서 돌아오지 않으니 죽었는지 모르겠다. 이게 다 472년 이전에 일어난 상황들을 보여 주고 있는 것입니다. 그다음에 백제 개로왕이 보낸 사신 여례餘禮가 왕년에 평양에 이르러, '왕년'이라는 표현. 이것도 472년 그 이전입니다. 이런 사실들을 주목하면, 472년에 처음으로 북위와 교섭을 가졌다고 보기도 하지만, 그 이전에 북위와의 교섭이 백제 사이에 있었던 게 아니겠느냐 하는 게 저의 기본적인 이야기의 논지였는데, 오전에 발표하시면서 그것은 472년 이후에 전부 일어난 일이라서 그 이전에 백제와 북위와의 교섭은 없었다, 이렇게 정리를 했습니다. 저는 그게 472년에 보이는 개로왕의 국서와 현조의 조서 안에는 472년만의 일만 있었던 게 아니고, 그 이전의 일도 포함되어 있는 입장이라는 것을 말씀을 드립니다. 거기에 대해서 김 선생님은 어떻게 생각하는지?

좌장 노태돈 : 김수태 선생님.

김수태 : 오늘 아침 9시 45분까지 선생님하고 이야기하고, 또 점심 먹고도 이야기하고, 만나 뵐 때마다 이야기하고, 또 만나 뵐 때마다 어제 복사 받은 종이를 또다시 보고 이렇게 했는데, 보고 또 봐도 선생님은 보낸 것으로 보이고, 저는 보고 또 봐도 안 보낸 것으로 보입니다. 『위서』의 구조가 연홍 2년하고 5년 이렇게 기록으로 나누신다고 했는데, 그게 맞는데, 그러니까 연홍 2년의 내용을 선생님께서는 상표문 다음에 왈부터 나오는 기사, 현조까지를 선생님께서는 자꾸 상표문 안에 포함시키려고 하는 것이 아닌가 하는 생각이 듭니다. 그런데 선생님께서 지금 말씀하셨다시피 시간을 언급하는 여러 기사를 봤을 때, 저도 일단 말씀드린다면 연홍 2년에 개로왕이 처음으로 사신을 북위에 보내서 상표를 했는데, 그때 보낸 사람이 나옵니다. 장사 여례餘禮 등등이 나오는데, 현조顯祖가 언급한 기사를 보면 현조가 여례를 듣고 만났다는 사실을 이야기하고 있단 말이죠. 그게 동시성으로 연결되고 있는 것이고 조서 같은 경우도 조왈 나오고 또 우조왈 나오고 등등 해서 그 조서 같은 경우는 둘 다가 472년에 위에서 내린 것인지 아닌지, 왕년에 여례가 나오니까 그런 부분이 있는데, 저는 안장을 올린 것도 상표문에 보면, 지금 이래서 472년을 지칭하고 있고, 거기에 나오는 시간적인 흐름이라는 것도 저는 472년에 백제가 보냈다 하는 것이 부인할 수 없는 사실이 아닌가 싶은 생각이 들고, 이것을 가지고 그 전에도 이 내용이 나오는 것을 가지고 472년 이전에 보냈다는 것을 증명하

기는 힘들지 않느냐, 그런 생각을 합니다. 그러니까 그것하고 선생님 말씀대로 150년 동안 북위가 존속했으니까 서로가 서로의 존재를 알고 있었기 때문에 교섭할 가능성이 있었겠지 않느냐는 개연성이라든지 가능성은 또 다른 문제이지, 그 가능성의 문제와 이 사료에서 나타나는 문제를 바로 직결시켜서 결론을 내는 것은 어렵지 않느냐 하는 생각을 합니다.

노중국 : 상표문에 바다에 빠진 안장을 북위한테 보냈다 하는 그것은 472년이 맞고요. 그것은 부정하지 않습니다.

김수태 : 선생님 논문에서는 그것도 미리 보낸 것처럼 말씀을 하시고.

노중국 : 그것은 크게 부정하지 않는데, 그러나 이 상표문 안에는 472년 이전 일들도 있다는 것이죠. 하나는 경진년인데, 왜 하필 경진년을 이렇게 강조했느냐. 이것은 북위와 백제와의 관계 속에서 경진년을 일단 이해하는 게 좋겠다. 이 경진년이 북위와 관계없는 일이라고 하면 굳이 여기에 넣을 필요는 있겠느냐. 그리고 경진년이라는 게 나오고 있다는 것은 이 해에 뭔가 있었고, 그 이후에 일어난 일이 북위 사신이 고구려 때문에 바다에 빠져 죽은 이 일이 있는데, 그 일은 472년 이전이라는 겁니다. 그러니까 경진년이 440년이고, 그다음에 개로왕이 이 상표문을 보낸 것은 472년이니까, 그 사이에 한 30년 사이에 또 다른 일들이 있었다는 것. 그것 하나가 말안장 문제이고, 그다음에 현조가 답변한 속에서도 '왕년'이라는 표

현, 이것은 472년 이전이어야 합니다. 고로 왕년에 여례가 평양에 이르러 하는 이런 표현들. 이게 472년 이전이기 때문에, 그래서 꼭 472년이 처음이자 마지막이라고 보기보다는 그 앞의 내용, 이런 내용들을 감안하면 그 이전에도 북위와의 교섭이 있었던 거고, 그것을 통해서 나름대로 뭔가를 백제가 얻으려고 하는 것이 있었겠죠. 저는 이런 관점에서 봤을 때, 우리가 뚝섬에서 나왔던 불상이 북위 불상이라고 하는데, 그게 어떤 경로를 통했는지 온갖 얘기들이 많이 나왔는데요. 이런 각도에서 보면 뚝섬의 불상〈그림 20 · 21〉도 백제가 직접 가져올 수 있는 이런 쪽으로 설명이 가능하지

〈그림 20〉 서울 뚝섬 출토 금동여래좌상

〈그림 21〉 서울 뚝섬 출토 금동여래좌상과 유사한 형식을 보이고 있는 고구려 장천 1호분 벽화 예불도 불좌상

않겠느냐 하는 정도로까지 나간 셈이 됩니다.

김수태 : 선생님, 왕년 기사는 현조顯祖가, 북위가 고구려에 조서를 두 번 내리거든요. 두 번째에 해당되는 내용이고요. 첫 번째 조서에도 분명히 나오지 않습니까. 첫 번째 조서는 여례를 만난 일을 이야기하고 있습니다. 472년에 만난 이야기를 하고 있고, 두 번째 조서는 여례하고 그게 이제 고구려를 가려고 보냈는데 고구려에서 방해했기 때문에 거기에 대해서 왕년을 이야기하는 것이라고 저는 받아들여지고. 아까 노 선생님께서도 말씀하시다시피 백제가 북위에 상표문을 보내는데 얼마나 다급했기에 저는 이렇게까지 써야 하나 싶은 생각을, 아까 선생님하고도 개인적으로 이야기했지만 안장을 봤는데 자기들도 분명히 이게 고구려 것이라는 것을 알고 있으면서도 어떤 연결 고리를 찾기 위해서 북위에 보내서 이것 주워 왔는데, 고구려 것 아니고 당신들 것 같은데 이렇게 보내는 그런 다급함이나 절박함이 더 저는 오히려 읽히고요. 그런데 매몰차게 북위에서는 현조가 그것 북위 것도 아니고 중국 것도 아니다 하면서 즉각적인 반응을 보이지 않습니까. 그래서 역시 아까도 여러 번 다 이야기되는 471년, 472년 그다음에 고구려의 대중국 정책, 송나라라든지 북위에 대한 정책이 백제가 중국 외교를 보내는 것보다는 더 적극적으로 움직이는 상황에서는 백제의 움직이라는 것은 진짜 이런 정도의 마지막 지푸라기라도 잡아가는 그런 정도가 아닐까 하는 생각을 저는 자꾸 우기는지 모르지만, 양 선생님께서 한번 해결해 주세요.

양기석 : 아닙니다.

좌장 노태돈 : 문안식 선생님.

문안식 : 백제는 북제北齊 때가 되면 570년과 571년에 사절을 보내는 산동반도를 벗어나 업鄴(하북성河北省 한단시邯鄲市 임창현臨彰縣)을 방문하는 등 외교관계의 변화가 일어나는데요. 그 전에 송나라와 북위의 대립 때는 산동반도의 패권을 누가 장악하는가? 하는 문제가 중요합니다. 아까 여호규 선생님 말씀해 주셨는데요. 그 문제와 같이 결합해서 봤으면 좋겠습니다. 송이 어느 시기까지 산동을 장악했는지. 송이 산동까지 밀고 올라간 시기, 다시 그것을 북위가 회복한 이후 회수 유역으로 밀고 내려간 시기 등을 고려했으면 합니다. 산동반도의 영유권을 특정 시기에 어느 나라가 장악하고 있었는지 고려했으면 좋겠습니다.

좌장 노태돈 : 그런 부분들을 고려하시면서 다시 한 번 『위서』 백제전에 실려 있는 백제국서의 내용을 재검토해 보도록 하지요. 토론은 이 정도로 하지요.

그다음에 이어서 이남석 선생님의 발표 내용에 대한 토론을 하도록 하겠습니다. 이남석 선생님의 발표 내용이 고고학 전문적인 부분인데, 고고학 하신 분들 좀 더 말씀을 자유롭게 해 주셨으면 좋겠습니다. 김무중 선생님, 더 하실 말씀 있으십니까?

4. 백제 한성기의 고분 양식

김무중 : 천천히 말씀드리고 간단하게 하겠습니다.

이남석 선생님이 조금 전 1부에서 답변하실 때 들었던 내용인데요. 웅진에 있기 때문에 당연히 기원은 한성일 것이라는 그런 말씀과 함께 그렇게 보는 관점이라고 하셨는데, 과연 모든 부분에 해당될지에 대해서는 의문입니다. 예를 들면 백제 한성기의 횡혈식 석실의 세부적인 구조까지 설명하지 않겠습니다. 아까 꺾쇠, 관정 등 장구에 대하여 얘기했습니다만 물론 웅진기에도 원두정이 있죠. 그런데 크기가 작습니다. 고구려의 것은 크고 관고리도 나옵니다. 그런데 매장 구조를 보면 한성기에는 대부분 석실 내부에 설치하는 목관인데, 웅진기에 들어서면 들고 들어가는 운구식 목관으로 바뀌는 것으로 판단됩니다. 그렇게 변화되는 것을 앞 시기의 자료부터 정리해서 뒤 시기가 설명이 되어야지, 뒤 시기의 현상이 그러하니 앞 시기도 그럴 것이라고 한다면 거꾸로 된 것 아닌가 하는 점이 첫 번째 의문입니다.

두 번째는, 이장웅 선생님, 사진 하나 좀 보여 주십시오. 하나 더 궁금해서 말씀드립니다. 창곡동 고분이 백제 석실분이라고 하시는데 평면만 보면 그럴듯해요. 그런데 문제는 뒷벽의 형태입니다. 백제 것은 궁륭상으로 올라가는 완만하게 내경하는 곡선상으로 쌓아 올라가는 형상이 있는데, 창곡동 석실분의 후벽은 삼각 조임 밑에 지지하는 돌이 벽에서 안쪽으로 튀어 나와 있거든요. 물론 그것을 움직였다고 해석하셨다면 할 말이 없습니다만 그런 구조가 어떻게 궁륭상으로 연결된다고 표현할 수 있는지 그래서 말씀드립니다〈그림 22〉.

이남석 : 답변을 드려야겠는데요. 아까 잘 안 들으신 것 같은데, 한성기 정형적 백제 석실묘가 뭐냐라는 것, 저는 모른다고 했어요. 다만 평면이 그럴 것이라고만 생각했지, 축조 방식이나 이런 것은 사실 알 수가 없거든요. 예를 들어서 저 구조는 창곡동뿐만 아니라 이미 가락동 3호분에 대해서 축조 주체 논란이 있을 적에 80년대 후반인가요, 윤환 선생이 지적한 바가 있습니다. 가락동 3호분에도 횡목, 횡석재가 있는데 이것 보면 고구려 고분으로 봐야 하지 않느냐는 얘기가 있었는데, 사실 그 부분에서부터 보면 우리는 이것을 생각해야 하거든요. 다시 말씀드리면 이게 비록 고구려 방식이라고 하더라도 백제 초기에 사용되던 석실분이 고구려 방식의 횡으로 하는 방식으로 쓰지 않았다는 증거를 댈 수가 없거든요. 썼는지 안 썼는지 우리는 모릅니다. 자료가 없기 때문에. 저는 아닌 것을 가지고 아니라고 하기보다는, 그런 것을 가지고 그렇다고 해야 한다는 겁니다. 다시 말씀드리면 백제 한성기 때 궁륭식 석실분이 있었다는데 지금 궁륭상도 없지 않습니까. 공주 지역 것 가지고 궁륭식 썼을 것이라는 추정을 하지, 지금 남은 것은 사실 조임식이거든요. 이것 가지고 비교할 수 있는 게 아니거든요, 남아 있는 것이. 그런데 그것도 시기적으로 문제가 있고요. 다시 말씀드리면, 맞습니다. 선생님 말씀대로 고구려 양식 맞습니다. 고구려에 있고요. 그런데 이 기법이 백제에 없다는 얘기를 할 수 없다는 거죠. 왜냐면 이것

〈그림 22〉 석실 모서리와 천정연결부 축조상태 및 바닥평면 비교
① 가락동 3호 ②④⑥ 가락동 5호 ③ 가락동 4호 ⑤ 창곡동 1호 ⑦ 강내리 8호 ⑧ 두정리 2호
(①~④ 小田富士雄 1979 · 2012 재인용, ⑤~⑧ 각 보고서 수정)

〈그림 23〉 고구려 장군총의 지탱석

〈그림 24〉 서울 석촌동 4호분의 지탱석

은 전체 무덤의 성격을 얘기하는 것이 아니라 축조 방식이거든요. 제가 그런 얘기했었습니다. 많은 분들이 석촌동 4호분 얘기하면서 네 변 축석한 데 지탱석 놓은 것을 가지고 말씀하시더라고요. 고구려 장군총에 지탱석 놨고 여기도 지탱석 놨으니까 장군총이 무덤이니까 이것도 무덤으로 봐야 하지 않느냐〈그림 23 · 24〉. 그렇게 보면 맞죠. 그런데 제가 생각하기에 그 지탱석의 본래 의미가 뭐냐는 거죠. 그것은 건축에서 나오는 것이지, 무덤에 반드시 사용하는 속성은 아니거든요. 마찬가지로 이 천정부의 좁힘 방식도 꼭 고구려만 쓴다는 것이 아니라 백제에서 안 썼다는 보장을 할 수 없다는 거죠. 그러니까 이것 가지고 백제 것은 아니라고 하는 것은 문제가 있다는 겁니다.

그리고 아까 말씀드렸듯이 공주 건 얘기도 마찬가지입니다. 한성기 것에 그게 없어요. 이전 것이 없어. 그런데 한성기에 발전된 것이 공주 것에 있으니까, 공주 것과 같은 게 있으니까 대비해서 그렇다고 봐야 하지, 그것을 아니라고 하면 살펴볼 방법이 없거든요.

아까 선생님 관고리 말씀하셨듯이 관고리 같은 경우도 웅진 시기 무덤 전체를 다 보면 백제가 발전되어 가면서 관고리가 적어지고 관정도 방형으로 많이 변합니다. 다시 말씀드리면 한성기에서 웅진기 거치면서 웅진기에서 사비로 가면서 무덤이 변화, 변천할 수 있거든요. 마찬가지거든요. 천장 구성 방식도 한성기 때 아니라는 보장이 없으면 그렇게 했을 가능성도 가지고 봐야 한다는 거죠. 아까 다시 말씀드렸듯이 백제 무덤이 가지고 있는 요소가 고구려적 속성이 있고 또 백제가 아닌 속성이 있다 하더라도 우리가 여기에서 발견된 무덤이 백제적 속성으로 볼 것이 많으면 우선 그것을 전제로 해서 봐야 한다는 것이지, 이것을 부정하는 것은 아닙니다. 이것이 꼭 그래서 백제 고유의 것이 고구려 것 아니라는 것 아닙니다. 맞습니다. 고구려 다 이렇게 합니다. 그런데 선생님께 다시 반문하고 싶은 것은 백제 무덤이 이것을 안 썼다는 증거가 어디 있냐는 얘기죠. 제가 지금 석실분 판단하면서 그게 사실 가장 의문이라고 생각하거든요. 아닌 이유, 이게 왜 백제 것이 아니냐. 질문하시는 것 보면서 관고리나 이런 등등 문제도 있는데 저는 제가 생각하기에 선생님께서 질문하시는 것 성립을 시키시려면 한성 4세기 후반부에 들어온 백제의 무덤에 이런 유형 안 썼고 어떤 방식으로 했다, 관고리 안 썼고 뭐도 어떻게 했다는 전제가 있어야 하거든요. 그런데 그게 없지 않습니까. 저는 그 부분이 그때 그것 가지고는 아니다 하는 전제가 될 수 없기 때문에 그 말씀을 드린 거예요.

김무중 : 선생님 하나만, 죄송합니다. 짧게 하겠습니다.

선생님 말씀하시는 내용이 무슨 얘기인지 알겠습니다. 그런데 오늘은 한성기에 한정되는데요. 예를 들어서 그렇게 펼쳐서 아래 시기부터 올라가기 시작한다 하면 그게 방법상 문제가 있다는 얘기를 말씀드린 겁니다. 무슨 얘기냐면 백제에 석실분이 들어온 과정들을 세부적으로 선생님 말씀대로 추적할 수 있는, 계기적으로 설명할 수 있는 자료는 없어요. 그러나 내부의 장구나 매장 흔적들을 살펴봤을 때, 관 받침이 아주 규칙적으로 평행하게 있다는 것은 아시죠? 그와 함께 도저히 들고(운구해서) 들어가서는 현실 안 공간에서 움직여서 정연하게 안치할 수 없는 공간이라는 점. 거기에 꺾쇠와 관못이 나온다면 그 관은 현실 내부에서 설치할 수밖에 없는 관이거든요. 원삼국시대 이래로 장구는 안 바뀌어가는 겁니다. 결국 석실분은 채용하는데 매장 방식은 계속 유지되는 거죠. 그렇게 했을 때 석실에 매장방법이 채용되는 과정을 보고요. 두 번째, 웅진기에서 관고리가 나온다 해서 한성기에는 이제까지 장구로 사용하는 꺽쇠와 관못이 없는 경우도 있습니다만, 이러한 현상이 계기적으로 유지되다가 갑자기 웅진기에 왜, 어떻게 바뀌었을까를 살피는 게 순서가 아니겠냐는 것입니다.

세 번째는 궁륭상이나 천장이 있었는가 없었는가의 문제로, 물론 있을 가능성이 있다는 것을 배제하는 것은 아닙니다. 예를 들면 본문 188쪽에 보면 중앙 부분에 가락동 3호분이 제시되어 있습니다. 신라 석실분이라 하는 분도 있는데 석재의 형태, 축조 방법, 다음에 궁륭상으로 올라가는 윤곽, 잘 보세요. 위의 뒷벽 단면을 보면 궁륭상으로 올라가는 선이 보입니다. 그런데 창곡동의 경우 그렇게 볼 수가 없다는 거죠. 그렇다고 이런 천장 구조가 없었다는 보장이 없다 이렇게 하면….

이남석 : 선생님, 제가 말씀드리는데 궁륭식 구조가 처음에 백제의 횡혈식 석실묘가 들어와서부터 궁륭식 구조인지 아닌지 저는 모릅니다. 이 무덤이 발전해서 웅진기에 와서 정립된 것이 궁륭식 구조라는 거죠. 초기 형상은 모른다는 겁니다. 제가 왜 이 말씀을 드리냐면, 아까도 말씀드렸잖아요. 한성기에 도입된 횡혈식 석실묘에 대한 정형을 저는 모르고 있거든요. 그런데 질문과 조금 다른 얘기입니다만 지방사에서 잔존된, 그러니까 한성기 때 도입된 무덤을 보면 석실분이 많습니다. 지금 수십 기가 확인이 됐는데 구조적으로 전혀 통일이 안 되어 있어요. 전부 다릅니다. 예컨대 수촌리만 해도 두 개가 있는데 두 개 전부 다르지 않습니까. 하나는 방이동 1호분인가 닮았고요. 하나는 가락동 3호분 닮았지 않습니까. 그것은 뭐냐면 지방에서 이것을 만들 적에 정형적 형태를 가지고 초기에는 만들지 않는다는 거죠. 이것은 한성기에 발견되는 석실분 같은 경우도 왜 구조적으로 정형화돼서 법칙적으로 만들어야 하냐는 얘기죠. 제가 질문하는 것은 그겁니다. 한성기에 만든, 한성기뿐만 아니라 어디든 마찬가지입니다. 공주 같은 데도 그 많은 무덤 확인되면서 구조적으로 똑같지 않습니다. 만든 사람들이 다르기 때문에요. 예컨대 아까도 벽 쌓는 법도 그렇고 맞물리는 방법도, 같은 무덤군에서 맞물린 것도 있고 안 물린 것도 있고요. 연도 긴 것도

있고 짧은 것도 있고, 걸친 것도 있고 안 걸친 것도 있습니다. 이건 제가 왜 이 말씀을 드리냐면, 무덤은 축조자에 따라서 충분히 변형이 될 수 있는데 그 변형 자체가 속성이거든요. 그 속성 자체가 이렇게 나올 수도 있고, 건축 방법이니까요. 그런데 저는 그게 어쨌다기보다도 한성 초기에 이것이 아니라고 부정할 수 있는 근거가 없다는 거죠. 말씀대로 아닐 수도 있다고 하지만 그게 아니라고 하려면 한성 초기에 이것을 안 썼고, 백제는 안 썼고 이렇게 이렇게 썼다는 얘기인데 그게 사실 없다는 거죠. 그래서 말씀드린 거거든요. 그런데 이 부분에 대해서 굉장히 오해를 하시는데, 저는 석실분 내용이 기본 정의는 그렇거든요. 아까 웅진기 것 말씀하셨습니다. 웅진기에 전개된 초기 무덤 자체가 웅진에 도읍한 백제 왕실이 그동안에 지방에서 사용하던 석실분을 채용해서 썼다, 이렇게 얘기했습니다마는 찾으려고 노력했는데 없지 않습니까. 우선 도읍지에서 나왔지 않습니까. 다시 말해서 가락동, 방이동 아닌 나머지 고분군에서 똑같은 게 나왔지 않습니까. 그러면 웅진기 고분이 한성에서 내려왔다고 보는 것이 당연한 것 아닌가요. 그것을 부정하면 나머지 논리가 아무것도 안 되거든요. 제가 무덤 보는 것은 그런 점에서 보는데, 여기에서 세부 속성으로 연도가 길다 짧다, 어떤 내용이 문제가 있다. 저는 그 부분은 무덤을 만드는 데 축조 기술상의 문제이기 때문에 그것을 가지고 전체 무덤의 축조 주체를 설명하는 데는 문제 있다고 생각하고요. 특히 무덤 내부에 남겨져 있는 유물이라든가 혹은 여타 우리가 이해할 수 있는 흔적 같은 경우는 상장의례가 진행되는 과정에서 지역마다 혹은 시기마다 다르기 때문에 그것은 충분히 다르게 있는데, 제가 부탁드리는 건 그거거든요. 그게 왜 그렇게 남았는지를 판단해야 되지, 이것 때문에 아니라고 하는 것은 곤란하다는 거죠. 제 논리는 그렇습니다. 석실분 보는 것이.

노중국 : 김무중 선생님, 미안합니다. 내가 하나 질문 좀 할게요.

이 선생님 발표에서 횡혈식 석실분이 한성에도 늦어도 4세기대에는 있는 것으로 한 것이고. 종래에는 웅진에 보이던 횡혈식 석실이 이것은 한성과는 관계없는 것, 한성에서 횡혈식 석실이 안 만들어졌고 웅진에 가서 처음으로 만들어졌다 이렇게 인식을 해 왔는데, 근래에 와서 아까 광암동이니 우면동 이런 데서 횡혈식 석실이 나온 그 시기가 빠른 게 나오고 그게 또 웅진과 연결이 될 수 있다는 것 이렇게 한 점은 상당히 의미가 있다고 봅니다. 오늘 발표에서 제일 크게 논란이 될 수 있는 게 이른바 석촌동 3호분, 4호분. 우리 3호분, 4호분 할 적에 무덤으로 우리가 생각을 해 온 것 아닙니까. 특히 3호분 아마 한 변이 50m가 넘는, 50m 정도면 굉장히 큰 건데 이것을 오늘 발표에서는 무덤이라기보다는 상례를 치러가는 과정의 시설, 그중의 하나로 예를 든다면 제단이 아니겠느냐, 뭐 아닐 수도 있지만. 이렇게 말씀을 하셨는데 이것은 상당히 어느 면에서는 이제까지 석촌동 적석총을, 어쨌든 적석총이라고 이름 붙인 그게 고구려 시기냐 백제 시기냐는 두더라도 어쨌든 적석총이라는 무덤으로 봐왔다는 그런 관점에서는 그것을 완전히 뒤집어 버리게 되거든요. 그래서 하나는 지금 발굴된 상황만 그렸는데 일제 때 나온 게 갑총, 을총에 대정 10몇 년도인지 모르겠습니다. 그렇게 할 때 총 한 90개 중에서 그중에 을총이 적석총입니까?

이남석 : 예.

노중국 : 그게 66기로 되고 갑총이 토분이란 형태로 표현되어 있는데, 그게 공교롭게 많은 자료가 없어져서 적석총인지 아닌지 확인은 안 됩니다마는, 지금 발굴된 두 개만 갖고서 석촌동에는 이른바 적석총이라는 무덤은 없다고, 용도는 다른 시설이다, 없다고 이렇게 쉽게 단정내릴 수 있겠느냐 하는 그 점 하나하고요.

그다음에 두 번째는 공주의 수촌리하고 그다음에 송산리를 갖고서 역시 적석 유구가 있는 것 이게 제단일 거다 이렇게 했는데, 공교롭게 수촌리나 송산리 같은 경우는 이른바 일정한 능묘 구역하고 연계해서 있게 되는데, 지금 석촌동에 있는 것을 무덤이 아니고 4세기 때 백제 왕실이 쓴 무덤은 횡혈식 석실이다. 지금 횡혈식 석실은 방이동 쪽에도 많이 남아 있죠. 방이동에는 그러면 선생님 논리대로 하면 상례와 관계되는 적석 유구들도 충분히 있을 가능성은 아마 지금 발굴이 안 되어 있을 거다, 이렇게 생각을 하고 있겠죠. 그러면 적석총에 4세기 때 왕실의 무덤은 그것 빼면 뭐가 될거냐. 그 점 같이 얘기해 주면 좋겠어요.

좌장 노태돈 : 잠깐만요. 남은 시간이 많지 않으니까 대답을 함께 몰아서 해주세요.

여기에 조가영 선생이 나와 있는데 석촌동 고분에 대한 발굴 보고서를 종합 정리를 하고 있으니까……, 이른바 석촌동 4호분이 무덤인지 아니면 상장의례의 한 용도로 쓰인 축조물인지에 관해서, 4호분을 무덤으로 보고 계신 것으로 알고 있습니다. 조가영 선생, 질문 있으면 함께 해 주세요. 그것을 모아서 이남석 선생님은 함께 대답을 해 주세요. 지금 시간이 촉박하니까요.

조가영 : 서울대박물관의 조가영입니다.

제가 석촌동 고분군 보고서를 작성하면서 예전 사진들을 많이 보고 그리고 또 접근을 하다 보니까, 또 예전에 이남석 선생님께서 쓰셨던 글을 참고해서 열심히 공부를 하다 보니까 이게 석실일 가능성이 높은 거구나 생각을 하고 접근했던 측면이 있습니다. 오늘 또 선생님께서 아니라고 하시니까 조금 고민이 되기는 합니다. 다만, 아까 사진에서도 계속 지적되고 있는 것과 같이 4호분의 구조를 보면 그 아래쪽이 기단 판축시설과 같이 수평한 층위를 가지고 다져져서 올라가 있고, 적어도 그 위쪽에 남아 있는 석단 부분이 내측에서 다섯 단에서 여섯 단 정도 일정한 면을 이루고 있는 것들이 확인됐습니다. 선생님께서 아까 말씀하셨던 것처럼 이게 안쪽뿐만 아니라 바깥쪽도 그렇게 면을 이루고 있기 때문에 이것은 석실일 가능성이 없다는 취지에서 말씀을 하신 거라고 제가 파악을 했는데, 사실 안쪽 면을 이루고 있는 것 자체만으로도 그 내부의 공간을 무언가 사용했을 가능성이 충분한 것이 아닌가 생각을 합니다. 그중의 하나로서 생각을 했던 것이 석실이 아닐까 생각을 했었던 건데, 역시 저도 선생님 이야기를 들으면서 4호분에서 출토되었던 기와나 와당 같은 여러 유물들을 같이 보면서 가장 참고하지 않을 수 없었던 것이 고구려의 향당시설과 같은 것일 것 같습니다.

오늘 선생님께서 저에게 충격을 두 가지를 주셨는데, 4호분은 석실이 아니다라는 것과 3호분을 무덤으로 보지 않을 수 있다는 관점을 제시해 주셨는데, 아까 선생님께서는 그런 관점을 이야기하시는 과정에서 이것이 고구려적인 요소가 들어와서 적석총으로 우리가 인식을 하고 있지만, 실상 고구려의 양상과는 많이 차이가 난다는 부분을 강조하셨던 것 같습니다. 그런데 제가 느끼기에는 선생님께서도 아까 말씀하신 것처럼 매장하는 방법은 상장의례와 상당 부분 연관되어서 들어올 수밖에 없다고 말씀을 하셨고, 그런 연장에서 보면 특히 4호분의 상부에 있던 시설이라든지 1호분 주변으로 있었던 불탄 시설들 그리고 또 기단에 잇대어져서 여러 가지 구조들이 축조되어서 확장되어 가고 있는 모습들 이런 것도 역시 고구려 적석총에서 동일하게 보이고 있는 모습들이기 때문에 저는 석촌동에서 고구려적인 요소들, 그리고 상장의례와 관련한 요소들이 굉장히 많이 보인다고 생각을 하고 있습니다. 그러한 연장에서 4호분의 상부 시설을 석실이라고 단정할 수 있을지에 대해서는 저도 조금 더 고민을 해 보겠지만 상장의례뿐만 아니라 다양한 가능성, 그리고 적어도 이 내부가 무언가 시설로서 역할을 했을 가능성들은 열어 놓고 이야기를 해야 하는 것이 아닌가 생각합니다.

이남석 : 너무 많아서 잘 기억은 못하는데 간단하게 말씀드리겠습니다.

아까 석실묘 얘기에 대해서 좀 오해하신 것 같은데, 저는 그게 필요하다고 생각합니다. 4세기 후반이든 5세기 전반이든 백제 한성기 석실분의 정형이 무엇이냐. 어떤 게 한성기 석실분이냐. 이게 확정되지 않으면 논의는 항상 열어 놓고 유연하게 해야 한다고 생각하는데, 그게 백제에 없기 때문에 백제 것은 아니다 하는 것은 조심해야 하지 않을까 생각합니다. 저는 그런 측면에서, 입장이 다르겠지만 다양성을 가지고 봤다는 점을 말씀드리고요.

아까 노 교수님께서 말씀하신 갑총, 을총 부분 있죠. 아까 제가 말씀을 드린 것 같은데 을총이라고 한, 석총이라고 했는데요. 그것은 적석 유구를 지칭하는 것이 아니라 즙석봉토분까지 함께 다 넣은 것입니다. 그리고 오해하셨을 것 같은데 제가 석촌동 유적을 보는 것은 즙석 유구라든지 봉토분 같은 무덤이 많이 있습니다. 매장시설이 있고요. 서북쪽에 편재되어서 돌로 만든 많은 시설은 여기에 있는 즙석봉토분이나 여타 묘제와 상반되기 때문에 어떻게 같은 지역에서 이렇게 다양한 묘제가 사용될 수 있느냐. 물론 그렇게 할 수 있겠죠. 왕실은 이거 쓰고 나머지 사람들은 이것 썼다 그렇게 할 수 있는데, 그렇게 했다는 설명이 분명히 될 수 있어야 하거든요. 그런데 저는 무덤 하면서 그게 좀 어렵다는 생각이 듭니다. 더 더욱 함께 고려하실 필요가 있는 것이 제가 석촌동 고분군을 근본적으로 검토한 가장 큰 이유는 단 하나의 사회에서 하나의 고분군을 만드는데 거기에 너무 많은 묘제가 있다는 거죠. 그런데 나름대로 검토를 해 보면 여러 가지 묘제가 아니라 봉토 · 봉석묘라는 하나로 정리할 수 있는데 그때 가장 문제로 남는 것이 기단식 적석총이라고 불리는 고구려 적석총이에요. 그런데 이 적석총은 지금까지 조사된 상황으로 봐서는 무덤임을 입증할 수 있는 자료가 없다는 거죠. 왜냐면 매장부가 없잖아요. 부장유물 없잖아요. 비교사례 없잖아요. 그것 때문에 그렇다면 이것은 성격을 재검토해야 한다는 겁니다. 무덤이 아니라는 것은 아닙니다. 제가 지금 문제로 삼은 것이 충족될 수 있고 전개가 마련될 수 있다면 다시 무덤으로 얘기를 해야 한다고 생각합니다. 제가 이것 단정하는 것은 아니니까요. 그래서 제가 아까 4호분 같은 경우도, 죄송합니다. 92년에 제가 이거 횡혈식 구조라고 설명을 했습니다. 아까도 말씀드렸는데, 그것 써서 논문 발표하자마자 심한 비판을 받았거든요. 발굴한 사람들의 의견을 존중해라. 그런데 아까 말씀하신 것 맞습니다. 위에 하단부에 외면축 되어 있고 토층부에는 내면측은 울퉁불퉁하게 되어 있는데 상단 쪽에서 면이 맞거든요. 그런데 저희 고고학 발굴하면서 기본적으로 나오거든요. 기둥 벽 쌓으면서 아까 선생님 말씀하셨지만 밑에 적심부 있지 않습니까. 적심 있는 쪽에는 어떻게 넣냐면 외면에 보이는 데는 반듯이 쌓고 내면은 흙 채우니까 꾹꾹 쌓거든요. 그리고 그 시기에, 백제 이 시기에 저희 생각하게 되거든요. 건축물 벽체 어떻게 올렸을까. 공주 공산성 최근까지 건물 60채 정도 조사하고 나서 가장 고민이 그거였거든요. 벽체가 너무 두꺼워요. 왜 이렇게 두꺼울까 생각했거든요. 사실 우리는 창문 놓고 목재를 했을 것 같은데 저희 판단은 아니라고 생각하거든요. 돌 쌓고 흙으로 쌓아올렸다고 생각하거든요. 굉장히 두껍다고

〈그림 25〉 공주 수촌리의 적석 유구(보고서)

생각하거든요. 4호분 그 자체를 내부 무덤인지는 모르겠습니다. 그런데 내부에 만든 그 자체가 건축 구조와 관련된 기단으로 해서 올린 것이 아닌가 하는 판단 때문에 그런 말씀을 드린 거거든요. 다시 말씀드리면 거기에 있는 적석 유구 시설이 무덤이냐 아니냐는 판단은 우선 무덤임을 입증할 수 있는 자료가 분명히 있어야 하는데, 제가 지금 가지고 있는, 제가 백제 고분을 공부하면서 가지고 있는 상식으로는 아직은 무덤이라는 증거를 못 찾겠거든요. 그런데 만약에 적석 유구를 앞서 말씀드리는 공주에서 발견된 자료들 있지 않습니까. 그것을 대비해서 설명하면 나름대로 이해 기반이 마련되거든요. 다시 말씀드리면 아까 있는 수촌리〈그림 25〉

라든가 혹은 송산리에 있는 것은 물론 형태나 남아 있는 잔존 정황에 대해서는 문제가 될 수 있어요, 선생님 지적하신 대로. 그런데 저는 그것은 우리가 이러니까 아니라고 하기보다는 그렇게 남아 있으니까 왜 그런지를 생각해야 한다고 저는 생각합니다. 그러니까 송산리 같은 경우는 왕실이니까 특별하게 그렇게 만들 수도 있다고 생각하고, 석촌동은 더 이른 시기니까 한 군데에 모여져서 다 있었다고 생각해서 그렇게 유연한 생각을 가지고 보면 나름대로 또 검토할 수 있는 기회가 있으리라고 생각하거든요. 다시 말씀드리지만 무덤이 아니라는 얘기는 아닙니다. 그런데 분명히 기단식 적석총으로 보일만한 근거는 아직은 없다는 얘기죠. 제 얘기는 여기까지입니다.

좌장 노태돈 : 예. 신희권 선생님.

신희권 : 간단하게 여쭤보고 싶은 게 있어서요.

저는 방이동 계통의 4세기대 횡혈식 석실이 실제로 최근에 서울 주변 지역에서 나오는 석실들과의 연관성 속에서 봤을 때 오히려 이 중앙 지역에서 하남〈그림 26〉이든 판교든 서초동이든 이렇게 기술이 전파됐을 가능성이 더 크지 않을까, 상식적으로 그렇게 봅니다. 그래서 방이동 무덤이 어쩌면 한성기 횡혈식 석실의 조형이 될 수 있는 가능성을 열어두고 보아야 한다는 측면에서 저는 이전부터 생각을 해 왔던 차원인데요. 그런데 궁금한 점은 방이동 석실분〈그림 27〉, 횡혈식 석실분 같은 것들이 나오기 이전에 묘제가

〈그림 26〉 하남 광암동 백제 석실분 모형
(하남역사박물관)

〈그림 27〉 방이동 1호 석실분 도면

마한계의 전통을 두고 그다음에 4세기대 서북한 지역, 예를 들어 고구려계 쪽 그 횡혈식 석실 전통이 결합돼서 등장을 한 거다 그랬는데요. 이렇게 되면 소위 온조 집단의 출자나 계통하고 상당히 문제가 될 수 있는 소지가 있다. 예를 들어 무덤의 속성이라는 것은 가장 바꾸기가 어려운 유적이라고 생각을 합니다. 실제로 호남 지역에 백제가 근초고왕대에 마한 병합했다고 하는 이후에도 호남 지역은 독자적인 무덤 전통들이 많이 남아 있는데, 만약 온조의 출자가 고구려와 같이 한다고 한다면 과연 그 집단들이 마한계의 무덤을 사용하면서 횡혈식 석실이 도입됐을 때 바뀌었을까. 저는 그래서 오히려, 물론 명확한 매장 주체부나 이런 것들이 더 드러나면 좋겠지만, 일차적으로 마한계의 전통이 있는 상태 외에 지배계급 정도만큼은 그래도 고구려계의 적석총 무덤들을 사용했을 개연성이 더 높지 않은가 그런 측면에서 보면 어떨까 싶습니다.

이남석 : 그것에 대해서 제 견해를 말씀드리겠습니다.

서울 석촌동 고분의 적석총 설명할 때 가장 난제로 남는 게 고구려와 백제와의 관계라고 생각합니다. 사실 그동안에 고구려 적석총이 백제의 고구려 출자설을 연계해서 얘기하면서 가장 문제로 삼았던 것이 지금 적석총 남은 것이 편년 문제거든요. 아무리 빨리 봐도 3세기는 못 올라가지 않느냐. 4세기대 거거든요. 그러면 나머지 공백 기간은 어떻게 할 것이냐. 사실은 영원히 숙제로 남기고 우리 생각대로 볼 수 있습니다. 그런데 나름대로 저는 이것이 적석총이 아니라는 얘기를 하면서 그냥 편안하게 논리를 하나 개발했습니다. 고구려 같은 경우 주몽이 북부여 출신이잖아요. 그런데 고구려 압록강 유역은 옛적부터 적석총 유행했거든요. 그런데 북부여는 사실 적석총이 아니거든요. 토광묘거든요. 그것은 어떻게 설명할 것이냐 이렇게 하면서 이것이 상장의례 묘제 아니겠느냐. 다시 말씀드리면 물론 온조 출자 시기에서 내려온 시기를 정확히 특정해서 얘기하면 좀 더 내용이 달라지겠지만, 그들이 내려오면서 무덤을 가지고 왔다면 있겠지만 아니면 남아 있는 자료 가지고 설명할 수밖에 없다는 거죠. 그러니까 다시 말씀드리면 남아 있는 적석총 자체가 문제가 있다면 없으면 왜 없는지 그 설명을 해야지, 고구려 내려왔으니까 꼭 있어야 한다는 전제는 저는 아직 성립할 수 없다는 거죠. 제가 아까 설명 드리면서 그런 얘기했었거든요. 제가 좀 안타까운 것이 무덤 자료를 조사해서 서로 의견을 나눌 적에 분석이 철저하게 객관적으로 되어야 하거든요. 그런데 우리는 가끔 그런 경우가 있거든요. 해석이 전제된 분석을 한다는 얘기죠. 이것은 이거야, 이렇게. 저도 그렇게 많이 해요. 그로 말미암아 이해의 혼돈이 굉장히 많이 왔다고 생각하면서 그런 부분만 조금만 정리하면 나름대로, 제가 결론을 내린 것이 아니라 나름대로 논의하실 여지가 더 많이 생길 것이라고 생각해서, 적석총도 결론은 아닙니다. 이렇게 논의를 해 보는 것이 어떻겠느냐는 문제 제기 하는 것으로 갈음해 주시면 제 얘기는 다 드린 것 같습니다. 이상 마치도록 하겠습니다.

좌장 노태돈 : 예. 고맙습니다. 결국 한성기 백제 고분의 양식 문제는 지금 말씀하신 것처럼 온조 집단의 출자 문제와 연결되고, 백제의 건국과 그 기원의 문제에 직결되는 문제이기 때문에 많은 사람들이 관심을 가지고 있습니다. 그것을 고분의 양식을 통해서 어떻게 해답을 찾아볼까 해서 고분 양식의 뿌리가 어디 있느냐, 축조 시기가 언제냐 하는 문제로 구체적으로 관심이 노출되고 했습니다. 이제까지 논의에서 이 문제는 갈수록 점점 미로에 빠지고 있습니다. 그래서 앞으로 이번 학술회의 이후에도 이 부분에 대해서는 계속 논의가 되어야 할 것으로 보입니다.

그러면 마지막으로 신희권 선생의 발표에 대한 토론을 하도록 하겠습니다. 양 선생님, 더 추가로 하실 말씀 있으면 하시죠.

5. 백제 한성기 도성, 궁성, 왕성 문제

양정석 : 예. 기다리니까 오긴 오는 것 같습니다. 저는 사실 6시 끝나고서 오면 잘됐다 하고서 가려고 했는데, 그래도 어쨌든 좋은 기회가 온 것 같습니다.

계속 다양한 얘기가 나오고 그만큼이나 정확하게 무엇을 집어서 이야기하기가 어려운 부분들이 이 시기이기 때문에 그런 것 같습니다. 궁성 문제 부분들도 역시 그런 것 같습니다. 다만 고민을 조금 해 보게 되는 것은 풍납토성에 대해서 어느 정도 이제는 정리가 되어 가고, 완벽한 것은 아니지만. 신 선생님도 말씀하셨지만 풍납토성이 굉장히 큽니다. 3.7km 정도가 되는 큰 규모입니다. 이렇게 큰 규모의 궁궐이라는 부분이라는 것은 사실 어디에 내놔도 규모가 작지 않습니다. 여러분들이 잘 아시다시피 경복궁 우리 크다고 하지만 여기가 경복궁의 2.5배 정도 크기예요. 어떻게 보면 아주 크다고 할 수 있습니다. 이 안에 있는 구조를 어떻게 이해할 것인가를 같이 고민해 봐야 하는데요. 선생님께서 아까 정리를 잘 해 주셨는데 보면 풍납토성 안에 있는 북쪽에 주로 중요한 건축물들이 있다. 그리고 내부에 도로라는 부분들이 있다. 그리고 남쪽에 면지가 있는 것 같다. 그리고 중간에 건물들이 있는데 일반적인 주거지보다는 크지만 주거지 같은 부분들이다. 그래서 이것은 귀족들 정도의 삶이 있는 곳 같다 하는 말씀들로 몇 가지 정리를 해 주셨습니다. 이렇게 정리한 것들을 해 놓고 나서 보니까 그 당시에, 예를 들어서 4세기에서 5세기 정도에 도성의 흐름과 어떤 연결이 될 수 있는가를 생각하지 않을 수 없었고요. 그렇게 하다 보니까 당시가, 사실 궁궐 같은 경우에는 저희가 흔히 그런 얘기하죠. 전전의 시대. 그래서 보면 앞의 대형 건물들이 전면 남쪽에 있고 뒤쪽에 보면 부속 건물들이 많은 시대라고 이해하는 부분입니다. 그런데 여기는 거꾸로 북쪽에 그런 부분들이 있다는 겁니다. 우리가 흔히 보면 북위식 도성제다 이런 얘기를 하면서 도성으로만 보면 도성 북쪽에 궁성들이 위치를 잡아간다는 얘기를 하고 있거든요. 사실 크죠. 그것은 너무 큰 거고, 여기는 그것에 비하면 사실은 굉장히 작잖아요. 그러니까 궁궐로 보기에는 상당히 큰 규모인데, 도성으로 보기에는 상당히 작습니다. 그런데 지금 안에 있는 설명하시는 부분들도 그게 좀 어정쩡한, 중간적인 부분들이 있는 것 같아요. 이게 신 선생님이 고민도 되겠지만 이런 생각을 합니다. 저희가 일반적으로 궁궐을 얘기할 적에는 개별 건물들, 건축군들을 얘기하지 도로 얘기를 하는 경우는 많지 않습니다. 왜냐면 도로라는 것들은 사용면이고 거기에는 굉장히 다양한 하중이 지나가는 것들의 작업들이거든요. 그래서 지금 아까 보여 주신 사진들도 마차라든지 하중이 있는 부분의 움직임들이라는 부분이었고, 또 아까 넓이 같은 경우도 18m 정도라면 사실 저희가 지금 경주 같은 경우에 제일 넓은 데가 23m 정도라고 하는데 그것도 완벽하지는 않습니다. 일반적으로 15m 정도 되면 대로라고 합니다. 그런데 그런 부분들보다도 더 넓다고 하는데, 궁궐 안에 그렇게 큰 도로가 들어갈 수도 있는가 하는 게 첫 번째 부분이고.

또 다른 부분들은 궁궐이라는 부분이 그렇습니다. 빈 공간들이 많아야 합니다. 왜냐면 거기에서 여러 행사를 해야 하니까요. 경복궁 가면 아시지 않습니까. 앞에 광장들이 있잖아요. 그런 공간들이 있어야 할 것 같기도 하고요. 어떻게 보면 저희가 지금 고민해야 하는 부분들이 일반적으로 보면 중국에서 있던 궁궐의 기본적인 특징과 또 도성의 특징들이 있다고 하면 그중에 한 중간 정도 되는 모습들로 풍납토성이 보인단 말입니다, 그러면 그것을 어떻게 이해해야 할 것인가 하는 부분이고요.

또 다른 하나는 남성의 존재로서의 몽촌토성을 말씀해 주셨는데, 몽촌토성 같은 경우에도 굉장히 독특하잖아요. 그 안에서 보면 위계로 봤을 적에 일반적인 의미의 주거 공간〈그림 28〉들이 확인되고 있습니다. 그렇다면 그런 부분들이 있는 것들을 어떻게 이해할

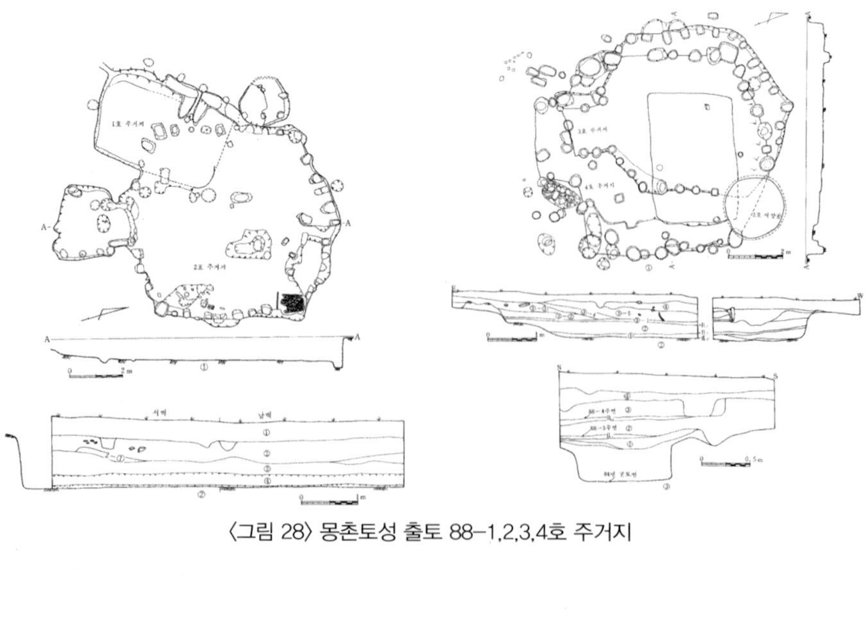

〈그림 28〉 몽촌토성 출토 88-1,2,3,4호 주거지

것인가. 당시에 백제의, 우리가 지금 개로왕의 꿈, 권력 이런 얘기를 하고 있는데 그것으로만 보면 의외로 뭔가 소박해지고 그런 부분들이 생기게 되는 것 같습니다. 그래서 지금 이 부분들에 대해서 이제는 조금 더 고민을 해 봐야, 왜냐면 선생님 말씀하신 대로 이제 어느 정도 나왔다면 그게 백제의 특징일 수도 있는 것 아닌가 생각이 들었습니다. 그래서 그 부분들이 얘기가 되면 어떤가 생각이 들었습니다.

좌장 노태돈 : 신 선생님 답변하십시오.

신희권 : 제가 평소에도 계속 고민하고 있고 앞으로도 아마 죽을 때까지 고민해야 하는 문제를 짚어 주셨습니다. 풍납토성 같은 경우에 보면 처음부터 여기는 왕만 사는 궁성으로 만들고 바깥에 무엇을 만들어서 도성으로 쓰자, 이런 개념으로 한 것 같지가 않습니다. 그래서 궁궐이든 관청이든 어느 정도의 뭐가 좀 들어가고 그 바깥에는 일반인도 있고 관료들도 있고 하는 그런 개념. 그래서 제가 초기 단계에서는 궁성이자 왕성이자 도성 이 개념이 다 복합되어 있는 그런 양상으로 나타나는 게 풍납토성의 모습이 아닌가. 지금은 풍납토성은 그 정도 단계에서 해석할 수밖에 없지 않은가 싶은데요. 다만 북쪽에 중요 건물들이 밀집되어 있을 가능성이 높다는 것은 현재 발굴되고 있는 유적들이 그쪽에서 중요한 대형 건물지들이 나오고 있고요. 최근에 고지형 분석 결과를 풍납토성을 상대로 실시했었는데, 과거 지형 자체가 그쪽이 인위적인 대를 올린 것처럼,

중국 같은 경우에 건물을 올리려면 판축 대지를 만들고 그 위에 또 아주 장대한 건물을 올리는 것처럼 풍납토성은 지형적으로 남쪽보다는 북쪽이 좀 높다고 합니다. 그래서 뭔가 특별히 다른 대지 조성을 하지 않더라도 일단 위계가 높아 보이는 그런 건물들이 밀집해 있을 가능성도 높아서 북쪽에 중요 시설들이 있을 것 같다는 생각을 한 거고요.
몽촌토성 같은 경우는 지금 드러난 유적 성격만 보면 일부 저런 대형 건물 외에는 군사들이 주둔했을 것 같은 막사 성격의 수혈 주거지 이 정도밖에 발굴된 게 없습니다. 그래서 그 당시에 지금 몽촌토성 발굴된 도면 보면 고지대에서는 망루만 발굴이 됐고, 서남 쪽 집중해서 아까 그런 건물이 나왔고, 그다음에 일부 부분적으로 군사들 막사 같은 수혈 주거지만 나왔거든요. 그래서 전에는 풍납토성과 같은 일반적인 주거가 보편적으로 이루어졌던 것 같지는 않고 왕족들의 거처, 그리고 그들을 보호하기 위한 군사시설 이 정도만 들어갔던 게 아닌가. 현재까지의 발굴 양상은 그렇습니다. 그리고 도로 같은 경우는 아무래도 풍납토성과 몽촌토성 간에 서로 왕래하는 도로도 필요할 거고, 그런데 지금 북문지 쪽에 나오는 도로는 2개라서 18m 정도 되는 것 같고요. 풍납토성에서 나온 도로는 8m 정도 됐습니다. 그래서 8m 두 개 합치면 16m고 가운데 구가 있어서 도로의 폭도 공교롭게 두 개가 비슷하지 않을까. 그래서 나름대로 그 시대의 도로의 정형성들이 양쪽에서 비슷하게 보이는 것 같기도 하고 그래서 현재까지는 지금 발굴된 양상 속에서만 이해를 하고 있고요. 말씀하신 것처럼 어느 단계에서 어떻게 기능들이 분화가 돼서 완전히 궁성으로만 쓰고 바깥하고의 차별화가 이루어지는지 이런 부분들은 앞으로 계속 연구를 해야 할 거라고 생각합니다.

좌장 노태돈 : 예. 플로어에 계신 선생님들께서 이번 학술회의에 관해서 의견이나 바람 같은 것을 말씀해 주시면 좋겠습니다.
시간이 너무 늦었다 싶어서 다들 사양하시는 것 같은데, 이번 학술회의는 오늘 종일 했습니다만 여전히 남는 문제가 해결된 문제보다 훨씬 많습니다. 아마 백제사 연구가 계속 그러한 과정을 몇 십 년은 더 걸어야 조금씩 조금씩 백제사에 관한 부분들이 규명되어 나갈 것으로 여겨집니다. 오늘 논의했던 사항들이 오늘 하루 만의 토론과 논의를 통해서 해결될 수 없는 부분들이고, 이 부분들은 앞으로 계속 연구 · 검토되어서 개로왕의 꿈이 보다 구체화되어지기를 기대합니다. 오늘 장시간 말씀하시고 또 경청해 주셔서 대단히 감사합니다. 이상으로 학술회의를 마치겠습니다.

(장내 박수)

휘보(총 목차)

백제학연구총서 쟁점백제사 1

백제, 누가 언제 세웠나(Foundation of Baekje)

– 백제의 건국시기와 주체세력

백제학연구총서 쟁점백제사 2

근초고왕 때 백제 영토는 어디까지였나(Territorial Expansion of Baekje) – 백제의 영토확장

주제발표

백제의 동북방면 진출_문헌적 측면(임기환)

백제의 동북방면 진출_고고학적 측면(심재연)

백제의 서남방면 진출_문헌적 측면(강종원)

백제의 서남방면 진출_고고학적 측면(서현주)

종합토론

좌장 이현혜, 임영진 **토론** 이성주, 백승옥, 노중국, 임기환, 심재연, 강종원, 서현주

Ⅰ. 영역의 기준과 지배방식

1. 영역의 개념과 기준

- 영역의 개념
- 영역의 기준 · 명찰론

2. 지배방식

- 지배방식의 유형
- 직접지배 · 간접지배
- 영향권 · 세력권

3. 영역과 지배방식의 고고학적 지표

- 5가지 고고학적 지표
- 성곽
- 무덤
- 취락
- 위세품
- 토기

Ⅱ. 백제의 영역 확장

1. 『삼국사기』 백제본기 초기 기록의 영역 확장 기사

- 영역 확장 기사의 연대
- 패하 · 주양 · 웅천의 위치

2. 백제의 북부지역 진출

- 패수 · 열수 · 대수의 위치

백제학연구총서 쟁점백제사 3

한성백제의 왕궁은 어디에 있었나(Structure of Hanseong, the Capital of Baekje)

– 한성의 도시구조

종합토론

좌장 양기석, 임영진

토론 차용걸, 박순발, 심광주, 김기섭, 이도학, 신희권, 여호규, 권오영

Ⅰ. 문헌 자료로 본 백제의 초기 도성

1. 백제 초기 도성의 위치
   - 하북위례성과 하남위례성의 위치
2. 백제 초기 도성의 명칭과 위치
   - 위례성 · 한성 · 한산 · 한산성 · 북한성
   - '이도한산'의 성격

Ⅱ. 고고학 자료로 본 백제의 초기 도성

1. 용어 검토
   - 도 · 도성 · 왕성
   - 성 · 곽 · 성원 · 성장
   - 원 · 궁원
2. 백제 한성시기 주요 성곽의 분포
   - 이성산성
   - 아단성
   - 광주고읍 춘궁리 · 하남 교산동
3. 백제 한성시기의 도성
   - 하북 위례성
   - 고대 도성의 구성요소
4. 풍납토성의 도성 구성
   - 궁전
   - 제의시설
   - 도로시설
5. 몽촌토성의 도성 구성
   - 지상 건물지 · 성토대지
   - 목책

- 외성　　　　　　　　　　　　- 적석시설

- 무덤

6. 풍납토성과 몽촌토성의 축조 시기

7. 백제 한성시기 왕궁의 위치

Ⅲ. 백제의 초기 도성 관련 남은 문제

백제학연구총서 쟁점백제사 4

백제의 왕권은 어떻게 강화되었나(Establishment of State Power in Baekje) – 한성백제의 중앙과 지방

발간사

주제발표

백제 국가의 형성과 발달 과정을 둘러싼 중요 쟁점(이현혜)

한성 백제의 중앙집권화 정도에 대한 연구의 평가(박현숙)

고고자료에 투영된 한성백제의 중앙과 지방(이한상)

백제 한성도읍기 중앙과 지방의 성립과 지방통치(노중국)

백제 한성기의 지방도시(박순발)

종합토론

좌장 임기환

토론 강현숙, 권오영, 노중국, 박순발, 박현숙, 이한상, 이현혜, 이희준, 전덕재

종합토론 1부

Ⅰ. 문헌 자료 연구성과 정리

1. 연맹왕국과 귀족국가의 개념

- 3~4세기대 각 국의 지배 복속 관계
- 부와 부체제

2. 한성백제 중앙과 지방에서의 부

- 고고자료를 통해서 본 부
- 3~4세기 정치발전단계와 부체제

Ⅱ. 문헌과 고고자료의 조화 모색

1. 위세품 사여를 통한 중앙과 지방과의 관계

2. 한성백제의 중앙과 지방관계를 보여주는 고고자료

종합토론 2부

Ⅲ. 주요 쟁점사항

1. 한성백제의 영역

- 삼국사기 초기 기록의 해석과 영역
- 고고자료의 분포 범위와 정치체의 영역

2. 한성백제의 영역지배

3. 중앙에서 지방으로의 위신재 · 위세품 사여

- 문헌기록상 중앙집권화의 지표
- 피장자의 성격과 위세품 및 위신재
- 금동제 위세품의 사여 연대
- 위신재의 출토 상태와 성격

4. 고구려의 왕권 강화 사례

Ⅳ. 객석 질문

백제학연구총서 쟁점백제사 5

백제의 성장과 중국(The Growth of Baekje and China)

발간사

주제발표

3세기 이전 마한백제의 성장과 중국(윤용구)

고고자료로 본 낙랑 · 대방군과 마한제국(정인성)

4세기~5세기 초엽 백제의 대중교섭 양상(여호규)

고고자료로 본 한성백제와 양진, 십육국의 대외교섭(조윤재)

종합토론

좌장 김기섭 **토론** 강종훈, 김무중, 김병준, 성정용, 여호규, 윤용구, 정인성, 조윤재

종합토론 1부

I. 백제의 성장과 중국과의 관계

1. 발표 내용 논평과 비판
   - 3세기 이전 마한백제의 성장과 중국
   - 백제 지역 출토 중국계 외래유물의 기원과 편년
   - 백제 관련 중국 문헌자료의 해석과 적용
   - 백제와 고대 중국과의 관계를 보여주는 고고자료
2. 중국 사료에 나타난 백제의 성장 과정
3. 백제 지역 중국계 외래유물의 출토 양상과 해석
4. 고대 중국의 교역과 주변민족 통제 방식

종합토론 2부

Ⅱ. 백제의 고대 중국 사행로와 교역품

1. 백제의 대중국 사행로

2. 백제 마구의 변천과 중국과의 관계

3. 백제의 중국자기 이용 방식과 의미

4. 백제 지역 마구의 기원과 변천 양상

Ⅲ. 객석 질문과 총평

백제학연구총서 쟁점백제사 6

한국사 속의 백제와 왜(Baekje and Wa in Ancient Korea)

발간사

주제발표

34세기말~5세기초 백제와 왜의 관계(홍성화)

5세기 백제계 도왜인-곤지계를 중심으로(정재윤)

왜에 남겨진 백제 문물(서현주)

백제에 남겨진 왜의 문물(김낙중)

종합토론

좌장 주보돈 **토론** 박현숙, 이근우, 우재병, 홍보식, 홍성화, 정재윤, 서현주, 김낙중

종합토론 1부

Ⅰ. 발표내용 논평과 비판

1. 4세기 말~5세기 초 백제와 왜의 관계

- 『일본서기』 사료의 비판
- 광개토왕릉비의 백제와 왜
- 칠지도 제작 연대와 배경
- 목만치를 통해 본 백제와 왜의 관계

2. 백제와 왜의 문물 교류 양상
   - 백제와 왜의 교역 물품
   - 고분의 피장자 문제와 문물의 선별 수용 양상

종합토론 2부

3. 왜 5왕을 중심으로 본 백제와 왜의 관계

Ⅱ. 문헌자료를 통해 본 백제와 왜의 관계

1. 인명과 장군호를 통해 본 백제와 왜의 관계
2. 곤지와 동성왕 무령왕을 중심으로 한 백제와 왜의 관계

Ⅲ. 고고자료를 통해 본 백제와 왜의 관계

1. 한반도와 일본열도 고고학 자료의 용어 문제
2. 부안 죽막동 제사유적 출토 자료의 계통
3. 고고자료에 근거한 백제와 마한의 구분
4. 영산강유역 고분의 계통

Ⅳ. 객석 질문과 총평

백제학연구총서 쟁점백제사 7

백제와 요서지역(Baekje and Liaoxi)

-『남제서』의 동성왕 표문 해석과 『진서』의 입전 체제

종합토론 2부

Ⅱ. 백제와 요서지역의 관계

1. 용어 설정 및 교과서상 서술에 대한 문제 제기

2. 백제 요서진출의 시간적 범위

3. 문헌자료를 통해 본 백제의 요서 진출

4. 백제 요서진출의 공간적 범위

5. 백제와 요서지역의 관계 해석

Ⅲ. 백제 요서진출설 관련 쟁점에 대한 제언(교과서상 서술 문제 등)

Ⅳ. 객석 질문과 총평